純情秘書の恋する気持ち

contents

illustration : 佳門サエコ

純情秘書の
恋する
気持ち
Junjouhishono
Koisuru
Kimochi

「……なんか、いい天気……」

小さな窓から外を眺めて、葵《あおい》は途方に暮れていた。

棚《たな》に囲まれた薄暗い資料室にひとり。濡れたワイシャツが肌にはりついて気持ち悪くなってきた。胸の周辺からたちのぼるコーヒーの匂いに、葵はついさっき嘲《あざけ》るように見下ろしてきた先輩社員の顔を思い出す。

あれは絶対にわざとだった。コーヒーがなみなみと入ったカップを片手に持った先輩社員が、ファイルを運んでいた葵にぶつかってきたのだ。

「ちゃんと前見て歩けよ」

さも葵が悪いとでも言いたげな表情と言葉に、葵はとっさに「そっちこそ」と言い返そうとしたが、結局は口を噤《つぐ》んだ。言っても無駄だと、むしろ状況は悪くなると、入社して数ヵ月のあいだに学習していた。

替えのワイシャツなんてない。ネクタイまで汚れてしまっている。せめてスーツの上着があればすこしは隠せるのだが、自分の席に置いたままだ。こんな格好で部署に戻ったら、またなにを言われるかわからない。所属している総務部内に、葵の味方は一人もいなかった。

「……寒い……」

資料室に暖房は届いておらず、濡れた胸元が寒かった。

「どうしよう……」

いつまでもここにいられない。仕事の途中だ。

それに、先輩のいじめに負けたくない。こんなことくらいで――。

不意にドアがノックされた。

「失礼します」

男の声とともにドアが軋《きし》みながら開く。振り返って驚いた。知っている社員だった。

伊崎惣真《いざきそうま》。葵よりちょうど十歳年上の食品流通部門のホープと言われている男だ。

印象的なキリッとした目元と黒い眉、大きめの鼻と厚めの唇。黒々とした髪は短く整えられて清潔感があり、いかにも頭が切れそうなきれいなかたちの額が露《あら》わになっている。

新米社会人の葵とちがい、こなれた感じですっきりとスーツを着こなしていて、薄暗い資料室にいても輝いて見えた。

伊崎に見惚《みと》れる女性社員たちとおなじように、葵も遠くから憧《あこが》れの目で見ていた。社内でちらりとでも見かけることができれば、その日はどんな意地悪をされても我慢できた。

でも接点なんかまったくない。葵は総務部に配属された一新入社員に過ぎず、伊崎は入社十年目にして将来の松守《まつもり》商事を背負うとまで期待された社員だった。

そんな伊崎が、いま葵の目の前にいる。間近に立つと、伊崎の背の高さがよくわかる。遠目からでも背が高いことは知っていたが、葵とは十五センチほどの身長差があった。

一気に緊張が高まって、頬が熱くなりそうだった。

「君、総務部の人？」

「そうです。なにか資料をお探しですか？」

できるだけ平静を装って、訊ねてみた。

「探してくれるのか？　九〇年代の――」

こんな偶然ってあるだろうか。資料室は総務部の管轄だが、社員証があればだれでも入室できることになっているので、葵がいなければ伊崎は普通に自分で資料を探しただろう。

「これと、これ…でしょうか？」

棚から分厚いファイルを取り出して見せると、伊崎が「ありがとう」と微笑《ほほえ》んだ。

「私は食品流通部の伊崎だ」

名乗られなくても知っている。この松守商事で伊崎を知らない人なんていない。

「総務部の山田《やまだ》です」

伊崎の視線が葵の胸元へと落ちた。

「ああ、コーヒーをこぼしたのか？　どこから匂いがするのかと不思議に思っていたんだが」

「すみません…、匂いますか」

汚れたワイシャツが恥ずかしいが、なにかで隠そうにも染みが大きすぎる。はじめて伊崎と言葉を交わすことができたのに、こんな格好なんて、自分はやはり運が悪いのか。

「ずいぶん派手にこぼしたね」

「僕がこぼしたわけじゃ……」

言いかけて、葵は慌てて口を閉じる。

伊崎はしばらく逡巡《しゅんじゅん》するように黙り、「もしかして、着替えがない？」と聞いてきた。

「はい……」

小声で返事をしたら、伊崎が「そうか」と頷いた。

「五分、待てるか？」

「えっ……」

「ここで、動かずに待っていなさい」

伊崎はファイルを葵に返すと、さっと踵《きびす》を返して、資料室から出ていった。

わけがわからないままじっとしていると、言っていたとおり五分ほどで戻ってきた。手には会社近くのコンビニエンスストアの袋を持っている。わざわざワイシャツを買ってきてくれたのだとわかった。

「サイズはSでよかったかな。これに着替えなさい」

伊崎は驚きすぎて動けない葵の腕からファイルを取り上げる。

「ほら、早く着替えて」

急《せ》かされて、伊崎も自分も就業時間中だということを思い出す。葵は「すみません…」と謝りながら汚れたネクタイを解《ほど》き、ワイシャツを脱いだ。貧相な体を見られることに抵抗があったが、いまはそんな瑣末《さまつ》なことに構っていられない。

「ああ、ネクタイも汚したのか」

シュルッと衣擦《きぬず》れの音が聞こえて顔を上げると、伊崎が自分の首から、器用に片手でネクタイを抜いているところだった。

「これを使いなさい」

「えっ……でも……」

シンプルな紺色のストライプ柄《がら》のネクタイ。受け取るのを躊躇《ためら》っていると、伊崎が素早く葵の首にかけた。

「伊崎さんが困りますよね」

「デスクの引き出しに予備のネクタイがあるから大丈夫だ」

葵を安心させるように、伊崎が優しく微笑んだ。本当に大丈夫だと思える、明るい微笑に引きこまれそうになる。伊崎はファイルを両手で抱《かか》え直《なお》すと、ぼうっとつっ立っている葵と目線を合わせるようにすこし屈《かが》んだ。

「なにがあったか知らないが、まあ、元気出して」

気遣《きづか》う言葉に、涙が出そうになった。伊崎がこんなに優しい人だなんて、知らなかった。

心臓が痛いくらいに高鳴っている。その胸を、ネクタイとともに手で押さえた。そうしないと、鼓動《こどう》が響きすぎて伊崎に聞こえてしまいそうだった。

けれど幸いなことに聞こえなかったようだ。

「じゃあ」

伊崎は資料室を出ていった。

あの日あのとき、葵の憧れは恋になった。

はじめての、真剣な恋。自分は男で、相手も男だ。最初から叶《かな》うものだなんて思っていなかったから、胸の奥底にそっと沈《しず》めた——つもりだった。

◇

(来た……!)

PCにメールが届いた。受信フォルダを開いてみると、秘書室の室長である深石《ふかいし》から山田葵……自分への仕事の指示だった。

内容はある食材に関するデータの整理で、依頼元は経営企画部長——伊崎惣真だ。

(やった……やった! 伊崎さんからの仕事だ!)

はじめての依頼に本当は小躍《こおど》りしたいくらいだったが、秘書室内であることからぐっと抑えて、深呼吸してから添付されていたデータをざっと見る。そんなに難しい仕事ではないが、制限時間が設《もう》けられていた。一時間後の部内会議に使いたいようだ。

(一時間か……)

なるほど、深石が自分にこの仕事を振ってきた意味がわかる。

(よし、やるぞ)

葵は心の中だけで腕まくりして、猛然と頭を働かせはじめた。いつもより集中力を高めて一気に資料を作り上げていく。我がことながら恐ろしいほど頭が冴え渡っていた。

その結果、自分で四十五分後完成を目標に設定していたが、三十分で終わった。

すぐに深石に送ると、チェック完了の返事がきた。伊崎宛てのメールに資料を添付する。最後に『作成者・秘書室　山田葵』と入れた。送信したとたんに、ふうっと全身の力が抜ける。体は脱力しているが、神経はまだピリピリと鋭敏になったままという不思議な感覚。

深石はOKを出してくれたが、伊崎はどう思うだろう。葵が自分の仕事に自信を持っていても、伊崎に気に入られない可能性がある……と思うと落ち着かない。すぐに深石から次の仕事が回されてきたのでそれに取りかかったが、すこし気になる。いや、おおいに気になる。

しばらくしてから時計をちらりと見て、とうに会議がはじまっていることを確認する。その後、就業時間が終わっても伊崎からはなにもリアクションがなかった。

通常、秘書室に仕事を依頼してきた者は、いちいち礼など寄こさない。期待通りにできていれば、むしろなにも言ってこない。言ってくるとすればクレームだ。

（クレームは嫌だけど、なにか反応が欲しいな……って、贅沢《ぜいたく》だよね）

伊崎のために仕事ができたのだ。それだけでも嬉しいこと。彼はきっと三年前に松守商事本社の資料室で出会った総務部の社員のことなど忘れているだろう。そういう出来事があったと覚えていても、葵の顔は覚えていないと思う。

わざわざワイシャツを買ってきてあげてネクタイまで貸した山田と、資料を作成した秘書室の山田が同一人物なんて、会社がちがうのだし、繋《つな》がるわけがない。

（いいんだ、これが僕の仕事。縁の下の力持ち。あの人のために働ければ、それでいい）

自分に言い聞かせて、葵はその日の業務を終えた。


国内トップ10に入る中堅規模の食品会社、大寿《おおじゅ》食品株式会社に、伊崎惣真が転職してきたのは一ヵ月前のことだった。

その一週間ほど前、秘書室に勤務している葵は、秘書室長の深石からそれを知らされた。

「みんな、仕事中にすまないが、いったん手をとめて私からのメールを見てくれないか」

深石の指示で十名の部下たちが一斉《いっせい》にメールを開く。ＰＣ画面にパッとうつしだされた写真に、葵は思わず声をあげそうになった。そこには伊崎の顔があったのだ。強い生命力を感じる黒い瞳が、揺るがずにまっすぐ正面だけを見つめているのが印象的だ。

「なに、このイイ男……」

隣の席の女性社員が小声で感嘆を漏らしている。頬がうっすらと赤らんでいた。やはりどこでも伊崎は女性たちの心をとらえるらしい。

「写真の彼は伊崎惣真。三十五歳だ。我が社のさらなる成長を担《にな》う人物となるだろう」

深石の言葉に、葵は伊崎の顔を二度見した。つまり、松守商事から大寿食品に転職するということだろうか。まさか。松守の方が、大寿よりも規模が大きな企業だ。

だが深石がはっきりとこう言った。

「数日前まで松守商事の食品流通部に籍を置いていたが、来月から我が社の経営企画部長になる」

ザワッと秘書室内がざわめいた。葵も動揺を抑えられない。経営企画部といえば花形部署だ。そこのキーマンに、いわばライバル企業から引き抜いた人物を置く。大寿食品ではいままでなかった、思いきった人事だった。

業界トップ5以内を目指して経営強化を図るという話は本当だったのか、こういう形でまず取りかかるのかと、まわりの秘書たちが口々にこぼしている。

大寿食品は、元々は家族経営の小さな会社だった。高度経済成長の波に乗って大きくなり、コンビニチェーンと契約を交わしたころから社内体制を変え、出自に関係なく実力主義となった。経営は創業者一族の手から離れたが、勤続年数が長く、会社への貢献度《こうけんど》の高い社員が出世することが多かった。

ここで思いきった人事に踏み切ったのは、それだけ会社の将来を考えてのことだろう。そして伊崎は相応の実力の持ち主だと、期待されているわけだ。

（すごい、伊崎さん……）

葵は心臓がドキドキしてきて、無意識のうちに左胸を手で押さえていた。

（経営企画部の部長ということは、書類作成の依頼がきっとここに来るはず）

秘書室の利用は、課長職以上の肩書きを持つ社員に限定されている。

ぜひ、伊崎の依頼を自分が受けたい。伊崎のために仕事がしたい。たくさん、役に立ちたい。だが仕事を割り振るのは深石の仕事だ。

（お願いします、室長）

葵は祈るように両手を合わせた。

大寿食品の秘書室には十名の社員が所属していて、男女比は半々。葵のようにデータ分析と書類作成が得意な者もいれば、重要会議の段取りから議事録作成までが完璧《かんぺき》な者もいる。社員の海外出張に帯同《たいどう》する語学堪能《たんのう》な者も、社外秘文書の取り扱《あつか》いや顧客データのファイリングが抜群《ばつぐん》に上手《うま》い者もいた。

全員がなにかのエキスパートで、社内メールで舞い込む依頼を在籍している十名の秘書の特性に応じて割り振るのが室長の深石だ。

深石は部下たちの特性と資質をほぼ完璧に把握《はあく》し、的確に依頼を捌《さば》く。深石自身は秘書になって二十五年になるベテランで、その記憶力と些細《ささい》な情報もキャッチする地獄耳《じごくみみ》は畏怖《いふ》の対象でもあった。そして、どこの社内派閥《はばつ》にも与《くみ》しない、依頼は平等に扱うといった公平性が、社長をはじめ経営陣に信頼されている。葵は深石を尊敬していた。

葵がこの会社に秘書として中途で採用されてから、一年半がたっている。

大卒後に就職した松守商事は両親が手放しで喜ぶほどの大企業で給料も良かったが、わずか一年で退社するハメになった。

いま思えば、自分にも我慢が足らなかったという反省点がある。けれど、三年前の自分は社会人になったばかり。希望に満ちて入社した立派な商社で、まさか課内の先輩にイジメられるとは思わなかったのだ。

葵は身長百六十五センチと小柄で細身、いまだに未成年にまちがわれる童顔で実用重視のぜんぜんお洒落《しゃれ》じゃない眼鏡《めがね》をかけているファッション音痴《おんち》だが、子供のときから勉強は得意で大学もトップで卒業した。

「おまえ、よく松守に入社できたな。役立たずの脳ナシ」

研修をいくらしっかり受けてきていても、現場では先輩に聞かなければわからないことが多い。それなのにいちいちあからさまな悪意とともに貶《けな》されて、葵はすこしずつ疲弊《ひへい》していった。

葵の教育係となった先輩は、もともと営業部志望だったらしく、総務部に配属されてしまった鬱積を、新人にあたることで晴らしているふしがあった。

目が合っても逸《そ》らされる、ため息をつかれるといった些細なことからはじまり、しだいに課内連絡が届かなくなったり、葵は仕事ができないとか生活態度が悪いなどといった噂を、故意に振りまかれたりするようになった。

一人っ子で人付き合いは得意ではないが、頼りなさそうな容姿のせいか、葵は周囲の人間たち——特に年上——の庇護欲を刺激するらしく、子供のころから困ったときにはなんやかやと手助けしてもらったり、優しく声をかけてもらったりしてそれなりに人間関係をつくることができていた。それなのに松守商事では課内でまったく味方を作ることができず、孤立していったのだ。伊崎に一度だけ助けられたことがあったけれど、葵の状況はなにも変わらなかった。

強がって我慢していたのもいけなかったのだろう。日々のストレスは本人の自覚がないままに蓄積されていき、一年後、葵はついに体調を崩して退社した。

その後、実家に戻って復調した葵は、伯父《おじ》が人事部にいるこの大寿食品に中途採用枠で採ってもらえたのだ。

もともと伯父は葵が子供のころからかわいがってくれていた。伯父は二人の娘に恵まれたが、息子が欲しかったらしい。葵も優しくて頼りになる伯父が大好きだ。

転職してすぐはコネ入社だと陰口をたたく社員がいたが、一年以上たったいまではだれもそんなことを言わない。葵の情報処理能力と書類作成スピードが卓越していると知れ渡ったからだ。まだまだ毎日が勉強で大変だが、充実した日々を送っている。

そんなときに不意に起こった、伊崎の転職という大事件。

葵の願いが通じたのか、深石は伊崎からの最初の依頼を葵に任せてくれた。自分なりに頑張った。もっともっと伊崎の仕事をしたい。彼の役に立ちたい。

会社内での伊崎の評判は上々だと聞く。

すでに一度、国外の出張に行っており、スケジュール管理を任されて帯同した秘書室の先輩は、戻ってくると興奮した様子でいかに伊崎がデキる男なのかみんなに話して聞かせた。

どんな場面でだれに会おうとも堂々として落ち着いており、巧《たく》みに話術を操りながら交渉を進めていく腕はたいしたものだ。仕事が終われば部下を気遣い、気さくに世間話に興じてくれる——と、まるで自分の手柄のように語る。

(いいな、伊崎さんと出張……)

帯同できるスキルを持つ先輩が羨《うらや》ましい。これでも秘書としての仕事内容は一通り勉強してきたが、自信はない。伊崎に帯同なんかした日には、動揺しまくりミスをしまくり、バタバタと無駄な動きをして体力を消耗《しょうもう》し、夜までもたないかもしれない。役に立たないと伊崎に呆《あき》れられたら地の底まで落ち込みそうだ。

「山田君」

いつもはメールで仕事の指示をしてくる深石が、デスクから葵を呼んだ。

「はい」

何事だろうと思いつつ席を立ち、深石の前に立つ。一本のＵＳＢメモリを差し出される。

「経営企画部長からの依頼だ」

さっき深石が秘書室から出ていった。が、どうやらこれを経営企画部長――伊崎から直接手渡されてきたようだ。

「この中に大量の未解析データが入っている。これを分析してまとめてほしいそうだ。期限は明日の午前十時」

葵は壁掛け時計を見上げた。ちょうど午後三時だ。終業は午後五時。あと二時間と、明日の始業時間である午前九時から十時までの一時間、合計三時間でできるデータだったら、こんなふうに深石は頼んでこないだろう。

葵は思わずごくりと生唾《なまつば》を飲んでいた。これは、もしかして徹夜《てつや》作業になるかもしれない――。葵はまだ会社に泊まりこんだことがない。大寿食品は基本的に仕事の持ち帰りを禁じている。就業時間中にできなければ、当然帰れなくなる。

深石はもともとそんな無茶な納期の仕事を部下に押し付けることはしない上司だ。それなのに引き受けてきたのは、きっと伊崎にとって大切なことだからだろう。

「小林《こばやし》君と新開《しんかい》君は、急ぎの書類を作成中だ。いま頼めるのは君だけだ。私はあいにくと今夜は社長のお供で財界のパーティーに出席しなければならない。明日の早朝に出社して、できるだけ手伝うが、ほとんどが君の手に委《ゆだ》ねられることになる。できるか?」

小林と新開は葵とおなじく書類作成が得意な先輩秘書だ。彼らと手分けしてデータを見ることができれば早い。だが今回はそれができない。ほぼ自分だけでやるのだ。

「できます」

内容を確かめもせずに、葵は勢いで返事をしていた。深石が苦笑する。

「とんでもない量だぞ」

「でも、僕が引き受けないと伊崎部長が困るんですよね? なんとしてでもやります」

「よし、やってみろ」

「はいっ」

葵はUSBメモリを受け取り、急いで自分のデスクに戻った。PCに差しこんで内容を移す。

深石が予告した通り、データは膨大《ぼうだい》だった。

(これを明日の十時までに……)

ふるふるっと背中がちいさく震えた。これが武者震いというやつかと、葵は不敵に微笑む。

(やってやろうじゃないか)

伊崎のためになるなら、なんだってやる。

葵は指で眼鏡のブリッジをぐっと押し上げると、一気に集中力を高めてデータの海に飛びこんだ。


「はい、チェック完了。よくやったね」

深石からOKが出た瞬間、葵は眩暈《めまい》に襲われた。座ったまま上体がくらりと傾く。

「おい、山田っ」

「山田君？」

両側から先輩たちの手が伸びてきて、なんとか椅子から落ちずに済んだ。ハッと我に返って、PCの時計で時刻を確認する。午前九時四十五分。なんとか間に合ったのだ。

「すみません、ありがとうございます」

先輩たちに礼を言い、しょぼしょぼする目でなんとかPCを操作し、伊崎宛てに資料を添付したメールを送る。もちろん最後には『資料作成・秘書室　山田葵』と名前を入れた。

メールはきちんと受け取ってもらえたようだ。いつもはない、受領のメールが来た。

『受け取りました。ありがとうございます。助かります。伊崎惣真』

たったそれだけの文面だったが、葵は胸がじんとした。何度もその一行を読みかえし、ひとつ息をつく。

「山田君、今日はもう帰りなさい」

深石にそう言われたが、「はい」と頷くのは躊躇《ためら》われる。予想通り徹夜作業になったわけだが、まだ午前十時前だ。先輩たちはほんの一時間前に出社してきて、これから終業時間まで仕事なのに。

「おまえ、帰った方がいいよ。顔色悪いぞ。室長があぁ言ってくれているんだし……」

隣の席の先輩が肩を叩いた。向かい側の席からも同意する言葉がかけられる。

「そうよ、山田君。よく頑張ったわ」

「でも……」

この秘書室の先輩たちは、かつて葵をイジメた商社の先輩とはちがう。ここで帰ったとしても、あとで「たかが徹夜したくらいでサボりだ」なんて悪口は言わないだろう。

どうしよう、そんなに言われるなら帰った方がいいのかな――と逡巡していると、深石が葵の心中を察して妥協案《だきょうあん》を出してくれた。

「医務室で二、三時間、寝てきなさい。そのあときちんと食事をとってから、ここに戻ってくるというのは？」

「あ、はい。そうします」

社内で休むのなら、まだ抵抗は少ない。深石の提案に乗ることにして、葵は本社ビル内にある医務室へ移動した。医務室には医師が常駐しているわけではないが、今日はたまたま他部署の健康診断の日だったようだ。顔見知りになっている老医師と看護師が迎えてくれた。

「徹夜だったんですって？　ゆっくり休んでくださいね」

深石が連絡を入れてくれていたようだ。

看護師がささっとベッドにシーツを敷いてくれ、毛布と枕も棚から出してくれた。ベッドの周りのカーテンを閉め、スーツの上着を脱いでネクタイを解き、ベルトを外したあたりで限界だったようだ。ベッドに倒れこみ、葵は昼過ぎまで死んだように眠った。看護師に起こしてもらえなかったら、そのまま夜まで眠ってしまっていただろう。

三時間後の午後一時に、揺り起こされた。眼鏡をしたまま寝ていた葵は、それを忘れて眼鏡を探すというギャグみたいなことをしでかし、看護師と老医師の笑いを誘ってしまった。

「よく眠れたようだね」

「はい、すっきりしました。ありがとうございました」

手早く身支度《みじたく》を整え、深石に言われていた通り、社員食堂で昼食をとった。

秘書室に戻ると、先輩たちに「もう大丈夫か？」「顔色がまともになったな」と労《いた》わりの声をかけられて、一人一人に頭を下げつつ自分の席につく。

すぐに深石から仕事の指示が届いた。よし、と気合いを入れてそれにとりかかる。ちゃんと集中できた。やはり睡眠は大切なんだなとしみじみ思う。

午後四時になったとき、一通の社内メールが届いた。伊崎だった。

（えっ、なんだろう？）

深石を通しての仕事の依頼とはちがう。まさか徹夜して作成した資料にミスがあったから直接クレームを入れてきたのかと、サッと青くなる。

こわごわと開いたメールは、まったく予想だにしない内容だった。

『今日は本当にありがとうございました。無理なことを頼んですみませんでした』

という礼と詫《わ》びからはじまり、資料の出来を褒《ほ》めてくれ、さらに驚いたことに、『今後も山田さんに資料作成を頼みたいと思っています。よろしくお願いします。つきましては、今回のお礼をしたいので、今夜、食事でもどうですか？』と、あった。

びっくりして、何度もメールの送り主が伊崎であるかどうか確かめた。

（ど、ど、ど、どうしよう……！）

伊崎と食事？　この文面だとたぶん二人きり？　そんなの無理。きっとなにも喉を通らない。味なんかわからないに決まっている。ガッチガチに緊張してなにも喋《しゃべ》れないかもしれない。だが、断ってもいいのか？

伊崎は葵の仕事ぶりを気に入ってくれているようだ。これからも頼みたいと言ってくれている。ここで断ってしまったら、心証が悪くなるかもしれない。

葵はひとりでは判断することができず、深石に縋《すが》るような視線を送った。すぐに気づいた深石は、席を立って葵のところまで来てくれる。

「ちょっと見てもいいかな」

「はい……」

ＰＣの画面を見た深石はしばし考え、頷いた。

「誘いを受けても構わないと思うよ」

あっさりと許可が出て、葵は余計に困惑した。

「どうしても行きたくないのなら断っても構わないが、礼をしたいという彼の気持ちはわかる。今回、君は本当に頑張ったからね」

「は、はい……」

「この誘いは、たぶん純粋《じゅんすい》な礼だろう。今後は自分を贔屓《ひいき》にして優先的に仕事をしてくれ、なんて彼がセコいことを考えているとは思えない。そもそも仕事の依頼はすべて私のところに届くから、君一人に奢《おご》っても意味はないからね」

「でも、その、倫理的には大丈夫ですか？」

「秘書である君が、終業後に経営企画部の部長と個人的に食事を共にしても、コンプライアンス違反でもなんでもない」

本音としては、行きたい。行ってみたい。こんなチャンスは、二度とないかもしれないのだ。好きな人と二人で食事。しかも仕事の礼だ。葵が唯一《ゆいいつ》のとりえだと自負している、資料を作成する能力に満足してくれた伊崎の好意を、実感してみたかった。

「……行ってきても、いいんですか……？」

「いいよ」

「じゃあ、その、行ってきます」

葵が決意表明のように宣言すると、深石が苦笑した。

「そんなに気負わずに、気楽な感じで、リラックスして行ってきなさい」

「はい……」

わかってはいるが、そう簡単にリラックスできるわけもなく……震える手で誘いを受けるメールを送ったのだった。


本社ビル一階のエントランスロビーに午後六時――。伊崎が指定してきた待ち合わせ場所と時間だ。

葵は置かれているソファに座り、緊張しながら伊崎を待っていた。きちんと足を揃《そろ》え、背筋をぴんと伸ばし、まっすぐにエレベーターホールを見る。伊崎が現れたらすぐにでも反応できるように、気を張っていた。

（伊崎部長、すごく忙しそうなのに、六時に待ち合わせでよかったのかな……）

五時終業とはいえ、営業系の部署――ましてや海外の業者と取り引きしているところはその限りではない。伊崎から依頼されるデータ分析の量から推測すると、いま経営企画部がとりかかろうとしているプロジェクトはそうとう大きなものではないかと思うのだ。

かといって、葵が伊崎に合わせて何時間もどこかで待っているのも不自然な話で。

（あ、六時）

手に持っていた携帯電話のデジタル時計が六時を表示した。そろそろかな、と携帯をスーツのポケットに入れたときだった。背後から複数人の足音が聞こえてきた。そっと振り向くと、外から戻ってきたらしい社員たちの集団がいた。その中に伊崎がいる。

（うわ、うわ、うわーっ……）

心の中で絶叫しながら慌てて立ち上がる。まさか外から来るとは予想していなかった。てっきり本社内にいて、エレベーターで移動してくるものだと決めつけていた。

五、六人ほどのスーツの男たちが葵の前を通り過ぎてエレベーターホールへと向かう。その中のだれよりも伊崎は格好よかった。みんなおなじようなスーツを着ているのに、足が長くて胸板が厚いせいか、それとも内面から輝くなにかがあるせいか、伊崎ひとりだけ輝いて見えた。

（本物の伊崎さんだ、伊崎さんだ）

伊崎は共に出かけていた部下たちに片手を上げながら労《ねぎら》う言葉をかけ、エレベーターに乗せて自分は一階に残った。そしてぐるりとエントランスロビーを見渡す。わずかに首を傾《かし》げ、もう一度見渡して、葵と目が合った。

ドッキーン、と心臓が跳ねる。そのままバクバクと激しく暴れはじめて、葵は口から心臓が飛び出すんじゃないかと思った。なかなか近づいてこない伊崎を待っていた葵だが、そうだこっちから行かなくちゃとぎくしゃくと足を動かす。

「あ、あの、伊崎部長……」

なんとか声が出た。変に裏返らなくてよかった。その点にはホッと安堵《あんど》しつつ、ぺこりと頭を下げる。

「秘書室の山田葵です。今日は、その、誘っていただいて、ありがとうございます」

そっと見上げた伊崎は、なぜだかぽかんとしている。だがイケメンはどんな表情をしていてもイケメン。こんなに近くで対峙《たいじ》したのは三年前のあのときがはじめてで、今日が二度目だ。

葵は感動して見惚れてしまった。

「えっ、君が……山田葵……さん？」

「はい、そうです」

「…………男だったのか…………」

ぼそっとこぼされた伊崎の一言に、葵はザーッと血が足元まで下がっていく音を聞いた気がした。

「……あ………っ」

なにか言おうとしても、喉がカラカラで、舌は張りついたように動かない。背筋が寒くなり、同時に脇汗が滲《にじ》んだ。断ち切るように伊崎から視線を逸《そ》らし、俯《うつむ》く。

伊崎は葵の名前を見て、女だと思っていたのか。デスクワークが得意な秘書室の才媛《さいえん》とでも想像していたのかもしれない。だから食事に誘ってきた――。

いまここではじめて、伊崎は「山田葵」が男だと知ったのだ。

子供のころ、この名前のせいでからかわれたり、病院の受付で性別を間違えられたりした。何度もあったことなのに、忘れていた。

「そ、その……………男で、すみません……」

やっと口から出たのは、謝罪だった。

「すみません、本当に……すみません。あの…………帰ります……」

ぎくしゃくと伊崎に背を向け、逃げるようにこの場から立ち去ろうとした。

「あ、ちょっと……」

もしかして引きとめようとした声だったのだろうか。無視して足を出したが、たったの三歩で膝から崩れた。

「山田君っ？」

伊崎が慌てた声で駆け寄ってきて、肩を支えてくれた。憧れの伊崎に触れられているというのに、葵は消えてなくなりたくてたまらなかった。

視界が暗いのは貧血のせいか。手足が冷たくなっている。疲れていたところに激しいショックを受けたせいだろうが、惨《みじ》めで悲しくて、浮かれていた自分が情けなかった。

「そこのソファに行こう。歩ける？　無理かな」

なんとか立ち上がろうとしたが膝がガクガクと笑ってしまってどうにもならない。

「じっとしていてくれよ」

伊崎がそう言うなり、葵をいきなり抱き上げた。横抱きだ。唖然《あぜん》としているあいだに数十メートルの移動が済み、さっきまで座っていたソファに下ろされる。

「気分は？」

「……………大丈夫です……」

吐き気はない。ただの貧血だ。俯いたままの葵に、伊崎が重々しいため息をついた。

想像とはまったくちがった山田葵の実像に、伊崎はきっと失望している。泣きたくなったが、これ以上の醜態《しゅうたい》は晒《さら》したくないと、涙をぐっと堪《こら》えた。

「失礼なことを言ってしまった。すまない」

伊崎が静かに謝ってきた。おずおずと目を上げれば、申し訳なさそうな表情になっている。

ふざけた感じは一切なかった。

「それに、昨夜は会社に缶詰になって寝ていないんだったな。君の体調も考えずに食事になんか誘って悪かった。今日は中止にしよう」

当然の提案だったが、葵は心の底からがっかりした。これで終わりだ。伊崎とは秘書として

社内メールだけの繋がりになる。もともと葵の仕事はそういうものなのだから、残念に思うのは間違いだと、頭では理解できても心がついていかない。

「君の家まで送っていくよ。今夜はゆっくり休んでくれ。タクシーを呼ぶから」

「えっ……？」

伊崎はスーツのポケットから携帯電話を取り出すと、さっさとタクシー会社に電話をしている。

「あの、伊崎部長……っ」

タクシーなんて贅沢はしたことがない。自宅アパートまで走らせたら、いったい料金がいくらになるのか、怖いではないか。

貧血なんて、しばらく休んでいたら良くなる。歩けるようになったら電車で帰るから――と訴えようとしたが、伊崎は通話を切ると、にこっと笑ってきた。

「五分くらいで来てくれるそうだ」

その笑顔が眩《まぶ》しいくらいに素敵で、葵はなにも言えなくなった。

やがてタクシーが正面玄関前に到着した。

「行こうか。立てる？」

「立てます」

ここで立てないと言ったらまた横抱きにされてしまいそうだったので、葵はしっかりと床を踏みしめて立ち上がった。なんとか歩けたが、すこしふらつく。伊崎が葵の二の腕を掴んで支えてくれた。その力強い感触に、葵はじわりと頬を熱くした。

この腕に、さっき抱き上げられたのだ。いまさらながら、すごいことをされてしまった。エントランスロビーに自分たち以外の社員がいなくて、本当によかった。見られていたら、明日から葵は女性社員たちから総スカンを食らうところだっただろう。

タクシーの後部座席に座ると、なぜだか伊崎が横に滑《すべ》りこんでくる。

「あ、えっ？」

「送っていくと言っただろう？」

まさか葵の自宅まで同乗していくつもりなのか、と驚愕《きょうがく》した。

それは困る。貯金が趣味の葵は、生活費を節約するためにボロアパートに住んでいるのだ。昭和臭が漂《ただよ》う外観のアパートを、憧れの伊崎に見られたくない。

「家はどこ？」

「ひ、一人で帰れます」

「送らせてくれ。君が体調不良になったのは私が無理に仕事を頼んだせいだろう？　あれで私がどれだけ助かったか、君にはわからないかもしれないが……」

伊崎がふっと苦笑した。切なくなるような目で見つめられて、葵は酔《よ》ったように頭がぼうっとなってしまう。口が勝手に動いて、一人暮らしをしている自宅アパートの住所を告げていた。

しまった、と手で口を覆《おお》ってももう遅い。

「あけぼの町ですね。わかりました」

運転手の耳にしっかり届いていた。タクシーはすぐに走り出す。

（あああ、僕はバカだ……）

両手で頭を抱《かか》えて嘆《なげ》きたいところだが、伊崎の横でそんな真似ができるわけもなく、唇を噛むだけだ。アパートの近くにコンビニがあるので、買い物がしたいとかなんとか言って、そこでタクシーをとめてもらおう。それしかない。

「山田君、さっきは悪かった。名前だけで勝手に女性だと決めつけていたなんて、とんでもない失態だ。われながら呆《あき》れる。申し訳なかった。不愉快な思いをさせてしまった」

伊崎が両手を自分の膝にあて、頭を下げてくれた。さっきも謝られたが、潔《いさぎよ》い態度に驚きを禁じえない。伊崎は部長で、葵は平社員だ。どう見てもこちらがずいぶん年下だし、ここまで謝罪を重ねなくてもいいと思うのだが――。

「それは、もういいです。名前だけ見たら、女性だと思うのは当然ですし……。あの、顔を上げてください」

伊崎はため息をつき、大きな手で自分の顔を一撫《ひとな》でする。

「こういうところは直さないと、といつも反省するんだが、ダメだな。生まれつきの性格というものは、そう簡単には矯正《きょうせい》できないってことか……」

「反省？　矯正？　伊崎部長が、ですか？」

葵からしたら伊崎は完璧な男にしか見えない。仕事が出来て容姿もスタイルもよくて、だれもが人柄を褒めている。どこを直さなければいけないのだろうか。

きょとんとしている葵に、伊崎が「わりと短気でね。先走る癖《くせ》がある」と苦笑いする。

「勘だけで動くことも多々あるし…。こんな私によく部下がついてきてくれると思うよ」

それは伊崎を信頼しているからだ。ただの横暴な上司だったらだれも従わないだろうが、伊崎はさっき葵の体調を気にかけてくれたように優しいいし、こうして自宅まで送って行こうとする思いやりも持っている。

「ところで、山田君はいくつ？　まだ若いよね」

「二十五です。もうすぐ六ですけど」

「二十五か。若いな。私より十歳も下だ。それであそこまでデータ分析ができるなんてすごいね」

「ありがとうございます。そういうことは得意なんです……」

面と向かって褒められて、貧血で冷えていた手足が温かくなってきた。

「これからも君に頼むと思うが、よろしく頼む」

「はい。こちらこそ、今後ともよろしくお願いします」

じつは男だったこととか貧血で倒れそうになったこととかは、伊崎にとって幻滅する点ではなかったようだ。良かった。秘書室の山田葵はこれからも仕事で伊崎と繋がっていける。

「お客さん、このさきの交差点は右折でいいんですか？」

「はい、右折です」

気がついたらあと一キロくらいの地点まで来ていた。

「運転手さん、まっすぐ行くとコンビニが見えてくるので、そこでとめてください」

指示したとおりにタクシーはとまってくれた。うまくいった。ここから二百メートルほどの場所にアパートがある。伊崎に見られなくてすんだ。

「ここでいいのか？」

「はい、朝食用の食材を買っていきたいので」

タクシーの料金メーターをちらりと見て、葵はうっと喉を詰まらせそうになった。社員食堂のＢ定食が十回も食べられる金額だ。

カバンから財布を出したところで、伊崎の手が伸びてきた。

「ちょっと待った。もしかしてタクシー料金を払おうとしている？」

「あ、はい」

「こういう場合、私が払うものだろう？」

「………そうなんですか？」

「そうなんだ」

大真面目《おおまじめ》な顔で伊崎が頷く。

伊崎が食事のかわりに奢ってくれるということだろうか。上司にタクシーで自宅まで送ってもらった経験などはじめてで、よくわからないが、ここで強引にお金を出しても伊崎は不快かもしれない。葵は自分の財布と伊崎を何度か交互に見遣《みや》っていたが、そっとカバンにしまった。

「じゃあ、お言葉に甘えて……」

「そうしてくれ」

伊崎が満足そうに微笑んだから、これでいいんだと思える。クッと伊崎が喉で笑った。

「君は、面白《おもしろ》いな」

いったい自分のどこが面白いと言うのだろう。笑えるギャグなんてひとつも披露《ひろう》していないのに、伊崎が変なことを呟いた。

「今夜はゆっくり休んでくれ」

「はい。ありがとうございました」

葵はタクシーを降り、コンビニへと歩いていく。すると車のドアの開閉音が聞こえた。

「山田君」

振り返ると伊崎がタクシーを降りて歩み寄ってくる。

「ひとつ言い忘れた。こんど、日を改めて誘わせてもらえるかな」

「えっ……」

「私と食事をするのは嫌か?」

「そんな、嫌じゃありません。でも僕なんか誘っても――」

「嫌じゃないなら、お礼をさせてくれ。じゃあ、おやすみ」

伊崎は魅力的な笑顔でそう言い、くるりと踵を返すとタクシーに乗って走り去ってしまった。

わりと一方的だ。でも伊崎なら許せる。伊崎のあの笑顔を間近で見られるなら、伊崎の目に自分だけをうつす時間がもらえるのなら――すこしくらい振り回されてもいいと思えてしまう。

タクシーが走り去った方向を、葵はぼうっとつっ立ったまま長いあいだ見つめていた。

胸はどきどきしたままだ。伊崎の顔が鮮明に心に焼きついている。伊崎の声が、耳の中でまだ反響している。

やはり伊崎は葵の顔を覚えていなかった。でもそんなことはいい。いま「秘書室の山田葵」として覚えてくれた。

もっと、会いたい。もっと近くにいたい。そう思うだけで胸がぎゅっと締めつけられるように痛んだ。

(……やっぱり、すごく好きだ……)

しみじみと自分の気持ちを確認する。

コンビニに寄ることなく、葵はアパートへと歩きだした。アパートのところどころ錆《さ》びた鉄製の外階段をゆっくりと上がり、二階の角部屋の薄っぺらい玄関ドアを開け、中に入る。

ふふふ、とこらえていた笑い声がこぼれた。

「あらためて誘ってくれるって。伊崎さんが」

嬉しくてたまらない。踊り出しそうな気分で部屋の電気をつけた。

物が少ない、殺風景な六畳間が現れる。布団は押し入れの上段にしまってあり、下段にはプラスチックケースが並び、普段着とか下着が入れてあった。六畳間の隅には文机《ふづくえ》が壁際に置いてあり、タブレットが載っている。テレビはない。スーツを収納するための背が高いロッカーが角にある。それだけの部屋だが、いつもよりずっと居心地がよさそうに見えるのは、そういう気分になっているからか。

スーツを脱いで部屋着に替え、夕食の用意をする前に、とりあえずお茶でも飲もうかなとキッチンに立つ。ヤカンを火にかけて、ガスコンロの青い炎をじっと見ていたら、高揚感《こうようかん》がしだいにおさまってきた。

人が人を想うのは自由だ。けれど、葵の場合、相手は伊崎。伊崎がゲイかもしれないなんて、ちらりとも聞いたことがない。望みはない。

告白するつもりはまったくなかった。

伊崎は紳士だから、葵の気持ちを知ってもあからさまに嫌悪したり軽蔑《けいべつ》したりはしないだろうが、絶対に態度が変わる。それを目の当たりにするのは辛い。ほんのわずかでも伊崎に嫌われるような要素は出したくない。ただの秘書室の山田葵という認識でいい。

もし、もしも、伊崎に嫌われたら——松守商事を辞めたとき以上に、心の傷は深いだろう。そのまま大寿食品に勤め続けられるとは思えない。

ヤカンの湯が沸騰《ふっとう》したので、ティーポットで丁寧に紅茶を淹《い》れた。三年前のあのときから、葵はコーヒーが苦手になった。飲むのは、もっぱら紅茶か緑茶だ。

マグカップにたっぷりと熱い紅茶を注ぎ、六畳間に戻る。擦《す》り切《き》れて日に焼けた畳《たたみ》をじっと見下ろした。

ここに住みはじめて一年半がたった。寝るだけの場所だから、不満に思ったことはない。だが、きちんとした会社の正社員で、二十代の平均年収以上のものをもらっているにしては質素すぎる暮らしだ。それは自覚している。葵は文机の引き出しを開け、中から銀行の通帳を取り出した。口座の残高と定期預金の金額を確かめると安心する。いつ仕事がなくなっても、しばらく暮らしていけるだけの貯えはできた。

松守商事を辞めたとき、実家に戻った。一人暮らしが維持《いじ》できなくなったからだ。一度は自立したのに収入が途絶えて親の世話になる辛《つら》さを味わった。

だから大寿食品に入ってからの一年半のあいだ、かなり頑張って切り詰めて、貯金を増やしたのだ。給料の半分を貯金に回してきたから、かなりまとまった金額になっている。病気やケガ、なにかのアクシデントでまた無職になることがあっても、再就職先を探すあいだの生活費になるだろう。

こんどは実家に頼って、むやみに両親に心配をかけなくてもすむ。二度と就職活動なんかしたくないと思っているけれど——。

「……伊崎さん……」

伊崎のことを考えると、やはり葵は泣きそうになるくらい切なくなるのだった。

翌日、定時に出社した葵は、深石に伊崎と食事に行けなかったことを説明しなければならなかった。エントランスロビーで倒れたと話すと、心配してくれた。

「体調はもういいのか」

「はい。大丈夫です」

葵は笑顔で答え、デスクにつくと、PCを立ち上げて仕事の準備をした。

一晩かけて葵は今後のことを考え、伊崎にまた誘われたら、思い出づくりのために一度だけ応じようと決めた。それで終わりにする。以降はメールだけのやり取りにして、仕事の面で陰のサポートをしていきたい。直接会わない。

葵は嘘をつくのが下手《へた》だ。演技のセンスなんて欠片《かけら》もない。いまでもじゅうぶん恋心が膨れあがっているのに、もっと大きく育ってしまったら隠しきれない。伊崎に気持ちを悟られないように振る舞う自信なんかなかった。

（ダメだ、ちょっと休憩《きゅうけい》しよう）

すこし仕事をしたが、頭の隅でどうしても伊崎のことを考えてしまう。葵は席を立ってトイレへ行った。洗面台の冷たい水で顔を洗い、ハンカチでごしごしと拭《ふ》く。ひとつ息をついて眼鏡をかけ直したときだった。

「えーっ、ウソ、伊崎部長が？」

「ホントに？　やだ、ショック！」

女性の声が聞こえた。伊崎の名前に反応してしまう。どこから聞こえたのかと、葵は男性用トイレを出た。どうやら隣接している女性用トイレから声が聞こえてきたようだ。

葵はいけないことと知りながらも、そっと女性用トイレを覗《のぞ》きこんだ。洗面台の前に女性社員が三人立っていた。

「見たっていう子がいるんだから、ホントなんでしょ」

「えーっ、信じたくない。伊崎部長に恋人がいるなんて！」

葵は息を飲んだ。伊崎に恋人？　話を聞いて嘆いている女性社員と一緒に、葵も「信じたくない」と叫びたかった。

「きれいな女の人だったって言ってたよ。なんかすごく親密なムードだったから、絶対にあれはデキてるって」

「やだやだ、伊崎部長はまだ仕事に生きていてほしいの。その女は絶対に恋人なんかじゃないと思うっ」

「仮にその人が伊崎部長の恋人じゃなかったとしても、あんたを選ぶことはないと思うから」

「ひどーい」

葵はふらりと女性用トイレから離れ、秘書室に戻った。自分のデスクにつきPCの画面を見たが、なにも頭に入ってこない。

伊崎が女性と会っていた。親密なムードだった――。あれだけの男だ、恋人がいない方がおかしいのかもしれない。現に松守商事にいたころは、本当にモテていた。

（あっ……）

伊崎からメールが届いていた。昨日の詫《わ》びと、体調はどうかという気遣いと、あらためて食事の誘いだった。

伊崎は優しい。葵のようなちいさな存在にも、こんなふうに気を配ってくれる。恋人がいたからどうだというのだろう。どうせ葵は伊崎の恋人になどなれないのだから、関係ない。

葵はまず礼の文章を打ちこみ、体調は良いことと、誘いを受けることを返信した。

（……一度だけ。きっと、一生の思い出になる。僕にとって、最初で最後の、好きな人との食事になるかもしれない……）

その日は精一杯、伊崎との時間を楽しもうと思った。

一度だけ、と心に決めていたせいか、次回に繫げるために印象を良くしなければと必要以上に努力する必要がなく、葵は比較的リラックスして食事会に臨むことができた。

伊崎は葵を高級感のある居酒屋に連れていってくれた。間仕切りで半個室になっているため、周囲の視線を気にせずに済むテーブルだった。完全な個室だったら、伊崎と二人きりの空間に、葵は息が詰まっていたかもしれない。

伊崎がおススメのコースをオーダーしてくれていて、運ばれてくる料理はどれも美味《おい》しかった。会席ほど上品すぎず、ほどほどの量もあって、葵はゆっくりと楽しむことができた。ほんのちょっぴり、お酒も飲んだ。

向かい合わせに座った伊崎は始終、穏やかな口調で、葵に海外出張での面白話をしてくれたり、料理や日本酒のうんちくを語ったりした。

伊崎の話なら難しい内容でも楽しく聞くことができるから不思議だ。

「こんな話はつまらなかったかな」

「いいえ」

葵が本気で否定すると、伊崎は滲むような笑顔をみせてくれた。

「君のことをすこし聞いてもいいか？」

「はい、どうぞ」

飲み慣れない日本酒を口にしたせいか、葵はほんのり酔っていた。無防備に「なんでも聞いてください」と言ってしまう。

「趣味はなに?」

お見合いみたいだ、と葵はクスクス笑う。

「僕の趣味は、貯金です」

「ほう。なにか目的があって貯《た》めているのか? なにか欲しいものがあるとか、どこかへ旅行にいくためだとか」

「将来の夢はありますよ。でもとりあえずは、いつ無職になってもいいようにと思って、お金を貯めています。僕としては大寿食品でずっと働きたいんですが、そんなの、いつどうなるかわからないじゃないですか。現に、僕は一度会社を替わっていますから……」

「替わっている? そうなのか。以前はどこに勤めていたんだ?」

「松守商事です」

予想していた通り、伊崎はびっくりした顔をした。驚くだろうなと思っていたら、本当に驚いたのだ。葵はククク と笑う。

「松守にいたのか?」

「はい、総務部にいました」

「えっ……」

伊崎はなにかに思い当たったような表情になった。

「松守の総務部、山田……って、もしかして資料室で……」

あの出来事を覚えていてくれた。それだけで葵は嬉しい。

「その節は大変お世話になりました」

「あのときの社員は君だったのか……!」

後日、葵はコンビニでワイシャツの値段を確認し、現金と借りたネクタイ、それとお礼にハンカチを添えて食品流通部に返しに行った。だが伊崎は出張中で不在だったため、近くにいた社員に言付けて帰った。

「もらったハンカチはいまでも使っているよ」

そう言ってもらえると、デパートで二時間も悩んだ甲斐《かい》があるというものだ。

「大寿食品に移ってきてくれて嬉しいです。転職するきっかけとか、聞いてもいいですか?」

「んー……べつに秘密にすることなどなにもないからいいが……。なんというか、あのまま松守にいてもつまらないような気持ちがしたんだ」

「つまらない? 世界を股《また》にかけてビジネスをしていたのに?」

「すでに先人がレールを敷いた上を走っていたようなものだ。億単位の金を動かして、人を動かして、その倍の金を稼ぐことは面白かったが、会社の外にはなにかもっと違うものがあるんじゃないかと思いはじめたときに、いくつかヘッドハンティングの話が来た」

「いくつも？」

「いくつもあった。松守よりも大きい企業とか、外資系とか、いろいろ。私の能力を高く買ってくれるのは嬉しいが、好条件をただ並べられても心が動かなかった。そんなときに、大寿の人事部長に会って、自分でも思いがけず心が動いた」

「人事の…って、桑山《くわやま》部長ですか」

葵の伯父だ。伊崎の転職には伯父が関わっていたのか。だれがヘッドハンティングしたのかなんてことまでは知らなかった。

「そう、桑山部長。大寿の実情や将来の展望を、ものすごく熱心に話してくれて、こういう人がいる会社はいいなと感じた。それに大寿をもっと大きくしたいという野望に加担するのも面白そうだと、その気になった。それで松守を辞めた」

「留意されたでしょう？」

「されたな」

伊崎は肩を竦《すく》めた。そのしぐさがまた格好いいから葵はますますぼうっとなってしまう。

「移ってきてどうですか？　やりにくい部分もありますよね」

「まあ、そうだが、すこしばかり抵抗があるのも新鮮でいい」

抵抗とは、伊崎を歓迎できない一部の社員のことだろうか。葵は秘書室の先輩たちからの話でしか知らないが、経営企画部の中にも不穏分子はいるということだ。部下の中に、部長である伊崎をこころよく思っていない社員がいるとしたら、かなりやりにくいだろう。

それを「新鮮」と言ってしまう伊崎は凄《すご》いなと、葵は感心した。

「山田君はどうして松守を辞めたんだ？」

「恥ずかしい話ですけど、先輩にちょっと意地悪をされて」

「あのときの君の様子から、なんとなく想像していたが……」

「……たぶん、先輩、最初は軽い気持ちだったんだと思います。でも毎日続けられて、体調を崩してしまって……一年で辞めました」

伊崎は深刻な顔になって聞いてくれている。当時は大変だったが、いまはもう大丈夫だからそんな顔をしなくていいと、優しい伊崎に葵は苦笑いした。

「一年くらい実家で療養して、大寿の中途採用枠《わく》で採《と》ってもらったんです。いまはとても充実しています。すごく働きやすい環境なんです。たぶん深石室長がぴしっと締めているからだと思います」

「ああ、深石室長ね。あの人はやり手だ。何度か会ったが、私なんか深石室長に比べたらまだまだひよっ子で、青いなと思わせられる。柔和な表情で普段は気配を消しているのに、いざとなったらガーッと前面に出てきそうな、ラスボス的ななにかがあるような……」

「わかります、ラスボス！」

葵はつい手を叩いて笑ってしまった。でも伊崎も笑っていたので良かったようだ。

十歳も年上で立場もはるか上の人なのに、秘書室の先輩が褒めちぎっていたように、伊崎は気さくで話しやすい、仕事を離れても素敵な人だ。

「そうか、山田君の趣味が貯金っていう意味が、わかった。一度会社を辞めているから、生活のことを考えているんだ。若いのに偉《えら》いな。いざとなったら頼れる実家はあるんだろう？」

「ありますけど、心配かけたくないじゃないですか。僕、一人っ子なんです。だから余計に、しっかりしなくちゃと思って」

いい子、と呟きながら、伊崎がテーブルの向かい側から手を伸ばし、葵の頭を撫《な》でてきた。ぐりぐりと髪を乱暴にかき混ぜられて、眼鏡までずれてしまう。

「伊崎部長、やめてくださいよぅ」

「顔が小さいな。目も鼻も口も全部小さい」

「気にしているんだから言わないでください」

「どうして気にしている？　小顔でいいじゃないか」

「男らしくないです。背だって、低いし……」

「コンパクトでいい。軽いから私が簡単に抱っこできたんだぞ」

「あ、あれは……」

会社のエントランスロビーで横抱きにされたことを持ちだされ、葵は一瞬で顔を真っ赤に染めた。

「忘れてくださいその、運んでくれてありがたいとは思っていますが、あんなこと、普通は男に対してしませんからっ」

「一目で運べそうだなと判断してやったんだが、迷惑だったか」

「そんな、迷惑だなんて……。とにかく恥ずかしかったので、なかったことにしたいんです」

実際、思い出すと身悶《みもだ》えしてしまうほどに恥ずかしくて、葵は考えないようにしていた。

「なかったことにするのか？　つまらないな」

伊崎がため息をついて横を向く。怒らせたかなとすぐに謝る言葉を探したが、口にする前に伊崎が「将来の夢ってなに？」と聞いてきた。

「えっ？」

「ほら、さっき貯金の目的で、将来の夢はあるって言っただろう。とりあえずもしものときのための生活費と、それと、なに？　結婚資金とか？　一人っ子なら結婚式を豪華にしたいだとか、子供をたくさん欲しいだとか？」

「いえ、そんな、結婚は……ないです」

まったく考えていないことを挙げられて、葵は視線を泳がせた。未婚の若者が貯金していると聞くと、普通は結婚資金かと思うのだろうか。

伊崎も結婚のためにお金を貯めているのかもしれない。もう三十代半《なか》ばなのだから、伊崎の方がリアルだ。

「結婚は、まあ山田君の年だとまだ早いかな。それに転職して一年とちょっとってところだろ。じゃあ、夢はなんだ？」

「……笑わないでくださいね……」

「笑わないさ」

「あの、家を建てたいんです」

伊崎は眉《まゆ》をひそめて首を傾げた。

「それって妻子と暮らす家ってことじゃないのか？」

結婚資金とどうちがうのか、説明を求められてしまった。

「僕の実家はマンションなんです。それで不便に思ったことはないし、子供時代の友達のほとんどが集合住宅暮らしだったから、不満なんてありませんでした。でも、将来は……というか、定年退職したらもっと田舎《いなか》に一軒家《いっけんや》を建てて、畑とかやりながら、のんびり暮らしたいな――というのが夢です」

ちらりと伊崎の様子を窺《うかが》うと、柔らかなまなざしで葵を見てくれていた。

「犬を飼ったり？」

「いいですね、犬」

「ヤギは雑草を食べてくれるらしいぞ」

「小学校でヤギを飼っていたので世話をしたことがあります。ヤギもいいですね」

伊崎は笑わなかった。

大学時代、この夢を友達に語ったところ、爆笑されてしまったことがあったのだ。どこのシニア世代だよと、腹を抱《かか》えて笑われて傷ついた。以来、だれにも言っていなかったのだ。

「どのあたりがいいんだ？　寒い地方か温かい地方か」

「温かい方が暮らしやすいでしょうか」

「寒い地方は冬が心配だよな。でも富士山が見えるあたりも魅力的じゃないか？　静岡側なら雪は降らないだろう」

それからしばらく、どこに家を建てるかといった話になり、伊崎がバッグから取り出したモバイルで不動産情報まで探し、葵と伊崎はあれこれと意見交換をしたのだった。


楽しい、楽し過ぎる食事会だった。

店を出たあと、伊崎はまた葵をタクシーで送ってくれた。もちろんコンビニ前でとめてもらい、アパートには近づかないように気を遣う。

「また誘ってもいいかな。こんどはイタリアンなんてどうだ？」

そう言ってくれるということは、伊崎も楽しかったのだろう。ものすごく嬉しい言葉だったが、葵は断った。

「これが最初で最後です」

「……どうして？」

伊崎は意外そうに理由を訊《たず》ねてきた。断られるとは思っていなかった顔をしている。申し訳なく思いながら、用意していたあたりさわりのない理由を口にした。

「あまり親しくなると、深石室長のポリシーに反して、伊崎部長の仕事を優先してしまったり、伊崎部長の派閥ができたときに僕もそちらへ傾いてしまったりしそうだからです。秘書室の秘書は、公明正大であるべきだというのが室長の考えです。僕は室長を尊敬していますし、その考えは素晴らしいものだと思っています」

「……なるほど」

しばらく考えたあと、伊崎が頷いた。

「山田君の気持ちはわかった」

納得してくれなければ葵が困るのに、あっさりと引いた伊崎の態度に悲しくなってしまう。

「今日は楽しかったよ。これからもよろしく」

「はい、ごちそうさまでした」

「おやすみ」

タクシーの窓越しに手を振ってくる伊崎に、葵もつい手を振り返した。気安すぎると気づいて慌てて手を引っこめた。

走り去っていくタクシーのテールランプを見送り、角を曲がって見えなくなっても葵はそこに立ち尽くしていた。楽しかった時間の余韻《よいん》をすこしでも感じていたくて。

それからしばらくは、何事もない日々が過ぎた。深石が回してくる仕事をこなし、昼は社員食堂で一番安いC定食かカレーライスを食べ、定時で本社ビルを出る。

変化はないが、なにもない安アパートに帰宅してぼうっとしていると、一日の充実感に体がじわっと熱くなることがあった。

(今日も、伊崎さんの仕事ができた……)

彼のためにひとつでもできることがあってよかったと、しみじみと自分の幸運を噛みしめる。

数えていないので正確な数はわからないが、葵に任される仕事の半分以上が伊崎絡み――経営企画部からの依頼も含む――だ。伊崎が葵を指名してデータ分析を頼んでくることもあれば、深石が葵なら確実で早いからと渡してくることもある。指名されれば嬉しいし、信頼されていると感じれば励《はげ》みになる。どうせ完成された書類から作成者の真意などくみ取れるはずもないからと、葵は伊崎絡みの仕事を張り切ってこなした。結果としてよりいっそうスピーディーになり、分析力がますます冴えてきたと深石に褒められることとなった。

(伊崎さん、いまごろなにをしているのかな…)

最初で最後と決めた食事会から、毎日、ことあるごとに伊崎の行動を想像している。もう会社を出て自宅に戻っただろうか、部下のだれかと食事に行ったのかもしれない、出張に行っているのかもしれない――。

会いたい。顔を見たい。お喋りしたい。

抑えつけても恋心は勝手に育ち、むくむくと欲望を大きく育ててしまう。

どうして食事の誘いを断ってしまったのだろう、と何度も後悔した。伊崎の部下は毎日会えるし苦楽を分かちあえるし、たまには誘われて飲みに行くこともあるかもしれない。秘書室の先輩は出張に帯同して伊崎の近くであれこれと世話を焼くことができるだろう。羨ましくてたまらない。

でも断ったのは自分だ。後悔しても遅い。いまは仕事を頑張ろう。

そんなふうに自分を鼓舞して、毎晩眠りについていた。

ある日、いつものように秘書室で書類作成の仕事をしていたら、伊崎からメールが届いた。

（あれ？　なんだろう……）

今日はついさっき経営企画部からの依頼で仕事をひとつ片付けたところだ。それになにか不備でもあっただろうか、と急いでメールを開ける。

『今日のA定食はブリの照り焼きらしい。B定食はしょうが焼き、C定食はメンチカツという情報が入った。君はなにを食べる？』

仕事とはまったく関係ないメッセージだった。葵はしばしぽかんと文面を眺めたが、読んでしまった以上、放置するわけにもいかないので返事を書いた。

『僕はいつもC定食かカレーです。理由は安いからです』

定食はAが一番値段が高く、Cが安い。本社の周囲には昼休みに気軽に食べられそうな店は少なく、外回りの部署をのぞいた社員たちのほとんどは、弁当を持参するか社員食堂で済ませていた。

『なるほど、安いから。君はブレないね』

これは褒められたのだろうか、それとも貶されたのだろうか。

しばし返信を待ってみたが、伊崎からはもうなにも言ってこなかった。いったいなんだったんだろう、それほどに葵が昼になにを食べるか知りたかったのだろうか、と余計な悩みを抱えてしまった。

その翌日、また伊崎からメールが来た。

『今日はいい天気だが、休日にこんな天気だったら、君はどこへ遊びに行く？』

社員食堂のメニューについてではなかったが、またもや仕事とは関係ない質問だ。就業時間中に変な質問ばかりをしないでくださいと抗議するほど嫌ではない――というか、むしろちょっとした息抜きというか気分転換になっていいくらいだったので、葵は丁寧に答えた。

『休みの日に天気が良ければ、まず布団を干します。おひさまの匂いがする布団で眠るのは最高の贅沢だと思っています。あと掃除をします』

『なるほど、家事に勤《いそ》しむというわけか。君は真面目だな。遊びには行かない？』

『あまり行きません。たまに映画を観に行ったりはしますけど。部屋でゆっくり本を読むことが多いです』

さらに翌日は、こんな内容のメールだった。

『好きな映画監督はいる？　どんな作家の本を読むのかな？』

葵は映画監督と作家の名前をいくつか挙げた。伊崎も知っている名前だったらしく、あの作品はよかった、この作品はどうだというやり取りを何度かくりかえした。

それから毎日、世間話の延長のようなメールが届くようになった。

『昨夜は中秋《ちゅうしゅう》の名月だったらしい。君は月を見た？』

『最近やっと涼しくなってきてスーツが辛くなくなったのはありがたいね』

『部下とのジェネレーションギャップを感じる出来事があった。ちょっとショック』

くすっと笑ってしまうことから、伊崎でもこんなことで戸惑ったり悩んだりするんだと意外に思うことまで——。このささやかなやり取りだけで、葵は伊崎について詳《くわ》しくなったような気がした。葵にとってそうなように、伊崎にとってもこのメールが息抜きになっているのかもしれない。部外者ではあるが会社内の人間で、かつ秘書でもある葵は、そういう相手として最適なのだろうと思った。

そんなメールのやり取りを一ヵ月ほど続けていたある日、いつもの世間話の文面の最後に、『ご飯を食べに行かないか?』とつけ加えられていた。

『すごく美味しい店を見つけた。一人で味わうにはもったいないくらいで、ぜひ君に食べさせたい。ここのところ私の気分転換に付き合ってくれていたお礼に』

驚くと同時に、葵はどうしようと迷う。一ヵ月前ならば即座に断っていただろう。もう二度と行かないと決意していた。

だがいまは、顔を合わさずメールだけとはいえ毎日私的な内容の会話をしていたのだ。親近感は比べようもなく大きく育っており、ここで断るのはいけないような気になっている。

PCを前にしばらく硬直していたら、またメールが来た。

『もちろん、君が必要以上に社員と親しくならないように気を遣っているのはわかっている。でも私はどうしても君とまた出かけたい。無理にとは言わない。もしかして、これって、パワハラになっている?』

パワハラという言葉にびっくりした。たしかにパワーハラスメントになりかねない構図ではある。伊崎は葵よりもずっと上の立場にいるわけだから。

でも葵はまったくパワハラだなんて思っていなかった。

『いいえ、パワハラなんかではありません。僕は伊崎部長に誘われて嬉しいです。だからこそ困っています』

『困っている、というのは君と深石室長のポリシーに反するという点で？　私と二人で食事に行きたくなくて困っているというわけではないんだな？』

『行きたくないなんて、思うわけがありません』

馬鹿正直に想いを言葉にして送ってしまった。あっと失敗に気づいたときにはもう伊崎の元へとメールが送られてしまっている。

『行きたいと思ってくれているなら、行こう』

さすができるビジネスマンは隙を逃さず突いてくる。伊崎は畳《たた》みかけるように『行こう』とくりかえし、日時を指定してきた。

『この日、予定を空けておくから、君もそのつもりでいてくれると嬉しい』

なんて言われたら、その気で待っているしかない。結局、二度目の食事会は確定してしまった。強引に約束を取りつけてきた伊崎に呆れながらも、やはり嬉しさは隠しきれない。

「どうしたんだ、なにかトラブルか？」

隣の先輩が葵に異変を感じて声をかけてきてくれた。

「な、なんでも、ありません」

「本当に？」

怪訝《けげん》そうにしながらも先輩はそれ以上追及しようとはしなかった。浮《うわ》ついていてはいけないと、葵は仕事に戻ったが、いつもより意識して集中しなければならないほど気持ちが散漫になりがちだった。

　待ち合わせ場所は会社の外だった。伊崎の仕事の都合でそうなったのだが、葵としてもその方が助かる。一度ならず二度までも伊崎と食事に行ったと会社の人間に知られるのは遠慮《えんりょ》したかった。絶対に嫉妬《しっと》されるからだ。

　目立たないようにひっそりと駅裏のモニュメントの横に立っていた葵は、横付けされたタクシーの中から手招きする伊崎を見つけて駆け寄った。急いで後部座席に乗り込む。

「待たせて悪かったね」

「いいえ、そんなに待っていません。仕事はもういいんですか？」

「大丈夫、終わったよ」

　すぐに走り出したタクシーの中で、スムーズに会話がはじまる。直接会うのは二度目で、しかも一ヵ月ぶりだというのに違和感がないのは、毎日メールでやり取りしていたからだろう。

　葵はちらりと隣に座る伊崎を見遣り、前回とおなじように（ああ、やっぱり格好いい…）とひそかに胸を震わせた。

（あれ？　伊崎さん、ちょっと顔色悪い？）

　ふとそう思ったが、きっと車内が薄暗いせいだろうと理由付けた。だがタクシーを降り、街灯の下に立った伊崎を見て、それが気のせいではなかったことがわかった。

伊崎に案内されて入ったイタリアンの店内は、間接照明が効果的に使われており、テーブルとテーブルのあいだには巧《たく》みに観葉植物が配置されていて、客同士の視線が合わないようになっている。席は八割方が埋まっていた。大人の雰囲気が漂う素敵な店だったが、葵は伊崎の体調が気になった。

窓際の席が予約されていた。伊崎に促《うなが》されて向かいあう位置で座り、店員からメニューを渡される。店員が離れてから、葵は思い切って訊ねてみた。

「あの、伊崎部長、体調が悪くはないですか?」

「………どうして?」

ちらりと視線だけを上げて正面から見つめられ、葵は一瞬、怯《ひる》んだ。だが見過ごせない。

「顔色があまり良くないように見えたので。もしお疲れなら、無理に僕との約束を果たさなくてもいいですよ。このまま帰った方が……」

「せっかく君が誘いに応《こた》えてくれて、こうして引っ張りだすことに成功したのに、ここで帰れなんて酷《ひど》いことを言うね」

伊崎は体調が悪いことは否定しない。

「酷いことなんて、そんなつもりはないです。僕なら、またいつでも——」

「いつでも? 本当に?」

「はい、いつでも誘ってもらえれば」

「それは嬉しいな」

ふっと伊崎が笑う。テーブルの中央に置かれたちいさなキャンドルの明かりに照らされた微笑は、疲れが滲んでいるからこその色気が垣間見《かいまみ》れた。

「まあ、疲労が溜まっているのは確かだよ。ここのところ睡眠不足でもあるしね」

「じゃあ、やっぱり……」

「でも食欲がないほどではない。風邪を引いているわけでもないから、熱もない。君とこうして向かいあって食事ができれば解消できるていどのものだ」

「……僕と食事をすると、解消されるんですか？」

「そう」

伊崎が頷いたところで店員がワインを運んできてくれた。目の前で開けて、二人のグラスに注いでくれる。軽く乾杯してから、一口飲んだ。ほんのりと胃が温かくなる。

アルコールにあまり強くない葵のために、伊崎が軽い口当たりのものを選んでくれたようだが、逆にうっかり飲み過ぎてしまいそうだ。伊崎に醜態を晒したくない。前回もセーブができた。グラス一杯が限度だと、自分で決める。

「君も知っての通り、私が大寿に来てから、まだ三ヵ月というところだ。私のやり方に最初から従ってよく働いてくれる者もいれば、反発する者もいて、チームを統率するのには骨が折れる。結果を出すことだけに集中したいところだが、人の上に立つのは簡単じゃない。つまり、そういうことだ」

葵は管理職になったことなどないから伊崎の苦労は想像でしかわからない。だが経営企画部には伊崎よりも年上の社員が何人かいることは知っている。大寿食品ではいままで年功序列が慣例だったから、きっと年上の部下たちが伊崎を困らせているのだろう。

「君は秘書室の人間で、私の部署とは直接関係ない。だからこうして会っていても、気が楽なんだ。君には格好つけたり弱みを見せないように構えたりする必要がないからかな。勝手に信用されて、癒《いや》しにされて、君には迷惑かもしれないが……」

「いえ、そんなっ」

葵は急いで首を左右にぶんぶんと振った。

何度も誘ってくるのはなぜだろうと疑問に思っていたが、信用されて、そのうえ癒しにされていたなんて！

「こ、光栄です。伊崎部長に、そんなふうに言ってもらえるなんて、嬉しいです」

自分のどこがどう癒しになるのかさっぱり理解できないが、信用されているとは感激だ。やはり真面目にこつこつと仕事をしてきたからだろう。日々の努力が報《むく》われた。

「鬱陶《うっとう》しくないか？」

「め、めめめ滅相《めっそう》もございませんっ」

舞い上がったあまりに場違いな言葉が飛び出してしまい、伊崎を吹き出させてしまった。

（笑われた！）

恥ずかしさに俯くが、伊崎が楽しそうなのでこれでいいのかも…と思わないでもない。

二度目の食事会は前回以上に楽しかった。食事も美味しく、葵は調子にのってワインをおかわりしてしまった。それを半分ほど飲んだところで伊崎がストップをかけてきた。

「そのくらいにしておいた方がいい。顔が真っ赤だ。それはそれで可愛《かわい》いけどね」

頭がふわふわして気分が良くて、葵はずっとニコニコと笑っていたような気がする。

「ほら、水を飲みなさい」

店員に頼んで水をもらってくれた伊崎が、いつのまにか真横に移動して葵の手にグラスを握らせてくれた。冷たい水が喉を通っていくのが気持ちいい。

「気持ちいいのか？」

無意識のうちに声に出していたらしい。

「気持ちいいと、君はこういう顔をするんだな」

（どんな顔だろう…？）

「君、いまつきあっている人はいる？」

（いないに決まっている。いままでだれともつきあったことなどないのに）

「そうか、ないんだ……」

ふーん、と真横で頷く気配がする。

(伊崎さんこそ、恋人がいるくせに僕なんかとご飯食べて)

「恋人はいないよ。転職してそれどころじゃないよ」

(いない？　本当に？　会社の女の子たちが噂《うわさ》していたのに……)

「それはガセだな」

(よかった……)

そのあとのことはよく覚えていない。ハッと気づいたら、タクシーの中だった。

「あ、起きた？」

なんと葵は伊崎に凭《もた》れて眠っていたのだ。慌てて窓の外を見れば、自宅の近くまで来ている。いつものコンビニの看板がほんの数メートル先に見えていた。

「あ、あれ？　僕、寝てました？」

「すこしね。ときどき私と会話していたよ」

「か、会話？」

ぜんぜん覚えていない。なにか変なことを口走ってはいないだろうか。伊崎にずっと憧れていたとか、いまはそれが恋になってしまって、好きだとか、大好きだとか、あなたのためならどんな仕事だって受けるとか——。冷や汗がじっとりと背中に滲んだ。自分がなにを言ったのかものすごく気になるが、具体的に訊ねるのには勇気がいる。

伊崎の機嫌は悪くないようだから、たぶん、失礼なことは言っていないと思う。

「今夜もここでいいのか？」

コンビニの前でタクシーをとめてもらった。

「まだ酔いが完全に醒《さ》めていないだろう。部屋の前まで行った方がいいんじゃないか？」

「いえ、あの、アパートの前の道は狭《せま》くて、一方通行なんです。だからここでいいです。ありがとうございました」

葵はそそくさとタクシーを降りた。頭を下げて走り去る車を見送る。ひとつ息をついて夜道を歩きだした葵は、スーツのポケットの中で携帯電話がぶるぶると震えていることに気づいた。取り出してみてびっくりする。

「伊崎さん？」

メールが届いていた。いつのまに携帯電話のメールアドレスを交換したのだろう。

『今日は楽しかった。じゅうぶん癒されたよ。これでまた明日から頑張れる。また誘うから、よろしく』

癒された？　本当だろうか。酔っ払って寝てしまったのに？　しかも、また誘う？

「え……どうしよう……」

とりあえずお礼の返信をした。すると『おやすみ』とまた返ってくる。

「おやすみ……おやすみって……すごい」

感動のあまり涙がこみ上げてきて、携帯の画面がよく見えない。恋人同士みたいなやり取りに胸が高鳴って、息が苦しくなるほどだ。葵も『おやすみなさい』と震えながら送った。

「伊崎さん……」

繋がっている。会社のＰＣではなく、プライベートな携帯電話での繋がりに、葵は幸せの海に溺《おぼ》れそうなほどだった。

それから何度か伊崎と食事に行った。再就職後はまったく外食をしていなかった葵は周辺の飲食店をほとんど知らず、伊崎に連れていってもらう場所すべてがはじめて訪れるところだった。

いちいち驚き、感心し、喜ぶ葵に、伊崎は黙って微笑むだけだ。あとになってからはしゃぎすぎたかなとか、子供っぽかったかなと反省して、つぎは気をつけようと思う。けれどあらたな誘いがあって伊崎の顔を見てしまえばテンションが上がり、反省点を忘れてしまうのだ。

そんな葵にいい加減、嫌気がさないだろうかと危惧《きぐ》するのだが、伊崎はまた誘いのメールを送ってくる。素《す》のままの葵でいいんだと言われているも同然で、それがまた伊崎への想いに拍車をかけた。

（やっぱり伊崎さんは中身も男前だ……）

届いたメールごと携帯電話をぎゅっと胸に抱く。社員食堂で昼食を取りながら、昨夜届いたメールを読み返していた。伊崎とのつぎの約束は明後日。内心でウキウキしながら食事をする。万が一にでもメールを見られないようにと、葵は柱の陰でこそこそと一人で食べていた。

「えっ、それマジ?」

「あの人ならやりそうだよ」

「俺もそう思うが、これって伊崎部長のリーダーとしての資質を問われる問題に発展しかねないよな」

葵はぴくっと箸《はし》を持つ手をとめる。

柱の向こう側から男性社員たちの潜《ひそ》めた声が聞こえた。たぶん葵の存在に気づいていない。

「でもそんなの、部長の責任なのか? いい大人のすることじゃないよ。いまだに反発して言うこときかないヤツがいるなんてさぁ」

「俺もそう思う。だってもう伊崎部長がウチに移ってきてから何ヵ月もたってんだぜ。実際に結果を出してきているし」

「異動させちゃえばいいのに。あの人がいなくても経営企画部は動いているんだろ。追い出しちゃえば——」

「そう簡単にはいかないさ。あの小坂井《こさかい》さんだぜ?」

「伊崎部長、やりにくいだろうな。絶対に足を引っ張られてるって!」

「小坂井さんは会長のお気に入りだから。なかなかねぇ……」

男性社員たちのお喋りはまだ続いていたが、内容はやがて週末に予定しているらしい合コンのことに移っていった。

葵は食べかけの定食がのったままのトレイを手に、そっとテーブルを離れた。返却ワゴンにそれを置き、社員食堂を出る。廊下の隅で動揺する気持ちを落ち着かせようとした。

(小坂井さん…って、聞いたことがある…)

秘書室の副室長の口からちらりと名前が出たことがある。たしか小坂井は、副室長と同期入社の社員だ。

葵自身は大寿食品に入社してから一年半ほどしかたっていないから、それ以前のことは伝聞でしかないが、小坂井は新卒で入社した当時から経営企画部に配属され、ホープとして期待される若手だったらしい。けれど副室長と同期ならばもう四十歳前後で、三十五歳の伊崎よりも年上になる。もし実力があったなら、とうに経営企画部の部長になっていただろうし、もっと出世していた可能性だってある。そうならなかったということは、相応の実力はなく、期待外れだったわけだ。

会長とは前社長のことだろう。大寿食品での会長とは名誉職のようなもので、経営権はない。だが現社長に代替わりするまで創業者一族が幅《はば》を利《き》かせていた会社だ。当時の社風が体に染みついている年配の社員は多いと聞く。

会長に気に入られていて、若いころはホープともてはやされた小坂井が伊崎を煙《けむ》たく思って従わないのは容易に想像できる。

（伊崎さん、大丈夫なのかな……）

経営企画部の内情が、こんなふうに社員たちの話題になってしまっているなんて。

これがもっと表面化したら、さっき言われていたように、部の監督責任がある伊崎の評価に繋がる。今日もきっと社内外のどこかで小坂井に煩《わずら》わされているだろう伊崎が気の毒で——けれど、葵はなにもできなくて、ため息をつくだけだった。

「どうした？　箸が進んでいないようだけど」

向かい側に座る伊崎に指摘されて、葵はハッと我に返った。余計な考えごとをしていたせいで、伊崎との食事にまったく気持ちがいっていなかった。

「す、すみません……」

「体調でも悪い？」

「いえ、そんなことは」

葵は箸で摘まんだままだったキクラゲを口に入れた。

今夜は中華の店に来ている。約束したときは浮かれた気分でいたが、経営企画部内の嫌な噂が気になってならない。いつもと変わらない態度でいる伊崎が、無理をしているのでは、とついつい様子を窺うような目で見てしまう。

「エビは好き?」

「好きです」

「ほら、どうぞ」

小皿にエビチリを取ってくれ、伊崎が手渡してくれる。ちゃんとしたエビチリはこんなに美味しいものなんだと感動しつつも、やはり味わうことだけに集中しきれない。

「なにか心配事でもあるのか？　いつもとちがうぞ」

心配事を抱えているのは伊崎の方なのに、そう言われてしまった。葵は嘘がつけないし、何人も部下を従えて仕事をしている伊崎は他人の顔色に敏感なのだろう。

ごくんとエビチリを飲みこんでから箸を置き、「あの…」と躊躇いながら経営企画部内の噂を耳にしたことを話した。

「なんだ、そんなことか」

意外にも、伊崎はあっけらかんと笑う。どうして笑えるのか、葵はわからない。

「そんなこと…って、全然そんなことじゃないです。大変なことじゃないですか」

「たいしたことじゃない。多少の嫌がらせとか反抗は想定の範囲内だ」

「嫌がらせ…?」

ガンと頭を殴られたようなショックに、じわりと目が潤《うる》んでくる。

「嫌がらせって、どんな……」

「本当にたいしたことじゃない。たまにイラつくことはあるが、子供がするような――」

伊崎に嫌がらせなんて、信じられない。子供がするようなことならなおさら、みんな大人なのにと、憤《いきどお》りと悔しさにぐっと喉が詰まったように苦しくなった。自分もかつては松守商事で先輩に苛《いじ》められた。

伊崎が平静であればあるほど、代わりのように葵の気持ちが高ぶってくる。潤んでいた目が本格的に涙に濡れてきた。滲む視界の中で、伊崎がぎょっと目を丸くしたのが見える。

「泣く？　ここで？　酔ったのか？　いや、今日はまだ酒は飲ませていないぞ。まるで私が泣かしたみたいじゃないか」

伊崎が使っていないおしぼりを渡してきた。眼鏡を外してそれで目元を拭う。

「このあいだも話しただろう。人の上に立つのは簡単じゃない。骨が折れると。社員にはそれぞれ性格がある。仕事内容に納得できない者もいれば、サボりたい者もいるし、自分だけ手柄を立てたい者もいる。それをなんとか言いくるめたりおだてたり叱《しか》ったりしながら、仕事をさせて結果を出させるのが、私の役目だ」

「でも、伊崎部長は頑張っているのに……」

「それは頑張るさ。頑張りたくて会社を移ったんだ。それと、成果を上げなければ、山田君に無理をおしてデータ分析してもらった甲斐がなくなるだろう。毎度毎度、わりと厳《きび》しいスケジュールで山田君に頼み事をしているが、それについての文句はないのか？」

「文句なんかありません。それが僕の仕事ですし、伊崎部長のお役に立てるなら喜んでやります」

「ありがとう」

伊崎は満面の笑みを向けてきた。慌てて眼鏡をかける。せっかくの笑顔をぼやけた裸眼で見るなんてもったいない。

「ほら、私には山田君という強力な味方がいるだろう。だからいいんだ。心強いよ」

「は、はいっ」

白いクロスがかかったテーブルの上で、伊崎に手を握られた。うわっと心の中だけで声を上げる。伊崎の手は大きかった。

ぎゅっと痛いくらいに握られたあと、離すことなく顔を見つめられて戸惑う。

「あの……？」

「ひとつ、いいか」

「なんでしょう」

「山田君は人前で眼鏡を外さない方がいいぞ」

「えっ……」

なんのことだ。いま涙を拭くあいだだけ外したことだろうか。

「泣くのもナシだ。我慢しろ」

「み、みっともない顔を晒してしまって、すみません」

「いや、そういう意味じゃないが……。まいったな」

伊崎はため息をついて俯いた。

握られた手が気になってたまらなかったが、葵から振りほどくのも変かと思い、手が汗ばんできてもじっとしていた。


来週また食事をしようと約束した伊崎の新しい噂話を聞いたのは、その翌日のことだった。噂話というより、疑惑と呼んだ方がいいかもしれない。

葵が出勤して秘書室に着いたとき、すでに来ていた先輩たちが伊崎の話をしていたのだ。

「伊崎部長に限って、それはないんじゃないのか？　俺は信じないね」

「でも見たっていう人がいるのよ」

「それはだれだ。見たっていう人がいるって話だけが広まったんじゃないか？」

なにを見たというのだろう。葵は立ち話をしていた先輩たちの後ろを通り過ぎて自分のデスクにいったん着いたが、話題が伊崎のこととなると黙っていられない。

「おはようございます」

「ああ、おはよう、山田君」

話に夢中だったせいで葵が来たことに気づかなかった先輩たちが、一斉に振り向いた。

「あの、なんの話ですか?」

「山田はまだ聞いていないのか。顧客データが経営企画部から社外に持ち出されたって話がある。それをやったのが伊崎部長じゃないかと言われていて――」

意味がわからなくて葵は唖然とした。いや、顧客データを持ち出すという行為はわかるが、伊崎がそんなことをしていったいなんの得になるのかわからないのだ。

「それ、嘘ですよ。だって、伊崎部長にはなんのメリットもないじゃないですか」

「いや、メリットがないと決めつけるのは早いだろ。金か女なんじゃないか?」

顧客データが「金」になるのは知っている。他業種だが社員が流出させて見返りに金銭を授受した事件は記憶に新しい。

だが、伊崎は大寿食品に松守商事以上のやりがいを感じて移ってきたと言っていた。その彼が、顧客データを持ちだして売るはずがない。「女」というのは、もっと想像できなかった。

伊崎は現在恋人はいないと言っている。恋人ではないが好意を寄せている女性がいたとして、その人に頼まれたとしても、そんな罪を犯すだろうか。伊崎に限ってあるはずがない。

「僕は、そんな悪意のある噂は信じません」

葵がきっぱりと言い切ると、「そうよ、信じないわ」と女性の先輩が同調してくれた。

「そもそも、なにを根拠《こんきょ》に疑惑が持ち上がっているんですか」

「若い女と外で会っているのを見たっていう人がいるんだ。そのときに、伊崎部長がなにかを手渡していたとかなんとか」

「それだけですか?」

「経営企画部のPCから、顧客データがコピーされた形跡があるとか、俺は聞いたが……」

別の先輩がそう言った。

「たったそれだけで伊崎部長を疑っているんですか?」

感情が制御《せいぎょ》できず、語尾が震えた。だれかが伊崎と女性が会っているのを見たとして（どこかの店員かもしれないし、仕事関係の人かもしれない）それがコピーされたデータを手渡した場面だと物語を作り、まことしやかに噂として流したとしか思えない。

「だれが、そんな作り話を吹聴《ふいちょう》して回ったんです。話の出所を探ってみたら、きっと――」

「おはよう」

そこに深石がやってきた。隅に集まって立ち話をしていた先輩たちがサッと散る。葵だけが取り残されて、深石と目があった。

「お、おはよう、ございます……」

「おはよう。席につきなさい。もう始業時間だ」

葵はちいさく「はい」と返事をして、のろのろと自分の席に座った。すぐに深石から指示のメールが届く。それを機械的にこなしながら、意識のほとんどは伊崎のことで埋め尽くされていた。

悪い噂は広まるのが早い。ましてやいまはインターネットでたくさんの人が繋がっている。社内メールや携帯電話の無料通信アプリで、ささいな噂はあっという間に尾ひれがついて社内に浸透した。

もうなにが本当でなにが嘘で、点でしかなかった事実をだれが線で結んだのかわからない。葵がやきもきしているあいだも、伊崎からは書類作成の依頼が届いていた。『よろしく頼む』と一言だけ添えられたメールからは、伊崎の様子はわからない。

経営企画部の雰囲気はどうなっているのだろう、この噂について経営陣はどう思っているのだろう、なにか対策を取るつもりなのだろうか。真実はだれがどう見極めるのだろうか。伊崎はなにもしていないと信じているが、経営企画部内が噂の出所だったとしたら、部長の伊崎はなんらかの処分が検討《けんとう》されるのだろうか。

葵ごときが一人で考えていても答えなど出ない。土曜日、葵は伯父に会いに行った。

「おお、葵じゃないか。よく来たね」

自宅を訪ねた葵を、伯父の桑山は満面の笑みで歓迎してくれた。

年上の従姉《いとこ》たちは留守で、葵が持参した和菓子を渡すと、伯母がお茶を淹《い》れてくれた。広々とした洋風のリビングには高価そうな家具が配置されているが、家庭的な雰囲気でとても落ち着く。伯父と伯母の人柄のせいだろう。

「仕事はどうだ。頑張っているという話は、深石室長から聞いているぞ」

「はい、なんとかやっています」

しばらく近況等を報告したあと、葵は今日の本題を切り出した。

「伯父さん、ここのところ変な噂が飛び交っていることは知っていますか。経営企画部のことなんですけど」

「ああ、知っているさ」

桑山は苦い表情になった。

「そうか、葵の耳にも届いているのか。困ったものだ……」

「伊崎部長をヘッドハントしたのは伯父さんだと聞きました。今回のこと、ただの噂では済みませんよね。データが持ち出されたという話は本当なんですか?」

「葵、わたしが伊崎君に声をかけたと、なぜ知っているんだ?」

訝《いぶか》しげに見られて、葵はとっさにごまかせなかった。

「……伊崎部長に聞きました……」

「伊崎君に？　葵は彼からどこでどうやって聞き出したんだ」

疑問に思うのは当然だ。葵が人見知りだと伯父は知っている。それなのに入社して数ヵ月の他部署の部長と親しくなるなんて想像もできないだろう。

「じつは、その、ときどき食事に誘われていて」

簡単にこれまでの経緯《けいい》を話さなければならなかった。伯父はびっくりしながらも、葵が伊崎に気に入られたことを喜んだ。

「そうか、そんなことになっていたのか。葵の能力を高く買ってくれるなんて、伊崎君は見る目がある。このことは深石室長も知っているんだな」

「はい……」

頷いたが、伊崎と頻繁《ひんぱん》に外で会うようになっていることまでは深石に報告していない。

「それで葵は伊崎君が心配なのか」

伯父は納得できたようで、湯のみのお茶をぐっと飲み干してから、葵の質問に答えてくれた。

「葵、ここだけの話にしてくれ。じつはもう内部監査室が動き出している。顧客データの持ち出しがあったかどうかも含めて、噂の出所も調査中だ。おそらく一週間——いや二週間……遅ければ三週間はかかると思うが、なんらかの調査結果がもたらされるだろう。すべてはそれからだ」

「内部監査室……」

すでに会社が原因を究明しようとしていると聞いてホッとした。だが二週間から三週間もかかるとなると遅すぎるような気がする。

「もっと早く、なんとかならないんですか」

「無理を言うな。警察じゃないんだ。通常の業務に支障をきたさない範囲内で地道に調査を進めるんだから、時間はかかる。とりあえず顧客データが流出したかどうかについては、早急に調べるという話は聞いた。会社の利益に関わることだからな」

実際に流出していたら、社員のだれが背任行為に手を染めたのか、つきつめていくことになるのだろう。それで真相が解明したとして、それまでの日々を伊崎はどうするのか。大寿食品に不利益をもたらすようなことをしたのではないかと、疑われながら仕事をすることになる。

「葵、そんなに不満そうな顔をするな」

苛立ちを抱えながら伊崎のことを考えていたら、伯父が呆れたような目で葵を見ていた。

「これしきのことで潰《つぶ》れる伊崎君ではないよ。伊達に松守商事で何年も揉《も》まれてきた男じゃない。親しくなったのなら、そのくらいわかるだろう」

「………はい……」

伊崎が強い男だという点には異論はない。だからといって、すこしも傷つかないことなんてないと思うのだ。

「伯父さん、僕は今回の噂、だれかが悪意をもって創作し、故意に流布《るふ》したとしか思えないんです。噂の出所は伊崎部長に恨《うら》みか妬《ねた》みを抱えている人です」

「……それは、まあ、そうだろうな……」

「経営企画部内の、伊崎部長よりも年上の社員とか？」

伯父は黙った。

調査中でも、あるていどは特定されているのではと思っていたが、どうやらそうらしい。内部監査室は、その人物に罪を認めさせるための証拠集めをしているのかもしれない。

「小坂井という中堅の社員が、伊崎部長に反発しているそうですが、伯父さんは知っていましたか」

「…………」

伯父は視線を逸らした。疑惑の段階では明言は避けたいのだろう。言葉にしてくれなくとも、この態度でじゅうぶんだった。

「伯父さん、休日にいきなりお邪魔して申し訳ありませんでした」

「もう帰るのか？」

「あら、葵ちゃん、もう帰っちゃうの？　お昼ご飯を食べていきなさいよ」

キッチンから伯母が出てくる。捕まらないうちにと玄関に移動した。

「これから用事があるので、すみません。また来ます」

二人を振りきって、葵は伯父宅を出た。外は天気がいいが木枯らしが吹いていた。もう晩秋と呼ばれる季節になっている。伊崎が大寿食品に来たのは、晩夏の頃だった。

葵は早足で伯父宅から遠ざかり、じゅうぶん離れてから歩道で立ち止まった。携帯電話を取り出す。登録してあった電話番号に電話をかけた。

「もしもし、山田です。お約束通り、いまから事務所に伺《うかが》ってもよろしいですか？」

相手から了承をもらい、葵は駅に向かって歩きだした。

翌週の半ば、葵は約束通りに待ち合わせ場所へ行き、伊崎と食事をした。

「ここの日本酒が凄いんだ。品揃えが豊富だし、たぶん温度管理が徹底《てってい》しているんだな、美味い」

席についてすぐリストを見せられて感心する。伊崎が言う通り、日本全国津々《つつ》浦々《うらうら》、各地の銘酒《めいしゅ》が揃っているようだ。とはいえ、日本酒に詳しいわけではないので、伊崎に任せた。

「料理と酒、適当に注文していいか？」

「お願いします」

今夜は創作和食の店で、伊崎はここに来るのは三度目だという。以前食べて美味しかったもののと、季節の料理を何品か従業員に注文しているのを、葵は日本酒リストの横からちらちらと盗み見る。

（よかった……。元気そうだ……）

例の噂で伊崎がダメージを受けていないか心配だったが、伯父が言っていたようにこれしきのことで、天下の松守商事で揉まれてきたビジネスマンが参るわけがないのかもしれない。

「では、今日も私の無理な依頼を文句も言わずに受けてくれ、かつ迅速《じんそく》に対応してくれた秘書室の至宝、山田葵君に乾杯をしよう」

「なんですか、それ」

照れ笑いをしながら乾杯する。秘書室の至宝なんて言われて、明日からますます張り切って仕事をしてしまいそうだ。

「わあ、これすごく美味しいです。ほら、伊崎部長も食べてください」

どれどれ、と伊崎が料理を口に運ぶ。

「美味いな。こっちもいけるぞ」

「じゃあいただきます」

にっこり微笑むと、伊崎も笑ってくれた。

意識的に、葵はいつもより笑顔を多めにしていた。さりげなさを装いながら、わりと懸命《けんめい》に場を盛り上げる。伊崎が心身ともにタフでも、身に覚えのない悪い噂が社内でまことしやかに囁かれていたら、嫌な気分にもなろうというものだ。自覚しているいないにかかわらず、絶対にいくばくかのストレスは抱えている。その憂鬱《ゆううつ》は、よく知っていた。

葵もかつて松守商事にいたときに、悪い噂を流された。二、三人に否定しても事態は好転することはなかった。その無力感と、味方がいない寂しさに押し潰された。

伊崎にはたぶんたくさんの味方がいるだろう。経営企画部内にはなにがあっても伊崎についていくつもりの部下だっているだろうし、葵も味方だ。自分が松守を辞めたときとは状況がまったくちがう。それはわかっているが、すこしでも伊崎の気分転換の助けになれたらと、葵は道化を演じることに躊躇いはなかった。

けれどももともと葵は明るいキャラではない。いささか無理めのはしゃぎっぷりは疲労を誘い、それを紛《まぎ》らわすためにと、いつもより酒を飲んでしまった。ただでさえ弱いのに。

（ヤバい、酔った……）

くらくらしてきたので水をもらい、飲もうとしたらうまく口にコップが当たらない。両手が思うように動いてくれなかった。

「山田君、飲めないのか？」

伊崎が葵の横に移動してきて、コップを持ってくれた。口まで運んでくれて、なんとか水を飲むことができたが、かなりこぼしてしまう。

「ネクタイが濡れたな。外すぞ」

「はい、おねがいしまする……」

「しまするってなんだよ」

くくく、と至近距離で伊崎の笑い声が聞こえた。

「もうお開きにして移動しようか。ほら、立てるか？　私に摑《つか》まってもいいぞ」

（ひとりで歩けまする……）

「だから、なんで語尾に『る』がつくんだよ」

伊崎が声をたてて笑った。

（いい声。もっと聞きたい。伊崎部長の機嫌がよさそうな笑い声は大好き）

「なに、私の笑い声が好きなのか？」

（好きですする……）

「それはありがとう」

（あれ？　さっきから、思っているだけのつもりの言葉が、もしかして口から出てるのかな？）

「気にするのはそこか。いまここがどこだとか、いま何時だとか、そういうことは気にならないんだな」

（ん？　どこですするか？）

「私の家だよ」

「えっ？」

びっくりして頭がはっきりした。あわてて周囲を見渡すと、視界にうつる部屋は、いつのまにか、創作和食の店内ではなくなっていた。

葵はゆったりとしたサイズのソファに、沈みこむようなかたちで座っていて、正面には何インチかわからない大型のテレビが置かれている。洗練された雰囲気のリビングだが、家具が少なく、がらんとした印象でもあった。

「気分はどうだ？」

真横から声が聞こえてぎょっとした。伊崎が片腕を葵の肩に回すような体勢で座っている。ものすごく近くに顔があり、葵は目を丸くしたまま硬直した。

「山田君？　大丈夫か？」

「だ、だだだ、だいじょうぶ……です……」

いつ脱いだのか、葵はワイシャツとズボンだけになっていた。スーツの上着はローテーブルを挟んだ向かい側のソファに、ネクタイと一緒に置かれている。

そういえば、店で水をこぼしたような…。きっと伊崎が脱がしてくれたのだろう。

「僕、寝てましたか……？」

「寝たり起きたりしていたな。ときどき会話をしていたが、覚えていないか？」

サーッと血の気が引いていく。またやってしまった。覚えていない。

「あ、あの、僕はなにか変なことを言いましたか？　その、伊崎部長が不愉快になるようなこととか……」

「とくに不愉快になるような発言はなかったぞ。私の笑い声が好きだと言っていたな」

恥ずかしすぎて死ねる――。そんなことを言ったのか、酔った自分は。

「ほ、ほかには……？」

「とくになにも」

本当だろうか。伊崎はなんだかすごくニコニコと笑っている。作った笑みには見えない。笑っているということは、機嫌がいいということだろうか。だったら、葵が心配している類の発言はなかった……と思いたい。

葵が気にかけている発言とは、心の奥底にしまったはずの恋心とか、伊崎をすこしでも癒してあげたいと思う恋心とか、無理めの仕事でもなんでもしてあげたい恋心だとか、どうにかして伊崎の悪い噂を解決したい恋心だとか――全部、恋心だ。

「あの、いろいろとすみません、お手数をおかけして、本当に申し訳ありません」

ソファから立ち上がって謝罪しようとしたが、まだ酔いが残っているのか、思うように手足が動いてくれない。それにソファが大きすぎて体が埋没《まいぼつ》してしまっている。もがいても立ち上がれなかった。

「そんなに手数なんかかけられていないから、謝らなくていい。なかなか面白かった」

「お、面白かった？」

いったいなにがどう面白かったのだろうか。詳しく聞かせてほしいのに、伊崎は「ところで」

と話を変えてしまった。

「以前、君が私の癒しになっているって言ったこと、覚えているか？」

「もちろん、覚えています」

「だったら、こういうことをしても怒らないか？」

「わあっ」

いきなり伊崎が葵を抱きしめてきた。すっぽりと抱えこまれて、視界が真っ暗になる。伊崎の胸に顔を押しつけるような体勢になっていて、緩めたネクタイが頬にくっつき、ワイシャツの薄い生地ごしに伊崎の体温を額で感じるハメになった。

眼鏡が潰れそうになって、「痛《いた》た……」と声を上げたら、伊崎が一瞬だけ体を離し、ひょいと眼鏡を外されてふたたびおなじ体勢になった。

どくんどくんと規則的に響いてくる伊崎の鼓動。ふわりと男性用の香水がほのかに香り、鼻孔から入りこんで心を鷲掴《わしづか》みにする。葵はついうっとりと力を抜いた。

「思った通り、山田君はこうするのにちょうどいいサイズだな」

伊崎が喋ると密着している額に響いてくる。

「あの、これは癒し効果があるのでしょうか」

「最高だね」

「そうですか」

葵はドキドキしながらじっとしていた。伊崎はなかなか離してくれない。これはきっと、ぬいぐるみかペットと同等の扱いをされているのだ。伊崎はこの部屋でペットを飼っている様子はない。寂しいのかもしれない。それか、やはり会社のストレスが溜まっていて、葵でもなんでもいいから解消できそうなアイテムがあったら試してみたいのかもしれない。

ふと、伊崎は恋人をつくって癒しを求めようとは思わないのだろうかと、疑問に思う。実際、伊崎に恋人ができたら、葵はすごく落ちこむだろうが。

「あの、伊崎部長」

「なんだ？　いやになったか？」

「いえ、僕はいつまででもこうしていていいです。そうではなくて、その……伊崎部長は恋人をつくればいいと思うんですが」

「恋人？　どうして？」

「きっと心が癒されます」

「なるほど、そういう発想か。いまのところ君が私を癒してくれるから、これで十分だ。ほかにはなにもいらない」

きゅん、と胸が疼《うず》いた。葵だけでいいと言ってもらえて、涙が滲むくらい嬉しかった。

しんと静まり返っている部屋に、二人分の鼓動だけが聞こえている。トクン、トクンと規則正しい心臓の音。それだけに耳を傾けていると、しだいに眠気を感じてきた。さっきまで酔って半分寝ていたというのに、またもや眠くなるなんて、まだ完全には醒めていなかったようだ。

「山田君？」

「……はい……」

伊崎に抱きしめられている心地好さに、葵は抗《あらが》えなかった。意識がとろとろと蕩《とろ》けていく。

返事をしたつもりだったが、はたして声が出ていたかどうか。

「もう泊まっていけ」

「…………はい……」

「ベッドはひとつしかないが、いいよな？」

「…………はひ……」

「この状況で寝るとは、なかなか豪胆《ごうたん》だな」

すみません、と謝ったあとのことを、葵は覚えていない。


ぱち、と目が覚めた。なんだか、すごく気持ちのいい夢を見たような気がする。ふわふわして、どきどきして、あたたかくて、幸せな夢だ。

視界が薄ぼんやりとしているのは裸眼だからだろう。いつも就寝時は眼鏡を枕元に置いておく。手で頭の周囲を探ったが、指にはなにも当たらない。

代わりに、むにゅっと柔らかなものが触れた。

「えっ?」

「痛いぞ」

顔のすぐ横で声がして息を飲んだ。裸眼でもわかるくらい近くに、伊崎の顔があった。その顔に触れてしまったようだ。驚きすぎてぽかんと口を開けている葵に、伊崎が微笑む。

「おはよう」

「お、おはよう…ございます……」

わけがわからないながらも、とりあえず朝の挨拶《あいさつ》。伊崎は髪が乱れていて、まばらに無精ヒゲが生えていて、いかにも寝起きの風情《ふぜい》だ。

(寝起き……寝起き?)

とんでもない事態が一気に予想できて、葵はガバッと起き上がった。

「山田君、寒いんだが」

「すみません」

掛け布団と一緒に起き上がったので伊崎に苦情を言われてしまった。だがそれで、伊崎と葵は色違いのパジャマを着ていることがわかった。まるでペアルックだが、単に伊崎が葵に貸してくれただけだろう。葵は慌てて掛け布団とともに伊崎の横に戻る。

「よしよし」

笑顔の伊崎に抱き寄せられて、どっと背中に汗をかく。

「あの、どうしてこんなことに？」

「私の部屋に泊まったんだよ」

「ですよね。いえ、そうじゃなくて、どうして僕は伊崎部長に、その、くっついて寝ているのでしょうか？」

「単に私がくっつきたいからだ」

「そうですか」

納得できない返事だが、とりあえず頷いておく。内心は動揺の嵐が吹き荒れていた。

好きな人と一晩すごしてしまった事実に、動悸《どうき》と息切れと眩暈がしそうだ。落ち着け自分、と言い聞かせる。

「あの、眼鏡はどこに？」

「ここ」

伊崎がベッドサイドのどこかへ手を伸ばし、葵に眼鏡を渡してくれた。それをかけると、寝室の全容が把握《はあく》できた。

見覚えのない部屋の見覚えのないベッドに、葵は伊崎と並んで寝ていた。遮光《しゃこう》カーテンに覆《おお》われた窓とクローゼットと思われる扉、そしてダブルサイズらしいベッド――それだけのシンプルな部屋。

「ああ、もう時間だ。ずっとこうしていたいのに、残念」

伊崎がゆっくりと起き上がり、両腕を天に突き上げて伸びをした。

「起きようか。今日も仕事だ」

「あ、はい……」

「気分は？　二日酔いはないか？」

「……大丈夫そうです……」

「そうか、それはよかった」

伊崎はパジャマのまま寝室を出ていった。一人残された葵は、しばし茫然《ぼうぜん》と開け放たれたドアを見る。昨夜の記憶はとぎれとぎれにしかなかった。いま着ているパジャマに着替えた覚えがない。これはきっと伊崎のもので、着替えさせてくれたのもきっと伊崎で——。

「うそ……うそだよね……」

つまり、裸を見られたってこと？

「うぁぁぁぁ……」

両手で頭を抱えて呻《うめ》いていると、「おーい」と伊崎が呼んだ。

「は、はははいっ」

慌ててベッドを下り、パジャマのズボンの裾を引きずりながら寝室を出る。キッチンカウンターの向こうから葵を見た伊崎は、ブッと吹き出した。

「悪かったな、サイズが大きすぎて」

「いえ、あの、これは僕が小さすぎるからなので、伊崎部長のせいではありませんっ」

真剣に言ったのに、伊崎はますます肩を震わせて笑った。

「コーヒーとチーズトーストくらいしかできないが、それでいいか？」

「ありがとうございます。でもあの、コーヒーではなく、ミルクがあれば、それを」

「先に洗面所を使っておいで。山田君のワイシャツはそこにある」

ソファの背に、葵のワイシャツがかかっていた。触るとほのかに温かい。洗濯乾燥機を使ってくれたらしい。アイロンはいらないタイプなので、このままで十分だ。

「あの、伊崎部長……なにからなにまで、すみません。ありがとうございます」

マグカップにミルクを注ぎながら、伊崎は優しい笑みを浮かべた。

「いいから、着替えておいで」

「はい」

洗面所で顔を洗って着替えた。昨夜、伊崎が恋人はいないと明言した通り、洗面台には女性が使いそうなアイテムはなにもない。ゴミ箱に長い髪も落ちていなかった。

リビングダイニングに戻ると、キッチンに立つ伊崎もすでに着替えてワイシャツを身につけていた。素早すぎる。

「いただきます」

伊崎と向かい合って朝食なんて、いったい自分の身になにが起こったのだろうか。今日で世界が終わるのか。それとも今日で自分は死ぬのか。それとも今日で一生分の幸運を使いきって、あとは屍《しかばね》のようになって生きていくだけなのか。

「山田君、ミルクのおかわりならあるぞ」

「はい、ありがとうございます」

この場で死んでもいいと感激しながらの朝食は、ほとんど味がわからなかった。


一週間たっても内部監査室が結論を出したという話は聞こえてこない。苛々しながらも平静を装いつつ仕事をしていた葵は、携帯電話に届いたメールを見て背筋を正した。

『依頼の件、報告書にまとめました。つきましては安全を期して手渡しするのがよろしいかと思いますので、事務所まで受け取りに来てください。その際、調査費用を納めてくださるとありがたいです』

メールの送り主は宇佐見《うさみ》調査事務所。いわゆる興信所だ。依頼があれば浮気調査から身上調査、アンケート調査までなんでもしてくれる。

伯父の桑山が仕事上必要なときに利用する会社で、その調査能力と秘密保持については信用がおけると聞いていた。プロ中のプロなのだ。そのプロに一週間前、葵は伊崎の無実を証明するために、疑わしい人物として小坂井に狙《ねら》いを絞《しぼ》り、調査を依頼した。私生活において、小坂井がいつだれと接触し、どんな交友関係を持っているか、つぶさに観察して報告してほしいと頼んであったのだ。

見積もり料金は当然、高額だった。手付けとして数万円を最初に渡したが、残りの料金を一《いっ》括《かつ》で払わなければならない。

葵はその日、定時で仕事を終えて、駅前にある銀行のＡＴＭへ向かった。キャッシュカードを機械に挿入し、暗証番号を打ち込む指先が震えた。

こんな金額を一気に下ろしたことなどない。

機械が吐き出した数十枚の紙幣《しへい》を、葵は急いで銀行の封筒に入れてカバンにしまった。生活をきりつめてまで貯めたお金だが、伊崎のために使うことに躊躇いはなかった。

「これで、きっと伊崎さんの疑いが晴れる……」

葵はカバンをぎゅっと胸に抱きしめて、足早に銀行を出ると、駅へと向かった。

翌日、葵は早速、小坂井に会う段取りをつけた。

面識のない秘書からの突然の呼び出し要請《ようせい》メールに、小坂井は面倒臭《めんどうくさ》がって難色を示したが、葵が「現在、社内にはびこっている伊崎部長の噂についてて」とつけ加えて再度メールを送ると、渋々といった感じではあったが応じた。

昼休み、本社内の小会議室で調査書が入った茶封筒を持参して待った。ノックと同時にドアを開けたのは、四十歳くらいのがっしりした体格の男だ。腹部周辺にいくらか贅肉《ぜいにく》がついて、どこか荒《すさ》んだ雰囲気をまとっている。若い頃にホープともてはやされた面影《おもかげ》は、どこにも見つけられなかった。

「山田葵っていうのは、おまえか」

「はい、そうです。はじめまして、秘書室の山田葵といいます。経営企画部の小坂井さんですね」

葵を一目見て、小坂井はフンと鼻で笑った。

見た目だけで葵を簡単に御《ぎょ》せると思ったのか、はっきりと見下した。不惑《ふわく》の年にもなって、大人気ない態度だ。これでは経営企画部の部長になど、なれるわけがない。

(伊崎部長とぜんぜんちがう……)

人としての格がちがうと思ってしまう。嫌悪感が湧きおこり、冷静でいようとしても表情が強張《こわば》っていくのがわかった。

「どうぞ、お掛けください」

十人ほどが囲める丸テーブルを挟《はさ》んで向かい合って座った。

「最初に言っておく。噂についてだとかメールにあったが、俺は無関係だ。だが話だけは聞いてやる。さっさと終わらせてくれ。昼飯がまだなんだ」

「用件はこれだけです」

葵は茶封筒をテーブルの上に滑《すべ》らせた。不審そうにしながら小坂井が受け取る。

「あなたのプライベートの調査報告書です」

「なんだと？」

眉間《みけん》に皺《しわ》を寄せて、小坂井が封筒の中に手を突っこむ。取り出した報告書をザッと見て、葵を睨《にら》みつけてきた。

「なんだこれは！」

「小坂井さん、あなたは頻繁に松守商事の女性社員と接触しています。彼女は恋人ですね」

「それがどうした。他社に女がいたっていいだろう」

「もちろん、それ自体はべつに構いません。ですが、彼女はあなたのために、あなたが持ち出したと思われる大寿食品の顧客データを松守商事に買い取ってもらおうと、営業部の社員に話を持ちかけていました。その営業部の社員は断りました。きちんと証言が取れています。それについての関与は認めますか」

「俺は知らない」

「本当に？　彼女は大寿食品の顧客データを持っていたんですよ。彼女の周囲には、あなた以外に大寿食品の関係者はいません」

「だから俺は無関係だと言っている！」

小坂井は顔色ひとつ変えずに否定した。このていどの追及は想定内だったのだろう。葵も、小坂井がすぐに罪を認めるとは思っていない。

「では、話を変えましょう。小坂井さんの彼女ですが、松守商事の経理部に所属していますよね。現在、横領の疑いをかけられています。ご存知でしたか？」

スッと小坂井がまとう空気が変化したのがわかる。葵を睨みつけていた目を逸らし、あらぬ方向を見た。

さすが伯父が太鼓判《たいこばん》を押す調査事務所なだけはある。とても優秀で、小坂井の恋人についても詳しく調べてくれた。

彼女が横領した金額はそうとうなもので、松守商事は内部で処理することを諦《あきら》め、警察に届けたらしい。彼女が逮捕されるのは時間の問題だと、一文が添えられていた。

「……そんなことは知らん。俺は関係ない」

「あなたには借金がありますね。ギャンブルで給料のほとんどを使いきり、彼女の貯金まで使い果たした。彼女の友人が相談に乗ったことがあると証言しています。彼女は副業禁止にもかかわらず、夜のアルバイトまでしていた時期がありました。それでも経済的な困窮《こんきゅう》は変わらなかった。結局、困った彼女は、会社のお金に手をつけた……ということなのではないですか？」

「だから俺は関係ないと言っている！」

「関係なくはないでしょう。あなたの恋人ですよ。あなたのために夜のアルバイトまでしていたのに。松守商事の営業の社員や彼女の友人の話は、本人了承のもと、しっかりと音声が録音されています。ここで無関係だと言い切っては、彼女が可哀《かわい》そうだと思わないんですか。あなたは彼女を利用するためだけに、付き合っていたんですか？　ちがいますよね？」

ちがうと言ってほしい。これでも小坂井はおなじ会社の社員で、伊崎の部下だ。そこまで人でなしだとは思いたくなかった。

だが、小坂井は否定することなく、黙っている。葵は重いため息をついた。

「あなたはすべてを自分の恋人と伊崎部長がやったことにして、発覚する前に退職するつもりですね。すでに他県への引っ越しを計画されています。今月中に退去予定だと、現在住んでいるアパートの管理会社に確認が取れています。でも会社に退職願いはまだ提出されていません。いつ提出する予定ですか。まさかいきなり姿を消すつもりでしたか。彼女にも、直属の上司である伊崎部長にもなにも言わずに」

「うるさいっ！」

小坂井は手に持っていた報告書をいきなり破りはじめた。びりびりにして床に叩きつけ、革《かわ》靴《ぐつ》で捩《ね》じるようにして踏んでいる。

「そんなことをしても無駄です。その報告書はコピーです。原本は内部監査室に送りました。いまごろだれかの目に触れていると思います」

「きさま……っ！」

小坂井が鬼のような形相《ぎょうそう》になった。テーブルを回りこんで葵に摑みかかろうとしてくる。葵は慌てて立ち上がり、反対側へ走った。逆上するだろうと予想はしていたが、いざそうなったときに身を守る術《すべ》は持っていない。だが、もし小坂井にケガをさせられたら、傷害で訴《うった》えられるかも、と姑息《こそく》なことを考えていた。小坂井が人として最低だと、ダメ押しができる。伊崎がそれで助かるならば、ケガくらいたいしたことはない。

「小坂井さん、伊崎部長を陥《おとしい》れようとして悪い噂を流したのは、あなたですね？」

「うるせぇ！」

「あなたですね？　あなたしか考えられません！」

テーブルの周りで本気の鬼ごっこをしながら、葵は詰問《きつもん》した。小坂井がテーブルを平手でバシンと叩く。

「ああそうだよ、俺がやった！　それがなんだ。伊崎の野郎、俺を馬鹿にしやがって。このくらいの噂、たいしたことじゃないだろうが！」

「認めるんですね、自分が噂の発信者だと、はっきり……！」

「だから俺だって言ってるだろう！」

やった、認めさせた。葵はスーツのポケットから携帯電話を出した。すべての会話は録音していたのだ。

「おまえ、録音していたのかっ」

「そうです。これで伊崎部長の疑いは晴れました。よかった……」

「ふざけるな！」

一気に間合いを詰めてきた小坂井に、葵は右腕を掴まれた。携帯電話が手から滑り落ちる。小会議室の床はカーペット敷きだ。携帯電話はカーペットの上で何度かバウンドしたが、故障した様子はなかった。

そこに小坂井の足が伸びる。踏みつけようとしている意図を察知し、葵は携帯電話を軽く蹴った。小さな機械はテーブルの下へと滑っていく。

「この野郎っ」

腕が捻《ひね》りあげられ、ミシッと骨が軋む音がした。激痛に息を飲む。悲鳴も出ない痛みに、足から力が抜けた。もっと力を入れられたら折れるかもしれないという恐怖と、これで小坂井を傷害の罪で訴えられるという期待が葵の中で交錯《こうさく》する。

そのとき、唐突にドアがコンコンとノックされた。たしか内側からロックはしていない。小坂井が入室したとき、鍵《かぎ》はかけなかったはずだ。

ここで助けを呼べば、ノックの主が助けてくれるかもしれない——と一瞬迷った。葵が声を出すのを防ぐためか、小坂井が大きな手で口を塞《ふさ》いでくる。

またノックが繰り返された。小坂井の手がさらにぐっと口と鼻を押さえてきたため、息苦しさからとっさに、その手に嚙みついてしまった。

「痛っ！」

小坂井が葵を突き飛ばして離れる。思い切り突き飛ばされた葵は、椅子にぶつかってもろとも床に転がった。派手な物音がしたせいだろう、ドアが勢いよく開いた。

「山田君！」

床に倒れた葵の目に、開いたドアから伊崎が駆けこんできたのが見えた。

「山田君、大丈夫か」

伊崎が一直線に走ってきて、葵を助け起こしてくれる。椅子で腹を打っていた葵は、すこし動いただけで鈍痛《どんつう》に顔をしかめた。捻りあげられた右腕もズキズキと痛かった。

「大丈夫、です」

痛みをこらえながら、なぜこの場に伊崎がいるのかと頭の中が驚きと疑問符だらけになる。

「山田君、ケガは？」

続いて深石も現れ、もっと驚いた。左右から挟まれるような体勢になる。

「小坂井、これはいったいどういうことだ」

さらに別の人間の声がして振り向いた。五、六人の男たちが小坂井を囲むようにしている。

小坂井は青くなって愕然《がくぜん》と立ち尽くしていた。

「あ、携帯……」

さっき落とした携帯電話はテーブルの下にあった。這《は》いつくばって手を伸ばしてそれを拾う。大切な小坂井の自白が録音されている。

「あの、これに小坂井さんと僕の会話が入っていますので――」

「録音したのか」

深石が険悪な顔をしながら携帯電話を受け取る。素早く操作して再生された音声を、小会議室にいた全員が聞いた。

深石が呆れたようなため息をつく。

「山田君、どうしてこんな無茶をしたんだ。今回の件に、君は関係ないだろう。彼らは内部監査室の者だ。きちんと調べてくれていた。君が出しゃばらなくても、じきに小坂井の仕業だとはっきりしただろう」

「……すみません……」

たしかに葵は関係ない。勝手に小坂井のことを調べた行為は「出しゃばり」に過ぎなかったのだろう。だが、葵は伊崎のためになにかしたかったのだ。

「あの、どうしてここが……?」

なぜこのタイミングで駆けつけることができたのか聞くと、伊崎が話してくれた。

内部監査室は葵が送った調査書を見て、小坂井に詳しい事情を聞くつもりで経営企画室に連絡を取った。だがちょうど昼休みだったこともあり姿がなく、本社中を探したらしい。社員食堂にはおらず、かといって外へ食事に行った小坂井を見た者はいない。

不審に思った内部監査室は伊崎に連絡した。伊崎は葵が自分の名前で小会議室の予約を入れていることを発見。様子を見に来たということだった。

「山田君がなにか企《たくら》んでいることはわかっていたが、まさかこんなに性急で大胆《だいたん》な展開に持っていくとは思わなかった」

伊崎も深石と同様に険《けわ》しい表情をしている。

「僕がなにか企んでいる…って、どうしてそんなことがわかったんですか？」

「酔っ払ったときにそれらしいことをこぼしていたんだよ。詳しい内容は喋らなかったが」

そんなことはまったく覚えていない。今後、酒は控《ひか》えようと、葵は真剣に思った。

「とにかく、小坂井のことは内部監査室に任せて、山田君はもうタッチしないように。一社員のプライベートを勝手に調査し、単独で追及するなんて無謀《むぼう》もいいところだ。これは立派なコンプライアンス違反だぞ」

「はい、すみませんでした……」

深石の苦言はもっともだ。葵は殊勝《しゅしょう》に、深石に頭を下げた。

「では、事の詳細《しょうさい》を話してもらいましょうか」

小坂井は内部監査室の面々に囲まれたまま、小会議室を出ていった。それを見送って、ホッと安堵したとたんに、打った腹の痛みが酷くなる。そっとスーツの上から腹を押さえた葵に、伊崎が気づいた。

「腹をどうかしたのか？」

「椅子でぶつけただけです」

「病院で診《み》てもらおう」

「いえ、そんな、大袈裟《おおげさ》です。打っただけなので大丈夫ですから。ただの打ち身です。湿布でも貼っておけば……」

と言いかけて、葵は前言を撤回《てっかい》した。

「病院に行きます。それで診断書をもらってきます」

ただの打ち身でもケガはケガだ。小坂井の罪を重くする材料になるかもしれない。

「ちょっと待て、山田君」

小会議室を出ていこうとしたら伊崎が引き止めてきた。

「見せてみなさい」

「えっ、お腹を、ですか？」

「ほら、見せなさい」

「やっ、いやです」

医者に患部を診察してもらうのと伊崎に腹を見せるのとでは、意味がまるでちがってくる。

ワイシャツをめくろうとする伊崎から腹を守りつつ、深石の後ろに逃げた。

「ただの打ち身なんだろう。普通に歩けているくらいだからたいしたことはない。いいから見せなさい。私が医務室で湿布をもらってきて、貼ってあげよう」

「いえ、病院に行きます。診断書をもらってこなくちゃ……」

「どうして診断書なんて必要なんだ。それをどうする気だ？」

葵の意図などお見通しだとばかりに、伊崎はもう半分怒っている。

「君、まさか小坂井と二人きりで会ったのは、ケガをさせられてもいいと思ってのことなんじゃないだろうね。小坂井が自分のやったことを認めなかった場合、傷害罪で訴えて、それであいつを追い詰めようと考えたんじゃ――」

葵は嘘が下手だ……というか、嘘をつけない。そんなことはまったく考えなかったと言えずに、俯いてしまう。

「君はバカかっ！」

伊崎の雷が落ちた。伊崎が目を吊《つ》り上《あ》げて本気で怒って葵を見下ろしている。身が竦《すく》むような感じとは、こういうことをさすのかと、葵は小さくなった。

「そんな自己犠牲《ぎせい》はいらない。私は君にそんなことをさせるために何度も会っていたわけじゃない。君の存在が私の癒しだと言っただろう。私のためになにかしたいと考えてくれたのはありがたいが、そのために君が傷ついて、私が喜ぶとでも思ったのか。とんでもない勘違いだ。君の犠牲の上に成り立つ立場など、私は欲していない。そのていどの男だと君に思われていたのかっ」

こんなに怒った伊崎ははじめてで、目の前が真っ暗になった。

伊崎を助けたい一心でやったことだが、伊崎にはすこし不愉快になるていどの余計なお世話どころか、激怒しても足らないくらいの愚《おろ》かな行為だったのだ。

「す、すみません……」

「もし逆上した小坂井にひどい目にあわされて、後遺症が残るほどのケガを負ったらどうするつもりだったんだ。秘書の業務に支障をきたすほどだったら？　せっかく就職したこの会社に勤務し続けることができなくなったら？　そこまで君は考えたのかっ」

考えていなかった。まさかそこまでのことはされないだろうと高を括《くく》っていた。けれど、伊崎たちがタイミングよく駆けつけてくれなかったら、もしかして葵はとんでもない目にあっていたかもしれない――。

いまごろになって、葵は自分がどんなに危険な賭《か》けに出ていたのか、気がついた。

「すみません……。ごめんなさい、僕……」

じわりと涙が滲んで視界が潤んだ。ぐすっと洟《はな》をすすったところで、いきなり伊崎に抱きしめられて息をとめた。

「私がどれだけ君を大切に想っているか、ぜんぜんわかっていない」

「……え……？」

ぎゅうっと痛いくらいに抱かれて苦しい。

「打ち身ていどでよかった」

耳元で囁くように呟かれた。心からの安堵がこめられていて、葵は伊崎がとても心配してくれていたことを知った。だからこそ怒ったのだ。

「小坂井だけでなく君の姿も社食にないと知って、焦《あせ》った。小会議室の予約表に君の名前を見つけたときは、とにかくもう一刻も早く駆けつけなければと、それだけを考えていた。間に合って、本当によかった……」

しみじみと言ったあと、伊崎は体をちょっとだけ離し、葵の顔を上げさせた。そして、するりと眼鏡を外される。目尻に溜まった涙に、そっと唇が押しあてられた。

なにをされたのか、理解できなかった。きょとんとしている葵に、伊崎が心から安堵したとわかる笑みを浮かべる。

「君は本当に私の心を乱してくれるな」

もう一度、ゆっくりと唇が近づいてくるのを、葵は茫然と見つめて――。

ゴホン、と咳払《せきばら》いがした。渋い表情をした深石がすぐそばに立っている。すっかり存在を忘れていた。ハッと我に返った葵は、慌てて伊崎の手から眼鏡を奪って距離を取った。

（いま、伊崎部長になにをされようとしていた？　まさか、まままままま、まさか、キス？まさかのキス？　嘘だよね、だれか嘘だと言って。そんなことありえないって！）

内心、ギャーッと悲鳴を上げて真っ赤になっている葵の横で、伊崎と深石は何気に冷たい目を向けあっている。

「君たち、ここがどこだか忘れていたようだね」

「深石室長、いまはまだ昼休み時間中です。たしかに場所は会社ですが、多少は気をきかせてくれてもいいでしょう？」

「まさか二人がそんな関係になっていたとは知らなかったものでね。とんでもないことだ。私の部下を、どうするつもりだ」

「どうもこうも、とことん可愛がるつもりです。それ以外になにが？」

深石はじっと伊崎を凝視《ぎょうし》していたが、葵に視線をうつした。

「山田君、無理強《じ》いはされていないだろうね」

「あ、え、え？　無理強い？　なにがですか？　もしかして、パワハラとか、そういうことですか？　それはないです。伊崎部長は一度も強引に誘ってはいませんし、連れていってもらったところはどこも美味しくて、僕は奢ってもらうばかりで、むしろ申し訳ないくらいで……」

「美味しい？　奢り？　君はなんの話をしているんだ」

「食事に何度も連れていってもらったことではないんですか？」

はあぁぁ～、と深石は魂《たましい》が口からこぼれ出てしまうのではないかと思うほどのため息をついた。

「山田君、さっきの伊崎部長のセリフではないが、君はどれだけ秘書室の面々から可愛がられているかわかっていない。君にもしものことがあれば、私を含め、秘書室の人間はみんな悲しむし、心配するだろう。心痛のあまり仕事の効率が下がるかもしれない。伊崎部長のことで頭がいっぱいなのかもしれないが、我々のことを忘れないでくれるとありがたい」

「深石室長……」

葵は先輩秘書たちの顔を思い浮かべた。入社してからずっと、いつも笑顔で挨拶してくれ、優しく声をかけてくれている。前の会社を辞めた経緯がアレだったので、大寿に入ったばかりのころはとても緊張していた。そんな葵を先輩たちはあたたかく見守ってくれていた。

それなのに、葵は彼らのことをまったく考えずに、自分の身を危険に晒した。

いくら大好きな伊崎のためとはいえ無鉄砲すぎたと、葵は心から反省した。

「山田君、とりあえず、今日はもう帰りなさい」

「はい……」

「後日、今回のことについて事情を聞かれることがあると思うから、そのつもりで」

「わかりました」

葵が頷くと、深石は先に小会議室を出ていく。ドアを閉める前にちらりとこちらを見て、またため息をついたけれど。

伊崎と二人残されて、葵はあらためて謝罪した。

「僕の考えなしの暴走のせいで、ご心配、ご迷惑をおかけして、本当に申し訳ありませんでした」

「…………いくらかかった？」

「なにがですか？」

「小坂井の調査費用だ。いくらかかったんだ」

「あー……えっと………」

「正直に言いなさい」

白状するまで繰り返し聞かれそうだったので、しかたなく葵は喋った。金額を聞いて、伊崎は沈痛《ちんつう》な面持《おもも》ちになる。

「貯金が趣味だと言っていたのに、こんなことに、それほどの大金を使ってしまったのか。もっと有意義なことに使いなさい」

「そんなふうに、言わないでください…。僕にとっては、とても有意義な使い方でした」

葵がやったことはたしかにコンプライアンス違反で褒められた行動ではなかっただろうが、これでも好きな人のために精一杯努力したのだ。調査費用を払ったせいで貯金額をかなり減らしてしまったが、惜しいとは思っていない。伊崎に否定されるのは辛《つら》かった。

「伊崎部長が身に覚えのないことで悪く言われるのが、僕は我慢ならなかったんです。だから、すこしでも伊崎部長のためになるならと思って、自分なりに――」

「泣かなくていいよ、山田君」

ふわりと、今度は優しく抱きしめられた。また潤んできた視界が、伊崎のスーツでいっぱいになる。

「君の気持ちは嬉しい。そこまで私のためになにかしたいと思ってくれたことは、このうえない喜びだ。だが、それとおなじくらいに君を心配したことをわかってくれ」

「……はい……。すみません……」

伊崎は指で葵の目尻を拭いてくれた。もう唇で吸いとってはくれないのかとがっかりする。さっきのは条件反射みたいなものだったのかもしれない。葵が女の子だったら、あんな慰め方も有りなのだ。きっと。

「君は、よくわからない、摑みどころがない人だな」

「そんなこと言われたのははじめてです」

「そうか？　私にとって非常に不可解だ。だからこそ魅力的なのかな」

「えっ……」

いま伊崎は魅力的と言った？

「おとなしいかと思えば激しい部分も持っているし、緻密《ちみつ》な書類を作成するくせに無鉄砲なこともする。そのギャップに、私はいちいち驚いたり感心したりして忙しい。君と一緒にいると、飽《あ》きないね」

魅力的なのは伊崎の方だ。包みこむような優しい笑みを浮かべた顔を近づけられて、葵は目を泳がせる。こんなに至近距離で視線を合わせたりしたらドキドキしすぎて苦しくなってしまいそうだ。

「このあいだ、酔った君が私の部屋に泊まったとき、どんな会話をしたか覚えている？」

いきなりの話題転換。葵は忙《せわ》しなく瞬《まばた》きしながら、あの夜のことを思い出そうとしたが、とぎれとぎれにしか覚えていない。肝心《かんじん》の会話はあまり記憶にないのだ。

「君はね、私に好きだと言ったんだ」

「ええーっ！」

驚愕《きょうがく》のあまり一気に頭に血がのぼり、くらりと眩暈がした。伊崎がすかさず支えてくれる。

「嘘…嘘ですよね……」

「本当だよ。私はこの耳でちゃんと聞いた。酔った君は可愛らしく甘えてくれて、松守にいたときから憧れていた、好きだったと告白してくれたんだ」

知らないあいだに告白していたなんて——。

「す、すみません、あの、僕……、あの……っ」

「なに？　撤回《てっかい》したい？」

「いいえ、ちがいます、そうじゃなくて……。ぼ、僕は、伊崎部長のことが、好きです」

勢いで言ってしまった。言っておいて、カーッと顔が熱くなってくる。でもここまできたら、想いの丈《たけ》をすべて告げてしまおうと腹を括った。

「松守にいたときから、ずっと憧れていました。偶然にも大寿で再会できて、僕は飛び上がりたいくらいに喜んだんです。伊崎部長のために仕事ができる幸運に、もう、すべての神さまに感謝したいくらいでした。あの夜はたしかに僕は酔っていましたが、本当の気持ちです。僕は男で、伊崎部長も男ですけど、好きな気持ちは本当です。撤回は、しません」

想いよ届けとばかりに、一心に伊崎を見上げる。伊崎の笑顔がゆっくりと下りてきて、そっと唇に唇を重ねてきた。

キスだ——。まぎれもなく、これはキスだ。

ぽかんと口と目を丸くして、葵は硬直する。

「ありがとう、嬉しいよ。私も好きだ。君をだれにも渡したくないくらいに、愛《いと》おしいと思っている」

「………い、伊崎、部長……?」

想像もしていなかった返事をくれた年上の男は、微笑みながら小首を傾げた。

「ぜんぜん、まったく気づかなかった? 私が君を特別な感情で見ていると」

葵はかくかくと頭を上下に動かした。気づかなかった、というか、想いを知られたら拒絶される展開しか想像していなかった。だから気持ちを隠そうとしていたのだ。

「僕、男ですけど……」

「私はもともと性別にこだわらない性質《たち》だ」

伊崎はあっさりとバイセクシャルだと明かした。

「なんとも思っていない十歳も年下の社員を、あれほど頻繁に誘うわけがないだろう。仕事の礼は最初だけだ。二回目からは、私は口説《くど》くための前段階として、君との距離を詰めていくことだけを考えていたよ。会えば会うほど、君に惹《ひ》かれていった。約束した日は、年甲斐もなく朝から浮かれていた。職場での些細な失敗や部下との不仲によるストレスなんて、君と会うだけで解消されるくらいだった」

伊崎の腕が葵の背中に回って引き寄せられた。鼻先が触れあうほどの至近距離で、伊崎が熱っぽい目を向けてくる。

「でも私には立場がある。君にパワハラではないかと訊ねたことがあっただろう。私に迫られたら君は断りきれなくて身を任せてしまうのではないかという危惧があった。君からの好意は感じていたが、それがどういった種類のものなのか、私にはまだ判断できなかった。だから、酔った君が私を好きだと言ってくれて、嬉しかった。朝になったら君は覚えていないようだったが、こんどは素面《しらふ》のときに言わせてみせようと思っていたんだ」

葵は言ってしまった。ついさっき、はっきりと。

「葵……」

はじめて名前で呼ばれた。鼓膜がじんと痺れるほどの低音の囁き声は、葵を一瞬でメロメロにするくらいの威力を秘めていた。

「愛している。もう、君は私のものだ。いいね？」

有無を言わさぬ口調でそう言われて、葵は夢でも見ているのかと思った。これが現実とは信じられない。

ずっと好きだった人に好きだと言ってもらえて、抱きしめられているなんて。

「じゃあ、帰ろうか。おいで」

手を引かれて、葵は夢見心地のまま小会議室を後にした。


タクシーに乗っているあいだ、葵はずっとぼんやりしていた。隣に座る伊崎は、あちらこちら電話をかけて指示を出したり、メールを送信したりしている。仕事の都合をつけているのだろう。自分のせいで急な早退をさせてしまって申し訳ない気持ちがあるが、好きだと言ってもらえた幸福感に酔ったようになってしまい、頭がふわふわしていた。

「着いたよ」

タクシーが停車して伊崎に声をかけられた葵は、俯いていた赤い顔を上げた。手を引かれて車を下り、目の前にそびえ立つ瀟洒《しょうしゃ》な外観のマンションにびっくりする。

移動中、伊崎にずっと手を握られていて、てのひらを指でくすぐられたり指の股《また》をしつこく擦《こす》られたりしていたずらされ続けていた葵は、当然のごとく車窓なんて眺める余裕はなかった。

声をかけられてはじめて、自宅アパートではなく伊崎のマンションに連れて来られたことを知ったのだ。

「えっ、えっ？」

驚いている葵に、伊崎はにっこりと微笑んでくる。

「とりあえず、うちで休憩していきなさい」

「あ、はい……」

走り去ってしまったタクシーを目で追いながら、葵は伊崎に連れられて、エントランスに入った。

まさか再度、伊崎の部屋に入れる機会に恵まれるなんて、泊めてもらったときは思っていなかった。だから忘れないでおこうと、あらゆる部分を目に焼きつけて記憶の宝箱にそっとしまっていたので、なんだか感慨《かんがい》深いものがある。

伊崎に促《うなが》されて玄関をくぐり、リビングのソファに座った。ふかふかで小柄な葵は埋まってしまうくらいなのだが、となりに腰を下ろした伊崎が肩を抱き寄せるように密着してくるので悲惨《ひさん》なことにはならない——って、密着！

「あ、あああ、あの、伊崎部長、あのっ」

「なんだい？　そうか、お腹が空《す》いているんだな。君はたしか昼食を取っていないだろう。なにか用意しようか」

「いえ、それはいいです」

たしかに昼食はとり損ねたが、緊張と混乱の連続で空腹感はない。

「そうじゃなくて……」

「お腹といえば、打ち身はどうなった？　まだ痛むか？　見せてごらん」

「えっ……」

伊崎の手が葵のネクタイを解きにかかる。あわあわしているうちにスーツの上着を脱がされ、ワイシャツの裾をズボンから引き抜かれた。

「伊崎部長っ、大丈夫です、絶対に大丈夫です」

「打ち身用の湿布なら、救急箱に入っているはずだ。痛むようなら貼ってあげるよ」

微笑んでいる伊崎の目が、なぜか怖い。

ソファに押さえつけられてもがいているうちに、ワイシャツの前を全開にされてしまった。瘦《や》せて貧相な体を見られてしまい、葵は泣きたくなる。

「ここか。明日になったらもっと色がついてくるだろうな。痛むか？」

腹部には痣《あざ》らしいものがうっすらとついていた。

「もう痛くないです。だから、その……あっ」

体を隠したくてワイシャツの前をかき合わせようとしたら、伊崎のてのひらが腹を撫でた。

好きな人に素肌を撫でられている。それだけで、葵は一気に耳まで真っ赤になった。伊崎は医師のように触診しているだけなのに、どうして羞恥心《しゅうちしん》を覚えるのか。

自分のこの反応自体が恥ずかしくてたまらない。

「さ、触らないで、くださいっ」

「どうして？　君の肌はきれいだね」

「あっ……！」

伊崎の手がするりと胸に滑っていき、乳首《ちくび》をかすめた。びくんと背中を震わせてしまい、葵は内心ギャーッと叫んだ。

「い、いざ、伊崎、部長っ」

「いい加減、名字に役職名をつけるのをやめてもらえないかな、葵」

二度目の名前呼び。葵はそれだけでとろりと蕩けた。伊崎はぐっと上体を倒してきて、重ねるだけのキスをしてきた。

「葵、私のフルネームは知っているか？」

「…………伊崎、惣真……」

「名字じゃなく、名前で呼んでごらん」

「惣真、さん……」

よくできました、と伊崎は笑う。

「恋人同士は名前で呼び合うものだ。今日からプライベートでは名前で呼ぼう」

「こ、こ、ここここ、恋人……っ?」

「そう、恋人。不服か?」

「いえ、ぜんぜん、まったくっ」

「名字に役職名をつけるなんてとんでもない。そんな呼び方をしたら、おしおきするよ」

葵の驚愕を無視して、伊崎は上体を起こすとスーツの上着を脱ぎ捨てた。ネクタイの結び目を緩《ゆる》ませながら、ふたたび覆《おお》いかぶさってくる。

なぜさっき伊崎の目が怖いと思ったのか、わかった。獲物を狙う、獰猛《どうもう》な獣のようだからだ。

圧倒されて、葵は身動きすることができない。

「いいかい、葵。そこそこの、いい年をした大人が、相思相愛だとわかった相手と二人きりになり、打ち身の様子を見るためだけに服を脱がせるわけがない。よく覚えておきなさい」

嚙んで含めるような口調で教えられ、頷こうとしたらくちづけられた。眼鏡がずれて視界がぼやける。

「んーっ!」

唇を割って伊崎の舌が歯茎《はぐき》を舐《な》めてきた。

ぬるぬると舐められて、どうして気持ちいいんだろう――?

茫然と硬直した葵が目をぱっちり開けていることに気づき、伊崎が眼鏡を取り上げ、テープルに置いた。

「こういうときは、目を閉じるものだ」

目の上にてのひらが被《かぶ》さってきた。視界が真っ暗になる。ふたたび唇が塞《ふさ》がれ、頭を抱えこむようにして動けなくされて、貪《むさぼ》るように舌を絡められた。

「あ、ん、ん……っ」

こんなキスははじめてで——いや、キス自体、伊崎とがはじめてだ。口腔《こうこう》を舐め回されながら乳首を指で弄《いじ》られ、体中を電流のようなものが駆けまわる。それが快感だとわかる前に勃起《ぼっき》させられた。

「あ、あぅ、あーっ……！」

服の上から股間《こかん》を揉《も》みしだかれたらもうダメだ。あっというまに射精してしまい、放心状態で脱力しているところを抱き上げられて寝室のベッドに運ばれた。

伊崎が葵のズボンと下着を脱がせようとしてくる。遅ればせながら抵抗した。下着の中で射精してしまったのだ。そんな状態のところを見られたくない。

「葵、脱がないとセックスできないよ」

「セ、セック…ス……？　するんですかっ？」

「するよ。この流れで、しないという選択はないな。私はいまここで君のすべてを手に入れたい。君も、私を手に入れることになるんだが、欲しくないのか？」

「えっ……」

自分が伊崎のものになるだけでなく、伊崎が自分のものになる――。そんな夢のようなことが実現できるなら、貯金全部をはたいて生涯タダ働きでも構わないと思えた。

「欲しいです！」

「よろしい。では私にすべてを任せなさい」

自信たっぷりに囁かれて、葵は伊崎の手でズボンと下着を剝《は》ぎとられた。


「ああ、ああ、ああ、ああっ」

全身にしっとりと汗をかき、葵はずっと喘《あえ》ぎ続《つづ》けている。両脚で伊崎の腰を挟《はさ》むようにして仰《あお》向《む》けになり、腰をくねらせてはシーツを乱していた。

「もう、もう……っ、ゆるして、くださ……」

「まだダメだ。まだいかせないよ」

後ろの穴に伊崎が指を入れはじめてから、どれくらいたったのかわからない。時間の感覚が麻痺《まひ》していた。最初は一本だった指は、いまでは三本にまで増えている。慎重《しんちょう》に丁寧に拡張されたから痛みはない。快感だけを与えられて、葵はさっきから泣いている。

「ここが気持ちいいんだろう?」

「ああっ！」

ぐりっと粘膜のどこかを指先で弄られて、がくんと背中が反《そ》り返《かえ》る。勃《た》ちっぱなしのペニスから、またとろとろと白濁《はくだく》がこぼれた。

「またイッた？　はじめての君がこんなに感じてくれて、私は嬉しいよ」

伊崎が本当に嬉しそうに囁いて、乳首に吸いついてくる。ちゅっと吸われて体内の指を締めつけてしまった。

「あっ、あんっ！」

どこもかしこも気持ちいい。でもペニスだけは扱《しご》いてくれなくて、一気に射精させてくれたのは最初だけだった。快感は与えられすぎると辛いのだと知った。

「そ、惣真、さん……っ、おねがい、もう、死んじゃう……」

「これしきのことで死なれては困るな」

くくくと伊崎が笑い、指をゆっくりと引き抜いた。ホッとすると同時に、空虚感が襲ってくる。そこを早くなにかで埋めてもらいたい。寂しいと思ってしまう。そう伝えると、「君は本当に可愛いな」と、伊崎がどこかが痛いような表情をした。

「あ…………」

綻《ほころ》んだところに屹立《きつりつ》をあてがわれる。すこしずつ粘膜を押し広げながら入ってきた。指よりも大きくて太くて熱い。苦しいし痛みもあるが、葵は伊崎の背中に縋《すが》りついて耐えた。

「葵、愛しているよ……」

「僕、僕も、愛…して、ますっ……」

「ああ、葵……」

ぎゅっと抱きしめあって、キスをした。

動き出した伊崎にもみくちゃにされて、でも酷いことはされなくて、激しい快感にちいさな絶頂が何度も襲ってきた。

「葵、痛くないか？　辛いか？」

「く、苦しい、です……」

イキすぎて苦しい。はじめてなのに気持ちいいとは言えなかった。

「そうか、苦しいのか」

伊崎が葵を気遣って動きをとめてしまった。

「え……っ？」

「苦しいんだろう。もう終わりにしようか」

それはいやだ。まだ繫がっていたい。後ろに挿入《そうにゅう》されたまま疼《うず》く体を持て余して、葵は「すごく気持ちいいから、続けてください」と言うはめになった。

「気持ちいいなら、正直に言いなさい。私も気持ちよくなるから」

伊崎がそう言ってくれて、葵は驚いた。自分の痩せた貧相な体が愛しい人に快楽を与えている不思議が、やがて幸福感になり、自然と涙がこぼれた。

「あっ、あっ、いく、惣真さんっ、あーっ！」

感じるところを伊崎の剛直で抉《えぐ》るようにされ、同時に前も扱かれて、葵はひときわ激しい絶頂に駆けあがった。

「……っ……！」

伊崎の口から低い呻《うめ》きが漏れる。たっぷりと中に出されたのがわかった。葵はうっとりと目を閉じる。葵は伊崎のものになり、同時に伊崎は葵のものになったのだ。

目を開けると、乱れた髪を汗の滲む額にはりつかせた伊崎が、男の色気たっぷりに笑っていた。きゅんと胸が切なくなる。とても、とてもこの人が好きだと、あらためて思った。

「葵、大切にする。私のそばにいてくれるか？」

「……はい……」

引き寄せられるように唇を重ねる。軽いバードキスは、すぐに濃厚なディープキスになった。

「あ、ん、ん、ん……」

伊崎のキスのやり方を、葵ははやくも覚えはじめていた。まっさらな葵は、伊崎が促す通りに舌を使い、セックスの前戯《ぜんぎ》としてのキスを習得していく。

葵の中に入ったままだった伊崎が、またたくまに復活して粘膜を押し開いていくのを感じ、じっとしていられなくてたまらずに両腿《りょうもも》で逞《たくま》しい腰をぐっと挟んだ。

「なんだ、動いてほしいのか?」

「そうじゃなく……、あっ、あん……」

ゆったりと伊崎が腰を使いだす。とろとろになった粘膜が伊崎に絡みつき、誘うように蠢《うごめ》いているのが恥ずかしい。自分の体なのに制御できない。勝手に快楽を貪るような動きをみせるのだ。

「どうした、恥ずかしいのか?」

伊崎にはなにも隠せない。ちいさく頷くと、くくくとまた笑われた。

「すぐになにもわからなくなるくらい、感じさせてあげるよ」

言葉通りに、伊崎は葵をふたたび追い上げ、泣きだすまで感じさせてくれた。


翌朝、葵は起き上がれなかった。ベッドで全裸のままぐったりと寝ている葵の横で、バスローブ姿の伊崎が電話をかけている。バスローブを実際に使っている人っているんだ……と、葵はうっとり見ていたが、伊崎が「深石室長」と呼びかけたところでハッとした。

喘《あえ》ぎすぎて声が嗄《しゃが》れてしまった葵の代わりに、伊崎が電話をしてくれていたのだった。

「では、山田葵は今日、病欠ということで。ええ、はい、そうですね。わかっています」

深石になにを言われているのだろうか。ものすごく気になって、じっと伊崎の様子を窺ってしまう。通話を切った伊崎は、携帯電話をベッドサイドのチェストに置いた。

「どうでした？」

やはり喉が痛む。こんなかすれた声では風邪だと勘違いされて、なんとか出社したとしても帰宅命令が出されそうだ。

「どうもこうも、君の上司はずいぶんと過保護だね」

伊崎は苦笑しながら肩を竦めると、ベッドの端に腰を下ろし、葵の髪を撫でてきた。

「私が君をいいように扱っているんじゃないかとか、明日は出社できるようにしろとか、いろいろ怒っていたよ」

「すみません……」

「半分は私の責任だ」

全部じゃないんだ、と腑《ふ》に落ちないでいたのが顔に出たのだろう。伊崎がいたずらっぽく葵の鼻を指先で突いてきた。

「半分は君の責任だよ。もっともっととねだったのは、君だ」

カッと顔を赤くして、葵は毛布の中に逃げた。快感に我を忘れていたけれど、すべての記憶が飛んでいるわけではない。もっと抱いてほしいと要求したのは事実だ。伊崎に抱かれる幸せに、ずっと酔っていたかった。夜半、体力の限界がきて失神するように寝てしまったけれど。

「とりあえず、今度の週末にでも、君の荷物を運びこもうか。ここに引っ越してきなさい」

「えっ？」

「その方が便利だろう。ずっと一緒にいられるし、なにしろ節約になる」

「節約……」

「今回のことで、君はずいぶんと貯金を減らしてしまった。いままで通りに一人暮らしをしていたら、元の金額になるまで時間がかかる。貯金は将来、家を建てるための大切な資金になるのだろう？　同棲すれば早い」

「ど、ど、同棲……っ？」

「恋人関係の二人が生活をともにすれば、それは同棲だ。いやぁ、楽しみだな。恋人と一緒に暮らすのははじめてだ」

伊崎は有無を言わさぬニッコリ笑顔で迫ってくる。覆いかぶさるようにして触れるだけの軽いキスをされた。

おはようからおやすみまで大好きな人と一緒。素晴らしい提案だ。だがちょっとばかり強引ではないだろうか。伊崎はたぶん昨夜から考えていて、もう決めてしまっているようだが、たったいま話を聞いたばかりの葵は動揺の真っ只中だ。以前、伊崎は「わりと短気で先走る癖がある」と自分を評していたことがある。そのときは、まさか伊崎にそんな短所があるなんて——と本気にしなかったのだが、こういうところか、と葵はいま納得した。

「……もしかして、君は同棲に賛成ではないのか？　私と一緒に暮らしたくない？」

黙りこんでいた葵に、伊崎がふっと表情を曇らせる。

「同棲したくないわけではないです。ただちょっと、心の整理をする時間が欲しいです」

「心の整理？　なにをどう整理するんだ。まさか、私以外にだれか意中の相手が――」

「いません、そんな人は絶対にいません」

きっぱりと否定したが伊崎の表情は晴れない。葵は首を伸ばして、伊崎の唇に自分からキスをした。まだ慣れなくて恥ずかしいが、変な誤解をされたくない。

短気で先走る癖があって、少々早とちりをする傾向があるらしい伊崎だが、そんなところも愛しい。この人のことが好きだ。

「僕には惣真さんだけです」

「だったらここに越しておいで」

伊崎は蕩けるような笑みのまま葵の頬にキスをしてくる。ついで鼻先、唇。薄く唇を開いたら、伊崎の舌が口腔に入ってきた。

「ん、ん、ん……」

舌を絡めるキスが気持ちいい。力の入らない体が、もっととろとろになりそうだ。

「あ、んっ……」

伊崎の手が葵の胸をまさぐってくる。キスで感じて尖っていた乳首を爪で引っ掻かれるようにされて、葵は切なく喘いだ。

「葵、一緒に暮らそう。君と一日だって離れたくない」

「でも……」

自分が伊崎を愛しているのは間違いない。離れたくないと言ってもらえて嬉しい。けれど恋人になってまだ二日目なのに、性急すぎないだろうか。

「ふむ、私の愛情表現がまだ足らなかったかな」

伊崎が難しい顔になった。

「葵、今日は私も休むことにしたから、一日かけて君にじっくりと愛を説いていこうと思うよ」

「えっ……」

愛を説く？　それって――。

伊崎は獣のような目をしながらも微笑み、ゆっくりと葵の上に伸しかかってきたのだった。

デキる部長の最後の恋
Dekiru Buchouno Saigono koi

「よし、できた！」

つい声に出してしまい、秘書室の面々が驚いたように葵《あおい》を見た。隣のデスクの先輩が苦笑いして、肩をポンと叩いてきた。

「わかったわかった、書類ができたんだな？　良かったじゃないか、せっかくの金曜日に残業しなくて済んだわけだ」

「……うるさくして、すみません」

葵は座ったままぺこぺこと頭を下げ、こちらを眺めていた室長の深石《ふかいし》にメールで書類を送付した。チェックをしてもらい、ＯＫが出れば、今日はもう帰れる。楽しい週末のはじまりだ。

「山田《やまだ》君、良くできている。これでＯＫだ。帰っていいよ」

深石から許可が出て、葵はそそくさと帰り支度《じたく》をはじめた。すでに定時を過ぎているので、ほかにも何人かの同僚は帰っている。だがまだ室長を含め、四人の先輩がデスクについて仕事中だった。大寿《おおじゅ》食品株式会社の秘書室では、先輩が残っているからといって後輩が帰宅をためらわなければならないような雰囲気《ふんいき》はない。定時を過ぎて、きちんと与えられた仕事を終わらせていたら、さっさと帰って英気を養うように、というのが室長である深石の方針だからだ。

「お先に失礼します」

「お疲れさま」

笑顔で手を振ってくれる先輩たちに頭を下げて、葵は秘書室を出た。廊下を歩くあいだも、エレベーターで一階まで降りるあいだも、本社ビルから出て最寄り駅まで歩くあいだも、葵は足取りにウキウキとした気分が表れてしまわないよう、気をつけなければならなかった。

おりしも世間は師走《しわす》で、クリスマスシーズンに入っている。駅前のロータリーには巨大なクリスマスツリーが飾られ、イルミネーションが輝いていた。去年までは、こんな風景を目にしても単に季節の風物詩だな、くらいにしか思わなかったが、今年はちがう。

恋人と過ごす、はじめての年末年始だからだ。こんなに浮かれた気分で迎えた十二月は、いままでなかった。手を繋《つな》いで歩く高校生らしきカップルにも、優しいまなざしを注いでしまうくらい、心が広くなった葵だ。

あちらこちらからクリスマスソングが流れてくる中、葵はコートのポケットから携帯電話を出しながら道の端に寄った。伊崎《いざき》からのメールを確認してから、ふたたび歩き出す。

まず、頼まれている買い物をしてから、恋人である伊崎惣真《そうま》の部屋に行くことになっていた。顔を合わせてゆっくりするのは、二週間ぶりだった。

(惣真さん……)

特に用事のない週末は二人で過ごすことにしている。だが伊崎が会社の中で重要な役割を担《にな》う立場にいるため、外せない接待や出張がたびたびある。先週末は海外出張で会えなかった。帰国してすぐ連絡をもらったが、かなり忙しそうだったので会うのを遠慮《えんりょ》していたら、あっという間に数日が過ぎ、また週末が来た。

『金曜から日曜の夜まで、私の部屋で過ごそう。絶対だ』

そんなメールが届き、会いたくてたまらなくて切なさを募《つの》らせているのは自分だけではないとわかった。『絶対に行きます』と返信したら、買い物リストが送られてきたのだ。

伊崎が帰宅するよりも先に部屋に着いてしまったら、合鍵《あいかぎ》を使用してもいいことになっていた。信頼と愛情の証《あかし》ともいえる合鍵。持っていてほしいと差し出されたのは、付き合いだしてすぐだった。葵は感激のあまり泣きそうになった。夢にまで見た、好きな人の家の合鍵だ。あのときのことを思い出しただけでも胸が熱くなる。

なんだか恐れ多くて使えず、伊崎が在宅時に訪ねたり、外で待ち合わせてからマンションへ向かったりしていたが、いよいよ今日、合鍵を使うことになりそうだ。

伊崎はだらだらと残業するタイプではないが、それでも取引先の都合などで会社をなかなか出られない日がある。今日はあらかじめ少し遅くなるといわれていた。伊崎の部屋の玄関に合鍵を差しこむ瞬間のことを考えただけで、頭に血が上《のぼ》りそうになった。

「あ、いけない。買い物」

足が止まっていた。葵はいそいそと歩きはじめ、駅の反対側へと急いだ。そちらには商店街があり、頼まれた買い物がすべて完了できるほどさまざまな専門店が軒《のき》を連《つら》ねているのだ。

葵は肉屋と魚屋、酒屋をまわり、八百屋で何種類かの野菜を買った。そこで見かけた艶々《つやつや》としたリンゴに惹《ひ》かれ、ついでに購入する。

ちょっとした荷物になったが、今夜から日曜日にかけての二人分の食料なので仕方がない。

両手に袋をぶら下げて電車に乗り、マンションの最寄り駅で降りる。到着すると、伊崎はまだ帰ってきていなかった。葵のような事務仕事ではないのだから予想していたことで、合鍵を使って中に入る。電気のスイッチを押すと、モノトーンでまとめたスタイリッシュな空間が照らされた。スタイリッシュでシンプル。デキるビジネスマンである伊崎らしい部屋だ。

つきあいはじめてから、二ヵ月ちょっとになる。もう何度か訪れ、そのたびに泊まっていった部屋だ。最初は、庶民的な自分の部屋とはかけ離れたインテリアに落ち着かなかったが、何度も出入りするうちに慣れてきたし、葵の私物がじわじわ増えてきたせいで、以前ほど硬質な雰囲気ではなくなっている。悪くいえば、ほんの少し雑然としつつあった。けれど伊崎は葵専用のパステルグリーンの座布団やポップな色柄《いろがら》の文房具がリビングに置いてあっても、部屋のイメージにそぐわないなどと言わない。むしろ――。

「いけない、さっさとやることやらないと」

葵はついぼんやりしてしまいそうになり、エアコンのスイッチを入れると隣の寝室へ行った。目に飛びこんでくるのは大きなダブルベッドだ。いまだに気恥ずかしさがつきまとうベッドを、できるだけ見ないようにしながら、置いてある部屋着に替えた。トレーナーと綿パンツを着て、その上にシンプルなチェック柄のエプロンをつける。カウンターキッチンに行き、冷蔵庫に要冷蔵のものをしまってから、葵は野菜や肉の下拵《したごしら》えに取り掛かった。

それから一時間ほどして、家主が帰ってきた。

「ただいま」

玄関ドアが開く音がして大好きな人の声が聞こえる。葵は照れ臭《くさ》かったが「お帰りなさい」と返しながら廊下に出た。

「葵……」

今日もスーツがぴしっと決まった大寿食品の経営企画部長は、葵に笑顔を向けてきた。自分だけに向けられる笑顔に、葵はいつまでたっても慣れず、ドキドキしてしまう。

「いいな、だれかに待っていてもらうというのは。ただいま、奥さん」

そんなふうに言われて、葵は頬を染めた。仕事から帰ってきた夫を迎えるシチュエーションが、まるで新婚さんのようだと、葵自身も思ったからだ。

「そのエプロン、可愛《かわい》いね。よく似合っている」

「あ、ありがとうございます。あの、今日はほぼ定時で上がれたので、僕は早く帰れました」

「君は優秀だから、残業する必要がないんだ。今日、秘書室に依頼したデータ整理も葵が作成しただろう？　相変わらず素晴らしい出来だった。深石室長が目をかけるだけはある」

革靴を脱いで上がってきた伊崎にするりと腰を抱かれ、頬にチュッとキスをされた。伊崎はなにをするにもいちいちさりげなくて、なにもかもがはじめての葵は感心するばかりだ。

「た、頼まれていた物は、全部買えました。いま下拵えがだいたい終わったところです」

「そうか、ありがとう。私も着替えてくるから、待っていてくれ。続きは一緒にやろう」

さっと伊崎が離れていった。葵に背中を向けて寝室へ歩いていく。着替えのためだとわかっていても、ちょっとばかり寂しいと思ってしまった。なにせ二週間ぶりだ。でも、もっとぎゅっと抱きしめてほしいなんて、わがままは言えない。一日の仕事を終えて伊崎はきっと疲れているだろうし、葵だって空腹だ。まずは食事をしなければ。

不意に伊崎が振り向いた。寝室のドアに手をかける寸前だった。

「葵」

「はい？」

どうしたんだろう、と小首を傾《かし》げた葵に、伊崎が大股《おおまた》で歩み寄ってきた。いきなりガバッと抱きしめられ、びっくりする。伊崎が首筋に顔を埋めてきて、そこにキスをした。

「あっ」

微弱な電流を流されたような刺激に、葵の口から声がこぼれる。チュッチュッと続けて首から鎖骨《さこつ》にかけてくちづけられ、触れられたところが燃えるように熱くなった。さらに大きな手で背中を服の上からまさぐられてしまい、ぞくぞくとした官能を呼び覚まされてしまう。

「あ、伊崎部長……っ」

「こら、私のことは名前で呼ぶようにと言っただろう」

おしおき、とばかりに顎《あご》をカリッと甘嚙みされて、葵は「うぅ…」と呻《うめ》いた。どこをどうされても気持ちよくてたまらない。二週間も会えなくて、自分が伊崎に飢《う》えていたことを、いま自覚した。

「葵、会いたかった」

囁きとともに唇が重なってきた。口腔《こうこう》を激しくまさぐられ、痛いくらいに舌を吸われて、腰から力が抜けていく。支えようとしてくれたのか、伊崎の手が葵の尻を鷲掴《わしづか》みにした。

「ひうっ」

変な声が出てしまって、葵は羞恥《しゅうち》のあまり涙目になった。耳元で伊崎がくすくすと笑う。ますます恥ずかしくて耳から首までも真っ赤になった葵に、「本当に君は可愛いな」と楽しそうに囁いてきた。

「ごめん、君に触れるのは食事のあとにしようと決めていたのに、我慢できなかった」

股間《こかん》が熱を持ってしまっている。後戻りできないほどではないけれど、こんな状態では料理の続きなんてできそうにない。拗《す》ねた口調でそう訴《うった》えると、伊崎が楽しそうに笑いながら「ごめんごめん」と言った。全然反省していない顔だ。

「酷《ひど》いです…。僕……」

「いいよ、君は座っていなさい。あとは私がやろう」

伊崎に支えられてソファに座り、葵はため息をつく。寝室でスーツを脱いできた伊崎は、部屋着にしているカジュアルなシャツの袖《そで》をまくりながらキッチンへ入った。葵はリビングのソ

ファからダイニングのテーブルに移り、そこから伊崎を眺めることにする。

すべてをそつなくこなす伊崎は料理も上手《じょうず》だ。手際よく調理している姿は、とても格好いい。

葵が適当な大きさにカットして塩コショウしておいた鶏肉《とりにく》を冷蔵庫から出し、伊崎がトマト煮を作りはじめた。二人分にしては大きな鍋《なべ》なのは、明日の夜も食べるからだ。

日曜日の夜まで部屋で過ごす――つまり、ずっと二人でこもってイチャイチャしようという意味がこめられた伊崎の言葉。ひさしぶりに伊崎に抱かれる期待が高まってきて、葵はしだいに落ち着かなくなってきた。

さっきのキスは伊崎的にはただの挨拶《あいさつ》にすぎないだろう。伊崎のセックスはすごい。キスもセックスも伊崎とがはじめての葵は、体験上でだれかと比べることはできないが、伊崎は一般的にみて精力旺盛《おうせい》で上手《うま》い方だろうとわかっている。そうでなければ、一晩で何回もセックスできないだろうし、なにも知らなかった葵に快感を教え込んで何度も絶頂まで導くことなどできない。いったいどこで経験を積んできたのかと気になるが、伊崎ほどの男ならば男女問わずモテただろうから、葵が過去に文句をつけるのは筋違いというものだ。

葵がぼうっとしている間に、伊崎はほかに二品ほど作り置きのおかずを仕上げ、保存容器に詰めている。きっとそれは明日の昼か明後日《あさって》の朝に食卓に並ぶのだろう。容器を冷蔵庫にしまった伊崎は、缶ビールを出してきた。

「さあ、食べようか。お腹が空《す》いた」

白い皿にきれいに盛りつけられた鶏肉のトマト煮とパンがテーブルに並ぶ。

ダイニングテーブルに向き合って座り、ビールで乾杯をした。食べたあとのあれこれを考えはじめると食べ物が喉を通らなくなってしまうので、葵は精一杯、食事に集中するようにして陽気におしゃべりをした。

お腹いっぱいになって「ごちそうさま」をし、二人でキッチンを片付ける。リビングのソファに移動して並んで座り、週末のテレビニュースを眺めていると、心地良い酔《よ》いもあって、伊崎に甘えたくなった。じわじわと距離を詰めてぴったりと体の側面をくっつけると、伊崎がくくっと笑いながら肩を抱き寄せてくれる。

「葵、会えなかったあいだ、なにをしていた？」

「えー……っと、仕事をしていました」

「アフター5は？」

「なにもしていません。まっすぐアパートに帰って、毎晩……惣真さんからのメールや電話を待っていました」

「そうか。私もだよ。仕事以外では、君のことばかり考えていた。毎日会いたくて、声を聞きたくて、仕事を放りだして飛んで帰りたかった」

伊崎が仕事よりも葵を優先することなど絶対にないとわかっているから、嬉しく思いつつ笑って聞いていられる。葵とて、できるなら伊崎の元へと飛んでいきたいと何度も思った。

「できれば君を経営企画部に引き抜きたいよ。そうすれば毎日、顔だけは見られるからね」

「なに冗談を言っているんですか」

「冗談じゃないよ」

顔が見たいから引き抜くなんて、そんなことできるわけがない。けれどそう言ってもらうと、嬉しいものだ。

「私の部署に移って来ないか？」

「それは無理です。僕なんかがエリート揃《ぞろ》いの経営企画部に行けるわけないじゃないですか。それに僕は秘書室が好きです。室長も先輩たちも、みんな良くしてくれますし」

「そうだな、君はとても可愛がられている。秘書の仕事は楽しい？」

「楽しいです。いままで書類作成が中心だったんですが、室長が他の秘書業務も少しずつ覚えるようにと、最近は外回りに連れて行ってくれるようになったんです」

「外回り？　どんなことをするんだい？」

「先日はある部署の部長に帯同して省庁の方との会合に出席しました。室長が秘書としての立ち居振る舞いや心得なんかを、現場で直接教えてくれるので、すごく勉強になります」

自分なりに仕事を頑張っているんです、と伊崎にアピールしたくて意欲的になっていることを話したのだが、伊崎は形の良い眉《まゆ》を片方だけひょいと上げ、あまり面白《おもしろ》くなさそうな表情をした。

「惣真さん？」

「すこし灼《や》けるな」

「えっ、なにがですか？」

「君が深石室長と二人きりで平日の昼間に堂々と出かけていることに」

啞然《あぜん》としてしまった。ぽかんと口を開けた葵に、伊崎は苦笑いする。

「二人きりじゃないです。部長がいますってば。それに……仕事ですよ？」

「そんなことはわかっている。でも深石室長が羨《うらや》ましいと思う気持ちはどうしようもない。私は君とそんなことはできないわけだから。それに、君が手放しで深石室長を褒《ほ》めるのも、愉快とは言い難《がた》いな」

「……ただの上司です」

「それもわかっている。君は深石室長をとても尊敬していて憧《あこが》れているんだよね。上司と恋人は違うと頭では理解していても、人間は感情的な生きものだ。私は君に関しては、とても心が狭《せま》くなるらしい。こんなことではダメだと思うんだがね……」

ため息をついて憂鬱《ゆううつ》そうに伊崎が言うものだから、葵はどう宥《なだ》めたらいいのかわからずに困惑した。

「惣真さん、僕が好きなのはあなただけです。室長への気持ちは信頼で、恋愛とはまったくの別物です」

「……葵、私を安心させるために、ここに引っ越しておいで」

またその話か、と葵はますます困惑する。会うたびに同棲《どうせい》したいと言われ、そのたびに葵は断っている。伊崎といっしょに暮らせたら、きっと毎日が楽しいだろうと思う。今日のように多忙な伊崎を「おかえりなさい」と出迎えてあげられたら、どんなに幸せだろうか。

けれど、葵は世界が二人で完結していないことを知っている。もし伊崎との関係が会社にバレたらどうなるのか、考えると恐ろしい。世間が同性愛に寛容になってきたとはいえ、まだまだ頭の固い人たちは存在している。有能なのに恋人が同性だというだけで伊崎の立場が悪くなるかもしれない。伊崎の迷惑にはなりたくなかった。

それに、葵は前の会社でいじめにあい、心を病んで退職した。せっかく再就職できたいまの会社で、かつてのように同僚たちから無視されたり白い眼で見られたりするのが怖かった。

さらに、両親になんと言えばいいのか。葵は一人っ子だ。両親は大切に育ててくれた。まだ二十五歳——もうすぐ誕生日なので二十六歳になるが——なので結婚を急《せ》かされることはないが、ゲイだとは知らないわけだから当然期待しているだろう。

伊崎との同棲はとても魅力的だったが、いろいろと考えてしまうと勇気が出ない。

葵が黙ってしまったからか、伊崎が「困らせてすまない」と謝ってきた。

「さて、この話はもう終わりにして、風呂に入ろうか」

伊崎がソファから立ち上がる。時計を見ると、いつもの入浴時間よりずっと早いが、体を隅々《すみずみ》まできれいにしたあと、寝室でなにをするか考えたら早過ぎるということはない。

「葵、一緒に入ろう」

「えっ……」

驚いて身を引こうとしたが、一瞬早く伊崎に腕を摑まれて逃げられなかった。ほとんど小脇に抱《かか》えて運ばれるようにしてリビングの外へと連れ出される。啞然としているあいだに洗面所まで来させられ、「ほら、脱いで」と命じられた。

「あの、僕はひとりで入ります」

「二人で入った方が早いし、節約にもなる。私が葵を洗ってあげるから」

にっこりと笑った伊崎が、なぜか葵は怖かった。

「いままでも私が風呂に入れてあげたことはあるだろう？」

「でもあれは、終わったあとのことで、僕は腰が立たなくなっていたり朦朧《もうろう》としていたりして、やむなくそういうことになっていたはずで……」

「そうだね。私に抱かれてくったりした葵は本当に可愛くて、最高のひとときだった」

体液でどろどろになった葵が可愛くて、その世話をするのが最高のひとときだと言ってしまえる伊崎って、いったい――。

「さあ、入ろう」

「あ、えっ、ええっ？　ちょっ……」

動揺している隙に、葵はトレーナーをつるっと脱がされてしまった。綿パンツも緩《ゆる》いサイズだったせいで下着とともに一気に引き下ろされてしまう。明るい洗面所で全裸にされ、葵は思わず両手で股間を隠した。

そんな葵を横目に見ながら伊崎は笑い、自分もさっさと服を脱ぐ。適度な筋肉に覆《おお》われた、均整のとれたきれいな体が現れた。伊崎はもう三十代半《なか》ばだが、セルフコントロールが完璧《かんぺき》なのか、中年太りとは程遠く、腰がきゅっと引き締まっていて腹はまったく出ていない。

股間の繁《しげ》みから垂れ下がっている性器が視界に入り、葵は慌てて目を逸《そ》らした。あれが元気になったらどれほどの威力《いりょく》を発揮《はっき》して、どれほどの淫猥《いんわい》さで葵をめちゃくちゃに感じさせてくれるか、思い出してしまいそうになる。まだ考えてはいけない。風呂に入るだけなのに勃起《ぼっき》してしまうなんて、恥ずかしすぎる。ただでさえ食事前のキスで軽く興奮させられてしまい、経験値の低さを露呈《ろてい》させてしまったばかりだというのに。

いまさら取り繕《つくろ》ったところで、経験ゼロだったことはバレているのだが、それはそれ、葵にもささやかながらプライドというものがあるのだ。

「あの、僕、本当にひとりで入るので……」

「いいから、おいで」

もじもじしているあいだに風呂場に引っ張りこまれた。葵とて死ぬほど抵抗したいわけではない。ただ恥ずかしいのだ。貧弱な体に自信がないし、伊崎の手で体を洗われてしまったら、それが前戯《ぜんぎ》でもないのに興奮してしまう予感がした。

「わっ」

頭上からシャワーが降り注いできて、さらに伊崎が抱きしめてきた。濡れた胸を密着させただけでも「ひゃあっ」と慌てふためく葵の顎を取り、伊崎が問答無用でキスをしてくる。舌を絡めてくすぐるようにされ、気持ち良さに頭がぼうっとしてきた。もう自分の体の芯《しん》がとろりと蕩《とろ》けたのがわかる。

「葵、そのまま立っていなさい」

シャワーを止めた伊崎はボディソープを手に垂《た》らし、両手で泡立ててから、葵の体に塗《ぬ》りはじめた。するすると全身に泡が行きわたっていく。乳首《ちくび》をかすめていく指にびくりと胸を揺らし、尻《しり》の谷間に入りこんできた指に声を上げそうになった。興奮してはだめだと自分自身に言い聞かせたが、やはり勝手に勃起してしまう。伊崎は風呂場の床に膝をつき、葵の足の指まで丁寧に洗ってくれた。そこまでしなくていいと制止したいけれど、口を開いたら喘《あえ》ぎ声が出てしまいそうで、ぐっと歯を食いしばって耐えた。泡にまみれた性器が天を衝《つ》くほどになってしまう。葵は首まで真っ赤になりながら、両手でそこを覆った。

「葵？　どうして隠しているんだ？」

膝をついたまま視線を上げた伊崎に問われて、葵はふるふると首を横に振る。ちょうど伊崎の顔が股間のあたりにあって、そのビジュアルだけでもいやらしく感じてたまらない。

「手を離しなさい」

「いや……」

「私に隠すものなど、なにもないだろう？　もうさんざん見たのだから、いまさらだ。ほら、私の言うことを聞きなさい」

ちょっときつめに命じられると葵は逆らえない。震えながら手を外し、そこを伊崎に晒《さら》した。ボディソープの白い泡とルビーのように赤く色付いた先端の対比が、なんだかエロティックにうつる。

「どうしてこんな状態になってしまったのかな？　私は君の体を洗っていただけだが」

「ごめんなさい……」

「私に体を洗われて、気持ち良かったのか？」

「……はい」

「勃起してしまうほど？」

「…………はい……」

穴があったら入りたいほど恥ずかしいのに、葵のそれは萎《な》えない。伊崎にすこしでも触れられたら出てしまいそうなほど高ぶっていた。

「惣、惣真さん…っ」

「なんだい？」

「触って……」

「どこを？」

「ここを、触ってください」

「ここって？」

聞きながら、伊崎はシャワーを壁から外し、湯を出した。ザアッと葵の体の泡を流していく。すっかりその気にされて敏感になってしまった葵の体は、シャワーの刺激だけでもびくびくと腰を揺らしてしまう。もういってしまいそうだ。一度もまともに触られないまま達してしまいそうで、葵は半泣きになった。

「惣真さんっ、お願い、おねがい……」

「君は本当に――」

呆《あき》れたような声に聞こえたのでギクッと顔を強張《こわば》らせた葵だが、すぐに伊崎に抱きしめられて性器を鷲摑みにされ、頭の中は快感でいっぱいになってしまった。くちゅくちゅと何度が扱《しご》かれただけで、葵はあっけなく射精した。

びくんびくんと尻を震わせながら、痺《しび》れるような快感を味わう。うっとりと余韻《よいん》に浸《ひた》ってしまい、ハッと我に返ったときには抱っこされるようにして浴槽《よくそう》に入れられていた。大人二人で入るには狭いが、膝に抱っこされていればなんとか湯に浸《つ》かれるサイズだ。

「あの、僕ばっかり……ごめんなさい」

自分だけ気持ちよくなってイッてしまったなんて、情けなさ過ぎる。しかも「触って」とねだったのだ。カッカと火照《ほて》る顔を伊崎にジーッと見つめられて、ますます羞恥が募る。伊崎の目が楽しそうに笑っているのはどうしてだ。

「私はあとでたっぷり気持ちよくしてもらうからいい。続きはベッドでやろう」

二人きりなのに内緒話のように耳元で囁かれ、葵はますます赤くなった。

その後も、伊崎はかいがいしく葵の世話を焼いてくれ、葵はなにひとつ自分でやることはなかった。風呂場からベッドまで、葵が歩く必要がないくらいに。

付き合いはじめのころから伊崎はこんな感じだ。一見、俺様っぽい伊崎だが、じつは細かくて世話焼きで、なにからなにまでやってあげたいタイプのようだ。一人っ子の葵としては、物心つくまえからまわりの大人がなんでもやってくれていたので、伊崎に世話をされても特に不快には思わない。たぶん相性がいいのだ。

ベッドの上であらためて抱きしめられ、葵は体中を愛撫されて喘いだ。

「あっ、あん、んっ」

たっぷりのジェルで濡らされた指が、葵の後ろに入ってくる。今夜の逢瀬《おうせ》を思って数日前から疼《うず》いていたそこは淫《みだ》らに動いていて、最初から二本もの指を柔《やわ》らかく迎え入れた。

「葵、すごい……吸いつくようだな……」

感心したように言われ、自分でそうしようと思ってしているわけではないから余計に恥ずかしい。だがそこに異物を挿入《そうにゅう》されて気持ちよくなってしまう体になったのは、伊崎のせいなのだ。なにも知らない葵にセックスのイロハを教えたのは、まぎれもなく伊崎だ。

「うん、上手だ。その感じで力を抜いて」

「んんっ」

指が三本に増やされた。ふたたび勃起した葵の性器は、腹につくくらい反《そ》り返っている。先端からはたらたらと露《つゆ》が垂れていて、もうイキたくてたまらない。だが風呂場に続いて二度も勝手にイキたくはないので、必死で我慢した。

「もう、いいですっ、はやく、はやくぅ」

「まだだよ。もう少し」

もう十分に解《ほぐ》れたと思うのに、まだ伊崎は挿入してくれない。伊崎はいつも丁寧にうしろを解してくれる。葵を傷つけないように、とても気遣ってくれているのだ。さらにジェルが足され、指が抜き差しされるたびにヌプヌプといやらしい音が聞こえて、泣きたくなる。

専用のジェルはダース単位で通販購入してあるらしく、ベッドサイドの引き出しにたくさん備えられていた。それを発見したときはちょっと引いたが、伊崎は「年甲斐《としがい》もなくはりきって恥ずかしいな。でもこれを使い切るくらいに何度も君を抱きたい気持ちは本当だから」とわかりやすく愛情を示してくれて、嬉しかった。

「そろそろ、いいかな」

「いい、いいですっ」

早く入れて、とせっぱ詰まっている葵は自覚無しに淫らな要求をしてしまう。伊崎の股間は凄《すご》いことになっていた。葵なんか目じゃないくらい、ギンギンに勃起している。それなのに涼しい顔をして葵に前戯を施《ほどこ》していたなんて——。

「惣真さん……」

立派なソレを見てしまえば、もう欲しくてたまらなくなる。伊崎だって体を繋げたいはず。葵が両手を広げると、伊崎は体を重ねてきた。解されたそこに熱くて固いものがあてがわれ、ゆっくりと入ってくる。やっぱり痛みはなくならない。けれど、拡げられる痛みよりも、大好きな人と繋がることができる喜びの方が大きい。

「あ、あ、あ……!」

二週間ぶりの伊崎はかつてないほど大きくなっているような気がした。

「惣真さ……、おっきい……おっき過ぎます……」

「すまない。こればかりは自分でもどうしようもなくて。痛むか?」

「ううん、いい……いいから……そのまま、奥まで……」

ぐっと押しこめられて、葵は「あっ」と背筋をのけ反らせた。奥まで挿入された瞬間、二度目の絶頂が来てしまったのだ。

「あ、あ……、ごめんなさい……また……」

薄い精液が自分の腹に散る。迸《ほとばし》ったものは少量だったが快感は強くて、葵は謝罪しながら指先まで震えた。

「感じてくれて嬉しいよ。大丈夫、もっともっと気持ち良くさせてあげるから」

微笑んだ伊崎の目が笑っていなかったのだが、葵は意識まで蕩けてしまいそうになっていたので、よくわからなかった。

「あんっ、あっ、ああっ」

感じるところをずくずくと擦《こす》られて、また勃起させられる。葵は泣きながら伊崎にしがみついて、何度もうわ言のように「好き」と口走った。

「たまらないな、もう、君は……」

「惣真さぁん」

「早くここに越しておいで。一緒に暮らそう。私は一時たりとも君を離したくないよ」

「あうっ、んっ、あんっ」

「アパートを引き払って、ここに来るんだ。二人の生活はきっと楽しいぞ」

伊崎がなにか耳に吹きこむようにして言っていたが、官能の沼に深くはまったままもがくようにして喘いでいる葵には理解できなかった。

そんな感じで、日曜日の夜まで、葵は年上で経験豊富な恋人によって声が嗄《か》れるほど喘がされ鳴かされ、なにも出なくなってもさらにイカされ、下腹が膨《ふく》れるほどにたっぷりと体内に注がれたのだった。


「ご機嫌ですね、伊崎部長」

正面の席に座る部下からそう言われ、伊崎は携帯電話に落としていた視線を上げた。

「そう見えるか?」

「どこからどう見ても、そう見えます」

久保田《くぼた》はひょいと肩を竦《すく》め、テーブルに肘《ひじ》をつく。入社七年目の久保田は、オーソドックスな濃紺のスーツにドット柄のネクタイ、特徴のないメガネ、という恰好《かっこう》をしている中肉中背の男だ。特にダサくもなくお洒落《しゃれ》でもないが、清潔感があるので社会人としておかしくはない。

「ご機嫌……まあ、ご機嫌だな。どちらかと言えば」

「週明けからずっとですよね」

外回り仕事の途中に立ち寄った定食屋で、たったいま昼食を取ったところだ。四人掛けのテーブルの上には空《から》になった食器しか載っていない。

「週末になにか良いことでもあったんですか?」

めずらしく久保田が伊崎のプライベートを訊《たず》ねてきた。

久保田は伊崎にストレスを感じさせない男だ。愛想がなくておべっかを使わないので苦手に思う社員はいるようだが、伊崎は能力主義なので部下が命じたこと以上の仕事をしてくれれば、それでいい。いままで伊崎の私生活について突っ込んだ質問などしてこなかったのに、どうしたことだろう。

確かに週末に良いことがあった。二週間ぶりに葵とまったり過ごすことができて、とても楽しかった。金曜日の夜から日曜日まで、二泊三日を恋人らしくイチャついた。自分の出張のせいでひさしぶりの逢瀬になったせいか、葵はいつになく積極的になってくれ、伊崎の要求をほぼ呑《の》んでくれたのも嬉しかった。

いまも携帯電話で見ていたのは葵の写真だ。こっそりと撮《と》ったあどけない寝顔や、キスマークが散った白い胸を眺めながら、週末のあれこれを思い出していた。

「なんだ、だれかに聞いてこいとでも言われたのか？」

「まあ、そんなところです」

久保田はあっさりと頷いた。伊崎があまりにも浮かれた様子なので、女性社員に頼まれたらしい。もともと伊崎は部下にプライベートの話などしない。極秘にしているわけではないが、伊崎はバイセクシャルで、恋人はそのときどきで女性だったり男性だったりする。そのせいで聞かれてもはぐらかすのが習慣になっていたため、秘密主義だと思われているふしがあった。

でも会社を移ってから、もう四ヵ月目。私生活が謎《なぞ》だらけだと下手《へた》に詮索《せんさく》されるかもしれない。小出しにしていった方がいいかもしれないと思った。

「二週間ぶりに恋人と会えて、週末はずっとイチャイチャしていたからご機嫌なだけだ」

予想通り、久保田は軽く驚いたように目を見開いた。

「部長、恋人がいたんですか？」

「いるよ。十歳も年下の、可愛い子だ」

「えっ、十歳…っていうと、二十代半ばってことですか。うわぁ」

やるなぁ、と久保田は恋人の年齢に感心している。

「これ以上は聞くなよ」

「わかっています。俺自身は、部長の私生活に特に興味はないんで」

久保田はそういう奴《ヤツ》だ。他人にあまり執着《しゅうちゃく》しないので詮索してこないし、常識をわきまえているので見聞きしたことを吹聴することもない。だから使い易《やす》くて、同行させる部下が必要なときに声をかける率が高い。そのせいで、伊崎からなにか聞き出してこいと面倒な頼み事をされてしまったのだろう。本来なら女性社員の余計な頼みなど断ってもいいのだが、いくら他人に頓着しない久保田といえども、部内で女性たちから総スカンをくらったら仕事がやりにくくなることくらい知っているにちがいない。

「あ、ちょっと失礼します」

久保田の携帯電話が鳴り、店の外へと出て行くのを見送ったあと、伊崎は二人分の会計を済ませて店を出た。道端で久保田が電話をしているのを確認し、伊崎は待っているあいだにと自分も電話をかけてみた。

『はい、葵です』

向こうも昼休み中だろうと予想した通り、葵はコール音二回で出てくれた。だが伊崎とちがって葵は本社内にいる。応じた声は控《ひか》えめだった。

『どうしましたか?』

「いや、どうもしていない。君の声が急に聞きたくなってね。元気か?」

『げ、元気ですよ。このまえ会ったばかりでしょう?』

「もう三日も前じゃないか。会いたいよ」

思い切り甘ったるい声を出してみた。葵が『うっ……』と言葉に詰まっているのがわかる。

「そうだ、今日、どこかで待ち合わせて食事をしないか? 最近、家デートばかりだったから、たまには外で食べよう」

『でも、だれかに見られたら……』

「会社の人間があまり来ないような、電車の路線が違う、離れた場所の店を探しておくから」

『それなら……行きたいです』

良かった、葵が了承してくれた。今夜は顔が見られる。伊崎はニヤけそうになってしまい、空《あ》いている手でわざとらしく顔を擦った。とうてい部下には見せられない表情をしているはず。

伊崎自身、ここまで恋に溺《おぼ》れたのはひさしぶりで、制御の仕方を忘れてしまったような状態だ。

葵は伊崎の好みにぴったりで、さらに体の相性も良い。大切にしていきたい存在だった。

「何系の店がいいかな」

『そうですね……。僕はなんでもいいですけど、最近ちゃんとした和食のお店に行っていないですね』

「そうか、じゃあ和食で探してみよう」

『惣……、部長が行きたいお店でいいですよ』

伊崎を「惣真さん」と呼んでしまいそうになった葵が、慌てているのが伝わってくる。

「私こそなんでもいいんだ。君といっしょなら」

『……ぼ、僕も、です……』

「愛しているよ」

『あの、あのっ、わ、わわわかりました。それでは、失礼、しますっ』

ブツッと通話が切れた。きっと葵は真っ赤になっているだろう。だれかに聞かれてはいないかと、周囲をきょろきょろして、挙動不審になっているにちがいない。午後はちゃんと落ち着いて仕事ができるだろうか。想像だけで面白くて、伊崎はくくっと声を抑えて笑った。

「部長も、そんなデレた顔をするんですね。しかも、愛してるなんて……」

背後から久保田の呆れた声が聞こえて、慌てて振り向いた。先に電話を終えた久保田に、一部を聞かれていたようだ。自分の発言の中で、葵の名前は出していなかったことを確認する。

「うるさい。私だって人間だ」

「部長が人間なのは知っています。今夜はお食事デートですか」

「そんな感じだ」

伊崎は照れ隠しに咳払《せきばら》いをし、「会計しておいたぞ」と道を歩き出した。久保田があとについてきながら「ごちそうさまです」と頭を下げる。

歩きながら昼からの段取りを久保田と話しつつ、伊崎は葵との食事デートをどこの店にするか、頭の隅で浮かれながら選んでいた。

午後七時、本社の最寄り駅から二度も乗り換えなければいけない路線違いの駅で、伊崎は葵と待ち合わせをした。予定通りに仕事が片付き、葵を待たせることなく落ち合うことができてホッとして、予約を入れておいた創作和食の店に行く。

伊崎が葵との食事で選ぶ店のポイントは、各テーブルのあいだに間仕切りがあり、できれば半個室状態で周囲の視線を遮《さえぎ》ることができる、という点だ。スーツ姿の男が二人で食事をしていても――特に伊崎と葵では上司と部下にしか見えない――だれも気にしないと思うのだが、葵は落ち着かないのだ。

「あの、僕……変な顔をしていませんよね？」

薄い壁で仕切られたテーブルに案内されて席に着いた葵は、さっそくそんなことを聞いてきた。伊崎は葵のコートをハンガーにかけてあげながら、苦笑する。

「変な顔って？」

「その、惣真さんとご飯に来れて、嬉しすぎてニヤニヤしていませんか？　パッと見、おかしくないですか？」

思わずプッと吹き出してしまった。まったくもう、自分の恋人はどうしてこんなに可愛いのだろう。

「どこもおかしくないよ。大丈夫。私の方こそニヤけていないか？　三日ぶりに葵に会えて、小躍《こおど》りしたいくらいにご機嫌なんだが」

「えっ、小躍り？　ぜんぜん、そんな風には見えません」

目を丸くした葵を抱きしめたくなったが、完全個室ではないのだからそんなことはできない。うずうずする手を握ったり開いたりしてなんとか衝動を散らしながらメニューを見た。適当に注文して、日本酒も頼む。葵は酒に弱いので、口当たりの良いものを選んだ。

「惣真さんが選んでくれるお酒って、いつもすごく美味《おい》しいです。でもそのせいで、飲み過ぎちゃいそうになるんですよね……」

「酔っぱらったら私がちゃんと連れて帰ってあげるから気にしなくていいよ」

「えー……でも……」

ポッと頬を染めた葵が、なにを考えているか手に取るようにわかる。

以前にも、伊崎は酔った葵を自宅マンションに連れて帰り、かいがいしく世話をした。水を飲ませてパジャマに着替えさせ、ほぼ抱き枕状態にして寝たのだ。明け方に目を覚ました葵はマンションに着いたあたりから覚えておらず、とても驚いていた。おろおろしている葵に起こされた伊崎は、宥めるついでにセックスした。風呂に入っていないから嫌だと拒《こば》む葵を愛撫でとろとろにする過程が、ものすごく楽しくて興奮した。

たぶん、いま葵はあのときのことを思い出している。そして伊崎も同時に思い出していることに気づいている。真っ赤になって汗をかいている葵とニヤけた笑い顔の伊崎は、どこからどう見てもセクハラをやらかしている上司と、被害者である部下のようにしか見えなかったが、本人たちはただ幸せだった。

二時間かけてゆっくりと食事をしたあと、ちょっとだけ酔っぱらった葵を連れて店を出た。足元がおぼつかないほどではないが、葵はとろりと目を潤《うる》ませてにこにこと笑っている。たまらなく可愛い。伊崎はあたりを見渡し、通りに出てタクシーを捕まえる前に――と、葵を路地に連れこんだ。街灯や看板の明かりが届かない暗がりに立たされて、きょとんとしている葵に、伊崎は微笑《ほほえ》みかける。

「どうし……」

たぶん、どうしたんですか、と問いかけるつもりだったのだろう。言いかけた葵の口を、伊崎はおのれの唇で塞《ふさ》いだ。驚いて硬直している葵が我に返ったときには、もう離れていたが。

「な、なに……」

「君があまりにも可愛くて、唐突にキスをしたくなった」

「外では、ダメですっ」

「うん、そうだな。急いで家に帰ろう。もちろん私の部屋だ。続きは帰ってからにしよう」

「えっ、続きって……」

酔いだけでなく顔を赤くして葵が困惑している。アパートに帰るつもりだったのだろうが、伊崎は食事に誘ったときからお持ち帰りするつもりだった。路地から出て通りを走り過ぎる車の中に空車のタクシーはいないかと、視線を走らせ――見知った顔を見つけてギョッとした。片側二車線の道路の反対側の歩道に、久保田が立っていた。

十数メートルの距離があったが、立ち並ぶ店舗《てんぽ》からの明かりと街灯のせいで明るく、久保田の表情までよく見える。啞然とした顔でこちらを向き、立ち尽くしていた。

キスしていたところを見られたようだ。路地の暗がりに入って隠れたつもりだったが、真正面からは丸見えだったのだろう。伊崎は「しまったな」と思いつつ、人差し指を唇の前に立ててみせた。内緒にしてくれよ、とサインを送る。かすかに久保田が頷いたように見えたが、葵が歩き出さない伊崎を不審に思ってか「惣真さん？」と呼びかけてきたので、確認せずに恋人に向き直った。

「向こう側になにかありました？」

「いや、なにもない。空車のタクシーを探そう」

葵の注意を逸《そ》らしながら、久保田のことを考える。昼間の会話から、久保田は伊崎が今夜、恋人と食事デートだと知っていた。伊崎が連れているのが恋人だとわかっただろう。たとえスーツ姿の男でも、路地でキスをしていたら疑いようがない。

もともと上司のプライベートに興味を示さない男だ。言いふらすことはないだろうが、葵のためにも口止めは必要かもしれない。それに遠目だったので、伊崎はともかく葵を秘書室の山田葵だと認識できたかどうか不明だ。確認のために、明日の朝、久保田を捕まえて話をしてみよう、と決めた。

翌朝、出社してすぐに伊崎は久保田を小会議室まで呼んだ。

伊崎の顔を見て、久保田の方から「昨夜のことですか?」と聞いてくる。

「昨夜のことだ。すまないが、他言無用でお願いしたい」

「だれにも言いませんよ。部長がカミングアウトするつもりなら別ですが」

予想通り、久保田は自分は関係ないと肩を竦めてみせる。

「いまのところカミングアウトする予定はないな。私はともかく、相手が隠しておきたい性格だからね」

「あれって、秘書室の山田ですよね」

「おまえ、目が良いな」

「良いですよ。だから部長を見つけちゃったんじゃないですか」

それはそうだ。見られたのが久保田で良かった。

「十歳年下……確かに年下ですね。部長、これは確認ですが、立場を利用して山田を断れない状況に追い込んだわけではないですよね？」

「久保田の中で、私はどれだけ悪人なんだ。そんなわけないだろう。きちんと手順を踏んで、まっとうなお付き合いをしている。深石室長は知っているしな」

「ああ、それを聞いて安心しました。深石室長公認なら大丈夫ですね」

「私より深石室長の方が信頼篤いというわけだな」

「あの人と張り合わないでくださいよ。深石室長は我が社の影のフィクサーとまで噂《うわさ》されているひとなんですから。意外と部長って子供っぽいところがあるんですね。あらたな発見です」

「私の威厳《いげん》がなくなるようなことは、部内で言うなよ」

「だから、余計なことは言いませんって」

久保田が呆れたように笑ったところでオフィスに戻った。

その日は一日、本社の中で仕事をしていた。久保田との会話で深石の名前を出したからか、なんとなく頭の隅にひっかかっていた。そのせいか、廊下で偶然にも深石とばったり会った。

「深石室長、いつもお世話になっています」

愛想良く挨拶すると、ちょっとばかり冷ややかな目を向けられる。相変わらず自分は敵対視されているようだ。深石の変わらなさに、苦笑いしつつも安堵《あんど》している部分もある。

深石が伊崎にそんな態度をとるのは、可愛がっている部下が弄《もてあそ》ばれていると思っているからだ。伊崎は誓って葵を弄んでいるわけではないが、深石には純情な葵がいいように騙《だま》されているとしか見えないのだろう。

「今日の葵はどうですか。ちゃんと仕事をしていますか？」

つい気になって聞いてしまったら、やはり深石が横目で睨《にら》んできた。

「秘書室内のことに経営企画部長が余計な口を出さないでください。私は自分の部下をしっかりと管理しています。失礼」

つんと顎を逸らして通り過ぎていく。伊崎はその後ろ姿をため息とともに見送り、葵が特に体調を崩していないのなら良かった、とホッとした。

昨夜、お持ち帰りした葵を、伊崎は当然のように抱いた。けれど週の半ばだ。無理をさせたら翌日の仕事に響くことがわかっている。伊崎は精一杯の自制心でもって、ほどほどのところで終わらせたのだ。魅力的な葵を前に、たった一回で終わらせるのは辛《つら》かったが、仕方がない。やり過ぎて翌朝立てなくさせていたら、葵の機嫌を損ねてしまっていただろう。

昨夜、我慢した分は、来週にでも回収させてもらう。今週末は会えない。明日からまた出張で、南米のチリまで行かなければならないのだ。一週間の予定なので、来週末はまた葵とゆっくり過ごせるだろう。それを糧《かて》に、頑張ろう。

葵に会えないと寂しいが、たとえ何日日本を空けてもたいして不安がないのは、深石が葵のそばにいてくれるからだ。自分が不在のあいだ、葵は深石が守ってくれる。そんな信頼感がある。直接の上司である自分よりも深石を信頼する発言をした久保田は、間違っていないのだ。

だから、自分が冷たい目で見られようが、構わない。葵にさえ親身に接してくれれば。

そんな殊勝なことを考えながら、伊崎は出張の打ち合わせをするべく、自分の部署に戻っていった。


専務が乗った車を、深石と並んで頭を下げて見送る。

顔を上げ、姿勢を正した深石が葵を見た。

「さて、ここからは別行動だ」

たったいま出てきたビルを背に、茶封筒を手渡される。

「私はこれから社長と落ち合って、会食のお伴《とも》をしなければならない。これを会社まで持って帰ってくれ。そのあとはもう帰っていいから」

「はい、わかりました」

葵は深石が見ている前で茶封筒をビジネスバッグの中にしまった。今日は深石に連れられて会社の外に出ていた。会合を終えた専務はたったいま車で帰ったところだ。

ここのところ深石は葵にデータ整理や資料作成以外の仕事を覚えさせようと、教育係を買って出てくれている。ベテランの深石から教わることはたくさんあって、葵はひとつ残らず吸収しようと、必死だった。

いつかパーフェクトな秘書になって、幹部の出張に帯同できるようになるのが目標だ。海外で伊崎の補佐ができれば、いまよりもっと役に立てる。ひとりで寂しく日本で待っていることもなくなるのだ。大寿食品という会社の一員としては、いささか動機が不純かもしれないが、葵はいま新しいことを覚えるのが楽しかった。

「じゃあ、頼んだよ」

タクシーを拾って乗りこんだ深石を見送り、葵は地下鉄の出入口を目指して歩き出した。

十二月の東京は日が短い。空はすっかり暗くなっていたが、大通りに面したあたりは明るかった。ビジネス街ではあるが、ショーウィンドウはクリスマスらしく華《はな》やかな飾りつけばかりで、いつもは味気ない銀行のキャラクターのぬいぐるみがサンタクロースのような赤い帽子をかぶっていた。

(そうだ、惣真さんにプレゼントを買わなくちゃ。なにがいいかな)

人生初めての恋人に、人生初めての贈りものをする。考えただけでわくわくしてきて、葵は微笑んでいた。

(クリスマス用と、僕の誕生日用と、惣真さんはふたつもプレゼントを用意するって言ってくれたし……)

葵の誕生日は十二月二十二日だ。子供の頃はよくクリスマスと一緒にされて、ケーキはひとつだった。伊崎はちゃんと祝ってくれるらしい。

こんなに幸せでいいのだろうか——と、ときどき不安になる。

(どこかに落とし穴があったりして。なんてね)

とりあえず本社に戻らなくては、と止めていた足を一歩踏み出したときだった。

「あれ？　おまえ、山田？」

聞き覚えのある声に呼び止められた。覚えはあるが、だれの声とはすぐには特定できず——けれどなぜだか嫌な予感がしながら、振り向く。そこにいたのは、思い出したくない人物だった。葵は、サーッと頭から血が下がっていく音を聞いたような気がした。

「よう、山田。奇遇だな、こんなところでバッタリ会うなんて。元気だったか？」

ニヤリと笑って近寄ってきたスーツの男は、葵が松守《まつもり》商事に勤めていたころの先輩だった。十センチほど上から蔑《さげす》むような目で見下ろされ、悪夢のようだった松守商事時代の記憶がよみがえってくる。

「寺西《てらにし》先輩……」

「ちゃんと覚えててくれたようだな。まあ、教育係の先輩を忘れるなんて失礼なこと、山田はしないよな」

笑い顔になっていても目だけが冷めた光を宿らせているところは変わっていない。

茫然《ぼうぜん》と立ち尽くしている葵の肩に、寺西は馴れ馴れしく腕を回してきた。おそらく体重は二十キロくらい違うが、それ以上にずしりと重く感じる腕を、葵は押しのけることができない。この先輩に逆らってはいけないという刷り込みが、いまだに葵の心理に作用しているのだろう。

「おまえがいきなり松守を辞めたから、俺がなにかしたんじゃないかってウワサされてさぁ、けっこう迷惑かけられたんだぜ。あれだけ可愛がってやっていたのに、挨拶もせずに辞めるなんて薄情だよな」

「う、上の人には、ちゃんと伝えました。手順を踏んで退職したので、僕はなにも……」

「まあ、おまえが辞めてすぐ、ずっと希望していた営業部に異動になれたから人間関係が一新されて、いまは特に問題ないけどさ。なあ、いまなにやってんだ？　スーツ着てるってことは会社員してるのか？　おまえみたいな使えないヤツをいったいどこのどういう会社が雇ってくれたわけ？」

間違った認識を訂正しようとした葵の言葉を遮り、寺西はマイペースに喋《しゃべ》っている。初めて会ったときから寺西はこうだった。人の話を聞く気がないのだ。特に葵のように自分より立場が下の者には横暴になる。下手に言い返すと罵詈雑言《ばりぞうごん》が降ってくることになると、葵は知っていた。寺西はたしか葵より四つ年上だったはず。ということは、今年で三十歳になる。なにも変わっていない寺西に、葵は絶望的な気分になった。

「ほら、教えろよ。どこの会社だ？」

「あ……あの……」

教えたくなくて口ごもっていると、寺西がいきなり葵のスーツのポケットに手を突っこんできた。泡を食って半ばパニックになり、硬直している葵はなにも抵抗できない。

「お、あったあった」

名刺入れを取られ、一枚抜かれた。

「へーっ、大寿食品の秘書室か。松守よりは落ちるけど、けっこういいところに再就職できたんだな。それにしても山田が秘書かよ。こんなのが役に立つわけ？」

あははは、と本当におかしそうに寺西に笑われても、葵は縮《ちぢ》こまっているだけだ。この嵐が一刻も早く過ぎ去ってくれることを願うしかない。

「大寿……最近なにかで聞いたな……」

寺西が首を傾げている。聞いたことがあるのは当然だ。おそらく伊崎の転職絡みで耳にしているはず。だがここで教えなくともいいだろう。というか、教えたくない。

「おい、ケータイ出せよ。連絡先を教えろ」

「えっ、嫌です」

とっさに直球で拒絶してしまった。しまった、と思ったときはもう遅い。寺西の目つきが険悪になる。

「ちょっと、こっち来い」

腕を鷲摑みにされ、閉まった銀行の壁際へと引きずられた。壁の窪《くぼ》んだ部分に押しこまれ、寺西の体が目の前に立ちふさがる。体は密着していないが、圧迫感は半端なかった。

「おまえ、山田のくせになに生意気なこと言ってんだよ。俺が交流を復活させようぜ、ってフレンドリーな態度で接してんだから、そのくらいすんなり応じろよ」

「でも、僕は……」

寺西と交流を復活させようとは、まったく思っていない。

松守商事での一年間は、本当に辛《つら》かった。大学を卒業して、意気揚々《ようよう》と働きはじめた場所で、まさかいじめに遭《あ》うなんて予想もしていなかった。子供時代に、葵はいじめられた経験はない。ひっこみじあんでクラスの中心になるような存在ではなかったが、気の合う友達がいて、穏やかな子供時代を過ごした。社会人になってからはじめてそんな目に遭い、衝撃を受けたし、不甲斐ない自分が恥ずかしくてだれにも相談できなかった。

結局、我慢し過ぎたせいで葵は体調を崩し、会社を辞めた。一人暮らしをしていたアパートを引き払って実家に帰ったときの両親の悲しそうな顔は、いまでも忘れられない。

そんなことになった原因はもちろん自分にもあるが、八割方は寺西のせいだと思っている。

「ほら、ケータイ出せよ。電話番号とアドレス、教えろ」

「……嫌です……」

勇気をふりしぼって拒《こば》んだが、寺西は「は？」と恫喝《どうかつ》がこもった低い声を出した。

「いまなんて言った？」

「い、嫌です」

「へぇ、あくまでも俺には教えないってこと？　だったらおまえは帰れないな。ここで足止めだ。俺はこのまま直帰の予定だから構わないけど、おまえは？」

ハッと顔を上げる。寺西はエモノをいたぶる猫のような目をしていた。たぶん、寺西は声をかける前に、すでに葵の近くにいたのだ。それで深石とのやり取りを聞いていたにちがいない。葵は会社に持って帰る必要がある書類を預かっている。ここで時間を食っていては困ると、寺西は知っているのだ。

「そこを、どいてください」

会社に戻らなければならない。精一杯の抵抗として寺西の顔を見つめながらお願いしてみたが、薄ら笑いを浮かべるだけで動いてくれなかった。

「おまえさ、いま付き合ってる女いる？」

「……そんなこと、答える義理はありません」

「会社替わったら生意気になったな。彼女がいるかどうかくらい答えてくれてもいいんじゃないか？」

「か、彼女は、いません」

彼氏ならいるが。

「やっぱりいないか。だよなー。おまえって童貞だろ。俺より四つ下だったよな。ってことは、二十六か。その年で童貞って悲惨《ひさん》だと思わないか？」

確かに葵は童貞だ。女性と肉体関係を持ったことはない。だが恋人がいるし、セックスならもう何度も経験した。なにも知らないわけではないと喉元まで言いかけたが、ぐっとこらえた。下手に詮索されたら面倒なことになりそうで怖かった。

「俺が紹介してやろうか？　とりあえずやらせてくれる女の心当たりなら、何人かあるぜ」

「……結構です……」

「どうせ愛し合ったもの同士の行為でないと意味がないとか、女々《めめ》しいこと考えてんだろうけど、そんなこと言ってたら死ぬまで童貞だぞ。まあ、いいや。おまえがずっと童貞なら、それはそれで面白い。なあ、ケータイ出せ。どこにある？　もう会社に帰りたいだろ？　大切な書類を預かってんじゃないのか？」

「…………」

「さっさとケータイ出せば、すぐに解放してやるよ。ほら、そんなに頑《かたく》なになることないって」

肩をバンバンと強く叩かれて、痛かった。もう解放されたい。立ちふさがる寺西を押しのけてここから飛び出せるほどの勇気が、いまの葵にはなかった。

「出せ」

寺西が右手を差し出す。葵はここから一刻も早く立ち去りたくて、震えながらカバンから携帯電話を出し、その手に渡した。

「よし、いい子だな」

ニッと笑った寺西は、素早く携帯電話を操作する。「ほらよ」と返されたときには、寺西の携帯電話の番号とメールアドレスが登録されていた。

「山田、おまえは自分で俺にケータイを渡したんだ。だから俺からの電話には応じなきゃならないし、メールには返事をしなけりゃならない。わかったな」

「そんな……」

「またな」

笑顔で去っていく寺西を、葵は茫然と見送ることしかできなかった。

手の中の携帯電話を見下ろす。寺西に触られたというだけで、とても禍々《まがまが》しい物体になってしまった。けれどこの中には伊崎の連絡先も入っているし、会えない日に交わした情のこもったメールも残っている。

じっと携帯電話を見つめていたら、不意に電子音が鳴った。さっそく寺西からのメールが届き、無視したい気持ちになりながらも、さっきの「応じなきゃならない」というセリフがよみがえってきて仕方なく開いてみる。

『さっさと帰れよ。もうすぐ雨が降るぜ』

ハッとして周囲を見渡すが、どこから寺西が自分を見ているのかわからなかった。そうこうしているうちに、本当にポツポツと雨が降り出す。葵は慌ててカバンを抱《かか》えるようにして地下鉄の出入口へと走った。電車の中で、なんと返信すればいいのか悩んだ末に『おかげで濡れませんでした』とだけ書いた。ありがとうございます、という謝意の言葉は、どうしても入れたくなかった。

思いがけない人物との再会に激しく動揺した葵だが、気まぐれなところがある寺西のことだから、用事もないのにそうそう葵に連絡を取ってくることはないだろうと考え、あまり気にしないことにした。

だが寺西は翌日の夜、電話をかけてきた。会社からアパートに帰ってきて、そろそろ風呂に入ろうかなと思っていたときだった。

『よう、山田。いまなにしてた？』

声を聞いただけでわずかに動悸《どうき》がする。

「いまは……とくになにも」

『なんだよ、面白くねぇなぁ。俺を笑わせるようなことを言えよ』

そんな大喜利《おおぎり》のような真似を求められても、なにも思いつかない。だが寺西は本気でそんなことをさせようとしたわけではないらしく、『今日さ、こんなことがあって――』と自分のことを話しはじめた。葵はときどき「そうですか」「そんなことが」と相槌《あいづち》をうつ。無言でいると、『ちゃんと聞いているのか』と叱《しか》られるので、適度に言葉を発した。

ただ寺西の話を聞き続けて三十分。もう切りたい、と葵が時計を眺《なが》めていると、寺西が『あー、もうこんな時間かよ』と呟いた。

『明日、会わないか？　飲もうぜ』

「えっ……」

飲みに誘われたのははじめてだ。松守商事で教育係の先輩と新卒入社の後輩という間柄だったとき、寺西は一度も葵を誘いはしなかった。会社以外では会いたくない、できれば会社でも顔を見たくないといった態度だった。蔑む目で見られ、暴言を吐かれ、仕事をなにも教えてもらえず、毎日が辛かった。葵はなぜこんなに寺西から嫌われるのかわからなくて、悩んで悩んで、病気になった。

「ど、どうして……？」

『話し足りない。もちろん割り勘だぞ。どこで飲む？　俺が適当に店を選んでいいか？』

「行きません」

黙っていたら了解したことになってしまいそうで、葵は慌てて断った。

「明日はダメです。行けません」

『だったら明後日《あさって》だな』

「あ、明後日も、ダメです。その、上司のお供で関連会社の忘年会に行かなければならなくて」

とっさに嘘をつく。深石が関連会社の忘年会に出席するのは本当だが、お供をするのは葵ではなく、酒に強い別の秘書だ。葵はそんなに酒が強くないと自己申告してある。出先で上司より先に潰《つぶ》れてしまい、面倒をかけてしまってはお供の意味がない。

『この時期、どこもかしこも忘年会だとかクリパとかばっかりだからな。仕方がないか』

いまが十二月で助かった。寺西は葵の嘘を信じてくれて、『また電話する』と通話を切った。

やっと長電話が終わり、ホッと携帯電話を離すと、手にびっしょりと汗をかいていた。

寺西がいったいどういうつもりで電話をかけてきたのか、わからない。松守商事時代、ぜんぜん仲は良くなかった。むしろ悪かった。葵は一方的に寺西に嫌われていると思っていた。どうしていまさら交流を持とうとしているのか。

なにか企《たくら》んでいるのだろうか。それとも、単に過去の態度を悔《く》いていて、葵と友達付き合いがしたいのだろうか。たとえそうだとしても、葵は寺西と仲良くしたいなんて思えない。

「どうしよう……」

無性に伊崎に会いたかった。寺西のことを相談したい。

「いや、ダメだ。こんなことで惣真さんを煩《わずら》わせたくない」

まだ寺西にはなにもされていないわけで、飲みに誘われることくらい大人なら普通だ。伊崎に話すとしたら、寺西にもっと直接的なことで迷惑に思ったときでいいだろう。

相談はまだしないが、せめて伊崎の声を聞きたいと思った。けれど、伊崎はまた海外に出張へ行っていて、時差があるうえに通常の携帯電話では通じないような僻地《へきち》にいるはず。

南米チリの高地で栽培されている、ほぼ無農薬の野菜類の生産現場を視察しに行ったのだ。経営企画部の部長である伊崎が絶対にそこまで行かなければならないという必要性はないのだが、一度は現地入りしたかったようで、念願かなった出張が決まったとき、とても喜んでいた。出発する前、伊崎は、「しばらく連絡できないが、そのぶん、君への愛情をたっぷりここに溜めておくから」と自分の胸を指して甘く囁いてくれた。帰ってきたあと、また伊崎の部屋に泊まることを約束した。

いまごろ現地に向かっている途中か、到着したところだろうか。数日後、伊崎が視察を終えて町まで下り、携帯電話が使えるようになったとしても、葵は寺西のことをまだ言えない。日本に帰国するまでが仕事だ。伊崎に余計な心配をかけさせたくない。

「惣真さんが帰ってきたら話そう……」

気分転換にと、葵は風呂に入った。すこしすっきりして、寝る前に伊崎の写真に「おやすみなさい」と声をかけるつもりで携帯電話を手に取ったら、寺西からメールが届いていた。

『もう寝たか？　俺と飲みにいける日があったら、絶対に知らせろよ』

なにがなんでも行く気らしい。だが葵は行きたくない。断り続けよう、と決めた。十二月中は多忙を理由になんとかしのぐ。そのうち寺西が葵を構うことに飽《あ》きて、なにも言ってこなくなるかもしれない。もしそうならなくて執拗に誘ってくるようなら、一度会って、ちゃんと話し合う。そのときは覚悟を決めて会おう。

葵はそう方針を決めて、暗くなりそうな気持ちをなんとか切り替え、携帯電話に保存してある伊崎の格好いい写真に「おやすみなさい」と囁いた。

だが事態はそう簡単には済まなかった。


「はぁ……」

昼休み、秘書室を出て社員食堂に向かいながら、葵はため息をついた。仕事中は目の前のPCに集中していて心配事を忘れていられるが、いったん休憩時間になるともうダメだ。ここのところ葵を悩ませている寺西のことで憂鬱《ゆううつ》な気分になってしまう。偶然の再会から数日たっているが、寺西は毎晩のように電話をかけてきていた。メールは一日に五回も六回も届く。両方とも内容は寺西の「今日の出来事」と「飲みの誘い」だ。たいした話ではない。

なので、葵は数回に一回しか電話には出ないようにしているし、メールもたまにしか返信してはいなかった。それでも寺西は文句を言いつつも怒るほどのことはなく、マメに電話とメールを続けていて、飲みの誘いをしてくる。断っても断っても、寺西は懲《こ》りない。断り文句のバリエーションはとうに尽き、葵は「行きたくないんです」とはっきり言った。寺西は「なに冗談言ってんだ」と笑っていたが、葵はまったく笑えなかった。

話が通じない宇宙人を相手にしているようだった。

「山田君、どうした?」

声をかけてきたのは深石だった。

「室長……」

「すこし、話をしようか」

促《うなが》されて、小会議室までついていった。鋭い人だから、きっと葵の様子が変わったことに気づいているだろうと思っていた。二人きりになってすぐ、「なにかあったのか？」と聞かれた。

「ここ数日、どこか疲れているようだから、心配していた。仕事のことでなにか悩みでも？」

「……いいえ、仕事ではなく……プライベートです」

深石の眉間《みけん》に皺《しわ》が寄り、不快そうな表情になった。

「伊崎部長のことか？　彼がなにかしたのか？」

「えっ、違います。惣真…いえ、伊崎部長は関係ありません。とても良くしてもらっています」

「なんだ、そうか」

どこかがっかりしたように深石がそっぽを向く。

「では、なんだ？」

深石が親身になって話を聞こうとしてくれているのはわかる。だが完全にプライベートの問題を、果たして職場の上司に打ち明けてもいいのだろうかと逡巡《しゅんじゅん》した。

「山田君、私は君の私生活を詮索するつもりはないんだ。ただ、まだ仕事に支障はきたしていないが、これ以上、君の憂《うれ》いが深くなると、わからないだろう？　すこしだけでいいから、聞かせてくれないか」

そう言われると、話した方がいいように思う。それに、心のどこかに、だれかに聞いてもらいたい気持ちがあった。

「あの、じつは……」

葵は寺西のことをぽつぽつと話しはじめた。ほとほと困っていると言うと、深石は考えこむ表情になった。

「そうか、そんなことが……」

「まったくの私事なのに、聞いてくださってありがとうございます」

「いや、まったくの私事というわけでもないな。その男と再会したのは、就業時間中だろう？しかも私と外出して、別行動をとった直後だ」

「それは、たしかにそうですけど……」

「いまのところ電話とメールだけなんだな？」

「はい」

「名刺を取られたのなら勤務先を知られているわけか。いま以上にしつこくされたり待ち伏せされたりしたら、必ず私に連絡しなさい。なんなら警察に通報してもいい」

「け、警察？」

そんな大事《おおごと》なのか、と驚くと、深石の方が怪訝《けげん》そうな顔になった。

「松守商事時代の関わり方といい、今回のことといい、その寺西という男は君にやや異常な執着があるように思える」

「僕に、異常な執着？　そう…なんでしょうか。でも、どうして僕に……？」

意味がわからない。ふるふると首を左右に振った葵を、深石が胡乱《うろん》な目で見てきた。

「君は、すでに伊崎というやや異常な男に粘着質な愛情を向けられているくせに、そういう傾向がある人間を引き付けてしまうという自覚がないのか」

「惣真さんは、異常じゃないです」

酷《ひど》いです、と恋人の名誉のため、上司に抗議をしたが、深石に深々とため息をつかれた。

「とりあえず、なにかあったら躊躇《ためら》うことなく通報しなさい。それほどのことでなくとも、変わったことがあれば私に言いなさい。いいね？」

「わかりました。でもあの、いまのところ、確かに鬱陶《うっとう》しいんですが、なんとなく適当に対応できているので、大丈夫だと思います」

伊崎についてすこしばかり納得できない点はあったが、深石に寺西の件を聞いてもらえただけで、葵はすこし気が楽になった。


無事に海外出張から戻ってきた伊崎は、本社ビルに顔を出すと、ちょうど昼時だったので葵に会えないかと社員食堂へ足を向けた。

来週はいよいよ葵の誕生日で、そのあとすぐにクリスマスだ。金曜日から日曜日まで、またたっぷりと葵を構って英気を養おうと思っていた伊崎は楽しみで仕方がない。きっと葵もおなじ気分だろう、と思っていたのだが、社員食堂で見つけた葵は表情が冴《さ》えなかった。柱の陰で、ひとりぽつんと素《す》うどんをすすっている。どうやら今日は仲の良い秘書室の面々とは食事の時間が合わなかったらしい。寂しさと憂いをたたえた横顔は、とても儚《はかな》く見えた。

伊崎は気になって、葵がいるテーブルに近づいた。

「山田君、ここ、いいかな」

すぐ横の椅子を引くと、びっくりした顔で葵が見上げてきた。約一週間ぶりに見る恋人は、やはりとても可愛らしい。嬉しそうに口元が綻《ほころ》ぶところも、抱きしめたくなるくらいに愛《いと》しかった。

「おかえりなさい」

「ただいま」

小声で囁くように言われ、伊崎もおなじように返す。伊崎が秘書室の人間と親しくしていても周囲の社員たちは不思議に思わないだろうに、葵は警戒している。そのため、社内ではあまり話しかけないようにと葵に頼まれていたのだが、出張帰りなので大目に見てほしい。

「いつ帰ってきたんですか?」

「ついさっきだよ。空港からまっすぐ本社まで戻ってきた。これから報告だ」

「お疲れ様です」

隠れるようににこっと笑った葵は、あまり血色が良いようには見えない。寝不足なのか、メガネの奥の目がしょぼついている。

「体調が悪いのか？」

「えっ……」

葵がギクッとした。「顔色が悪い」と指摘すると、笑顔を消す。やはりなにかあったのだ。葵はなにかを言いかけて口を開いたが、視線を泳がせたあと目を伏せてしまった。

「葵、仕事で失敗でもした？」

「……いえ、していません……」

「じゃあ、ご実家でなにか？」

「いえ、なにも」

「私には話せない？」

「そ、そんなことはないですけど、その……」

葵は箸《はし》を置いた。テーブルの上にある葵の手に触れようとしたとき、「伊崎部長」と背後から声をかけられて手を引っこめた。慌てているように見えない速度で立ち上がり、声から予想していた部下たちの視線から葵を守るようにして立ち位置を調節する。

「お疲れ様です。経営企画部のデスクに寄らないで社食なんて、お腹空いていたんですね。なにを食べていたんです?」

「まだなにも食べていないよ。一緒に並ぼうか」

本社留守番組だった若い社員たち数人を、葵のテーブルから離すように誘導した。彼らは葵に気づくことなく、カウンターに並んだ。ちらりと葵を振り返れば、まだ丼《どんぶり》にうどんが残っているのにトレイを手に立ち上がっている。食事の邪魔をして申し訳なかったな、と心の中で謝った。

昼食のあと、葵にメールを送った。社員食堂でのことを謝り、なにがあったのか教えてもらえないだろうかと文章にしたが、『もうお腹いっぱいになっていたので、大丈夫です。惣真さんはなにを食べたんですか?』と返信されてきて、葵はその件には触れなかった。しつこく訊《たず》ねれば答えてくれるかもしれないが、就業時間中だ。

仕方がないので深石を捕まえられないかと、秘書室があるフロアに行った。運良く、廊下で深石に遭遇した。毎度のことながら深石は伊崎の顔を見ると胡乱な目になる。よほど葵に手を出したことが気に入らないのだろうが遊びのつもりはない。できれば末永く面倒を見て行こうと思っているので、勘弁してもらいたい。

「私は忙しいのだが、なにか用か?」

いやいや付き合ってやるんだぞ、といった口調だったが、伊崎の要望に応《こた》えて廊下の隅に行ってくれた。

「では単刀直入に聞きます。葵になにかありました?」

「なにか、とは?」

「元気がないように見えるんですが」

「……寺西という男のことは、聞いていないのか?」

聞いていない。なにも聞いていない。

伊崎が知らないことを深石が知っているらしいとわかり、少なからずショックだ。

「聞いていません。だれですか、それは」

「……べつに口止めされているわけではないから、君に話してもいいだろう。寺西とは、松守商事にいたとき、山田君を退職に追い込んだ先輩社員だそうだ。その男と、偶然にも街中で再会してしまい、電話とメールが頻繁《ひんぱん》に来るらしい。それで山田君はいささか参っているようだ」

はじめて聞く話に、伊崎が茫然としていると、深石に肩を叩かれた。慰《なぐさ》めているつもりだろうが、目が笑っている……。

「いまのところ電話とメールだけのようだ。いつも内容はたいしたことではなく、ネガティブな言葉は使われていないようだな。適当にあしらっているから大丈夫と山田君が言っていたので、私は静観しているところだ。なにかあったらすぐ私に連絡をするようにと、言ってある」

深石はわずかに胸を反らした。

「そうか、なにも知らなかったのか、君は。私は聞いていたよ」

「…………」

「仕方がない。君は今日、出張から帰ったばかりだろう。山田君は君に余計な心配をかけたくなかったんだろうね。それに、私の方がいつも身近にいるし、直接の上司だ、話しやすかったのだろう。決して君が山田君の信頼を得ていないからではないと思うよ」

「……深石室長、慰めているのか、落ちこませようとしているのか、どっちですか」

「おや、親切にも慰めてあげているのに、素直じゃないな」

そのうち話してもらえるよ、と微笑みながら深石は去っていった。

伊崎はとぼとぼと経営企画室に戻る。もうすこしで会議の時間なので、その準備のために部下たちは出払っていた。久保田が近くにいたので、「なぁ」と話しかける。

「なんですか？」

「恋人が、抱《かか》えているトラブルを打ち明けてくれないことについて、どう思う？」

「はあ？」

久保田がＰＣに向けていた顔を上げた。呆れたまなざしを注がれてしまい、伊崎は両手で頭を抱えたくなった。

「……聞かなかったことにしてくれ」

「いやいや、ばっちり聞こえました。部長、俺以外にそんな弱音を吐かないでくださいよ。伊崎惣真というブランドにキズが付きます」

「そんなブランドはない」

「ありますから」

久保田がデスクに頬杖をついた。

「あれですか、秘書室のあいつのことですか。まあ、そうでしょうね。部長、いくら十歳年下とはいえ、相手は成人した男です。保護者のように干渉《かんしょう》するのはどうかと思いますよ」

まっとうなことを言われてしまった。

「山田はすごく仕事ができる奴じゃないですか。直接、話したことはないですけど、頭が良いんでしょう？　あいつの資料は完璧です。解決できなくて手に負えなくなったら、自分で判断して、部長に相談を持ちかけてくるんじゃないですか。ここは大人の対応でもって、見守ってあげたら格好良いと思いますけど」

正論だ。久保田はまともなことを言ってくれた。だが葵にちょっかいをかけているのは、松守商事にいたころの先輩社員だ。あの葵を退職に追いこんだ男なのだ。どんなメールが届いているのだろうか。電話でなにを言われているのだろうか。

葵から直接、話を聞きたい。ものすごく心配だ。

（でも……）

久保田の言葉がずしりと重く感じられる。葵はこんどの誕生日で二十六歳になる、立派な成人男性だ。本人が話したがらないことを無理やり聞き出し、伊崎があれこれと口を出すのはいかがなものか。葵が伊崎の存在を鬱陶しがるかもしれない。

伊崎は自分が束縛《そくばく》体質であることを自覚している。葵はかなり柔軟《じゅうなん》に受け止めてくれているが、あまり干渉するのは良くないだろう。

（ここはひとつ、久保田の案を採用して、見守ろうか……）

葵が打ち明けてくれるまで待とう、と決めた。

「部長、準備が整いました」

部下が呼びに来たので、伊崎は会議室に移動した。


携帯電話が鳴ると、深い深いため息が出るようになってしまった。

壁際の文机《ふづくえ》の上で、携帯電話が軽快な電子音を発している。葵は持っていた紅茶のカップを文机に置き、そっと携帯電話を手に取る。予想通り、電話をかけてきているのは寺西だった。

できれば無視したい。けれど昨日の電話は無視をしたので、今日は出た方がいいだろう。

話の内容は、本当にたいしたことではない。日常の雑談の域を出ることはなく、最後にかならず飲みの誘いを付け足してくる。毎日送られてくるメールも同様だ。

だがときどき、「おや？」と思うような発言が混ざることがある。葵が住むアパートの近所に新しいコンビニが出来たとか、最寄り駅の前にある居酒屋の新メニューに興味があるだとか、この周辺に来たことがなければ知り得ないような細かな情報を口にするのだ。

それに気づいたとき、葵はゾッとした。寺西は葵の現住所を知っているかもしれない――。勤務先を知られているのだから、帰宅するところを尾行されたら一発でわかるだろう。葵は尾行を警戒してなどいなかったから、背後を振り返ることなどなかった。飲みの誘いを断られ続けたとしても、普通はそこまでするだろうか？　寺西は葵とどういう交友関係を築きたいのだろうか。住まいを知られているとしたら、寺西からの電話とメールを完全に無視すると一体どうなるのか――。考えると、少し怖い。アパートまで来られても拒むだけだが、近隣住民の迷惑にはなりたくなかった。

迷った末に仕方なく電話に出ると、『やっと出たな。なにしてたんだ？』と聞かれた。

「すみません……すこし離れたところにいたので」

『夜になったら俺が電話をかけてくるってわかってんだから、持ち歩けよ。風呂にでも入ってたのか？』

「はい……」

寺西に対して、ちいさな嘘をつくことに慣れてしまった。とりあえず相槌を打っておけば、寺西は機嫌を悪くしない。

『今日さぁ、腹の立つことがあってさ』

いままでの電話とおなじように、寺西は今日の出来事を一方的にしゃべりはじめた。葵は適当に聞き流しながら、楽しいことを考えようとした。こんどの週末はまた伊崎の部屋にお泊まりだ。二十二日の金曜日は自分の誕生日で、日曜日までふたりきり。伊崎はきっとあちらこちらから忘年会やクリスマスパーティーの招待があっただろうが、すべてに顔を出していたら体がもたないから厳選すると言っていた。葵との時間が欲しいから、空けると――。

優しくて思いやりがある恋人のことを考えると、ささくれ立っていた心が癒《いや》されていく。つい先日、社員食堂で伊崎に声をかけられた。たぶん葵に会うために社員食堂まで来てくれたのだろう。嬉しかった。会ってすぐ、顔色が悪いと心配してくれた。自分の方こそ僻地《へきち》への出張で疲れているだろうに、一番に葵の変化に気づいてくれたのだ。

(金曜日、会ったらすぐに寺西先輩のことを話そう。これからどう対応していけばいいか、惣真さんはきっといっしょに考えてくれる。せっかくの誕生日に空気が悪くなるかもしれないけど、もう話してもいいよね。あと一週間足らずで仕事納めだし、惣真さん、そんなに大きな案件は抱えていないよね。僕の相談事、惣真さんを煩わせることには、ならないよね……?)

伊崎とはあれから会えていないが、毎日メールか電話をくれる。愛情がこもった言葉に、葵がどれだけ救われているか。

『おい、こんどの週末はどうだ。また忘年会かなにかがあるか? クリスマス前の二十二日だが……どうせ山田はクリスマスなんかなにも約束はないだろ。彼女はいないって言ってたからな。飲みに行こうぜ。ぼっちのおまえを慰めてやるよ』

寺西こそ「ぼっち」のくせに、なにを言っているのだろうか。そもそも二十二日はダメだ。

「その日は用事があります」

『またか？　本当に用事があるのか？　嘘じゃねぇだろうな』

「本当です。だってその日は僕の誕生日ですから、お祝いに――」

『誕生日？　そうなのか？』

寺西の半分ひっくり返った声に、葵は慌てて片手で口を覆った。だがもう遅い。うっかりしゃべってしまった。

『なんだよ、それならそうと言ってくれればいいのに。何歳になるんだ？　俺より四つ下だから二十六歳か？　へぇ、二十六かぁ。見えないな。まだ新卒でも通るんじゃねぇの？』

「あの……」

『よし、俺が祝ってやる。そっちの先約なんて、どうせたいしたことはないだろ。しょぼい友達としょぼい誕生日会なんてやっても楽しくないって。俺が盛大に祝ってやるよ。なんなら飯を奢《おご》ってやってもいい』

「いえ、あの……」

『いまから店を探すとなると限定されてくるな……。まあ、俺に任せておけ。二十二日は空けておけよ。先約なんか断っちまえ。俺がおまえを楽しませてやる』

すっかりその気になっている寺西は、具体的に店の名前をあげはじめた。いきなりテンションを爆上げした寺西に、葵は青くなる。

「待って、待ってください。僕は、その日、もう約束があるんです。寺西先輩のお誘いはありがたいですが、行けません」

『俺がそっちは断れって言ってんだよ』

「断れません。というか、断りたくないです。僕の大切な日なんです。大好きな人といっしょに過ごしたいんです」

『大好きな人？　おい、彼女はいないって言ったじゃないか。じつはいるのか？　俺に嘘をついたのか？』

「……付き合っている人は、います。だから、その人と過ごしたいんです。ごめんなさい！」

『おい、それって――』

まだなにか寺西は言っていたが、葵は通話を切ってしまった。すぐに寺西から電話がかかってきたが、もう応じる気はない。大量のメールが送られてきても構わない。こんどの週末は、伊崎と過ごしたいのだ。生まれてはじめてできた恋人と、はじめて誕生日を二人きりで過ごせるチャンスを、寺西に邪魔されるのだけは御免《ごめん》だった。

自宅アパートが寺西に知られているとしても、伊崎のマンションは知られていないはずだ。寺西との会話に伊崎の名前が出てきたことは一度もない。二十二日はなんとかこっそり会社を出て、伊崎のマンションに直行しよう。そして伊崎の帰りを待ち、寺西のことを相談しよう。

頭の中でシミュレーションをし、落ち着こうと思ってティーカップに手を伸ばしたが、紅茶はすっかり冷めてしまっていた……。

そして金曜日がやってきた。

葵は頑張って定時で仕事を終えた。そうすれば寺西に大寿食品の本社前で待ち伏せされても、出し抜けると思った。寺西も会社勤めだ。自分の仕事を終えてこちらに駆けつけても、五時には来られないだろう。

五時になったとたんに葵が席を立ち、「お先に失礼します」と慌ただしく秘書室の面々に頭を下げても、「お疲れ」と送り出す声がかけられただけで、それ以上の言葉はなにもなかった。ここ数日、葵の様子がおかしかったから皆はそっとしておいてくれていたのだが、そんなことには気づかず、急いで秘書室を出る。

エレベーターで一階まで下り、エントランスロビーを横切り、出入りする他の社員の背中に隠れるようにして外に出た。十二月も半ばを過ぎ、東京にも本格的な冬が来ている。あたたかな社内に比べたらかなり寒い外気にすこし震え、白い息を吐きながらさっと周囲を見渡したが、寺西らしき人影は見当たらない。ホッとしながら、最寄り駅へ向かって歩き出した。

早足で歩いたせいか、いつもより早く駅に着く。改札口を通ろうとした葵の腕をだれかが強く引いた。

「よう、山田」

弾《はじ》かれたように振り返った葵の前にいたのは、寺西だった。笑顔だったが、目が笑っていなかった。

「そんなに急いでどこへ行くんだ?」

「どこ…って……」

「早めに来てみて良かったぜ。危うくすれ違いになるところだった」

読まれていたようだ。こんなことなら深石に頼んで一時間でもいいから早退させてもらえばよかった。

「俺が予約した店まではタクシーで行こう。いまの時間、電車は混むだろ。心配するな、タクシー代は奢りだ。なにせ今日はおまえの誕生日だからな」

そう言って、寺西は葵をタクシー乗り場へと引っ張っていく。連れていかれまいと、必死で足を踏ん張った。

「待ってください。僕は行きません。行かないって、電話で言いましたよね? 何度も、言いましたよ!」

「遠慮するなって」

「遠慮なんかしていません。僕は行きたくないから行かないって言いました!」

「我儘《わがまま》ばっかり言うんじゃねぇよ。俺がこれだけ優しくしてやってるっていうのに」

「手を離してください」

改札口の近くで揉《も》めているスーツ姿の男二人を、通り過ぎていく人たちが不思議そうに見ている。その中にはきっと大寿食品の社員もいるだろう。それが気になって、葵は寺西を突き飛ばすことができない。通りがかりの社員に、いったいなにをしているのかと不審に思われ、好奇心を抱《いだ》かれたら困る。

「お願いです、手を離してください」

「タクシーに乗ってくれたら手を離すさ」

「だから、僕は――」

タクシー乗り場はもう目の前だ。並んでいるタクシーの先頭車が、近づく寺西と葵に気づいたのか、自動で後部座席のドアを開けた。

「山田、こんなところでなにをしているんだ？」

横合いから声をかけられて振り向いた。聞き覚えのない声だった。歩み寄ってきたのは中肉中背のスーツの男で、顔には見覚えがあった。直接、話をしたことはないが、経営企画部の久保田だ。伊崎の部下になる。どうして親しげに声をかけてきたのか、理由はわからないが、助かった。葵もとっさに「久保田さん」と名前を呼ぶ。

「急がないと遅れるぞ。そいつ、だれだ？　知り合い？」

久保田がじろりと寺西を睨んだ。寺西にくらべて久保田の方が少しだけ小柄だし、年も下になるが、なんだか貫禄《かんろく》が違う。寺西は思わず、といった感じで葵の腕を離した。

「今夜の山田は先約があるんだ。悪いな」

久保田は有無を言わさない態度で葵を引き寄せ、寺西に背中を向ける。そのまま葵は久保田についていき、定期券を使って改札口を入った。ちらりと振り返ると、寺西はタクシー乗り場のそばに立ったまま、こちらを見ている。

「振り返るな。このままホームまで行くぞ」

「はい……」

久保田に促《うなが》されて電車のホームへ行く。通勤通学の客で、ホームは混雑していた。その中に紛《まぎ》れこみ、ホームの端の方へと進む。

そういえば、さっき久保田は改札口の方から歩いてきたように見えた。そうだとしたら、外で仕事をしていて、いまから本社に戻るところだったのだろう。申し訳ないことをした。

「あの、久保田さんは、これから社に戻るんですよね？」

「そうだが、別に緊急を要する用事はない。それはそうと、山田、俺のこと知ってるのか？」

「経営企画部の久保田さんでしょう。たしか入社七年目ですよね。僕、全社員の顔と名前を憶えているので」

「へぇーっ、秘書室勤務は伊達《だて》じゃないんだな」

久保田は感嘆したあと、「あのさ」と切り出してきた。

「さっきのやつ、うちの社員じゃないよな。山田とどういう知り合いかしらないが、困ったことがあって、一人で解決できないようなら、だれかに相談しろよ」

「深石室長には、話してあります」

先輩ではあるが初対面なのに上から目線で諭《さと》すようにそう言われ、葵はちょっとムッとしてしまった。

「あの人は、前に勤めていた会社の先輩です。このあいだ偶然会って、それからどうしてかたびたび飲みに誘ってきて……」

「嫌なら断れ」

「断ってます」

「毅然《きぜん》とした態度で断ってるか？」

「はっきりと断っています。いままではそれで良かったんですが、今夜は待ち伏せをされたみたいで……」

「強引にタクシーに乗せられそうになったってことか？　対処できなくて困っているのなら、対策を練れよ。一人でできないのなら、だれかに手伝ってもらえ。待ち伏せなんて、そうとう悪質だぞ」

「悪質？」

「悪質だろう。普通は飲みの誘いを断られたあとに、駅で待ち伏せなんかしない。一刻も早くどうにかした方がいい。深石室長はなんて言っているんだ？　具体的な対策は？」

そういえば、深石には『いま以上にしつこくされたり待ち伏せされたりしたら、必ず私に連絡しなさい。なんなら警察に通報してもいい』と言われていた。だが今夜これから伊崎に話すつもりだし、警察に通報するのは、やはり大袈裟《おおげさ》だとしか思えない。

「室長以外に、今夜これから相談するつもりなので、大丈夫です。信頼できる人です」

久保田がため息をついた。呆れたような空気に、葵は電車が早く来てくれることを願った。

「これから相談するのは、伊崎部長か？　深石室長より先に話すべきだったんじゃないのか」

えっ、と葵は硬直した。どうして久保田の口から伊崎の名前が出るのか。新米秘書の葵と経営企画部長の伊崎とでは、社内メールでの書類関係のやりとり以外、通常は接点がないはずなのに。

（……まさか……知ってる……？）

愕然《がくぜん》と顔を上げると、いまさら「しまった」という顔をした久保田がいた。

「……どうして、伊崎部長が関係あるんですか……」

「いや、まあ、山田と親しくしているって聞いたからさ」

「だれに聞いたんです？」

「……だれでもいいだろ」

「伊崎部長から聞いたんですか？」

他に考えられない。葵と伊崎は関係がバレないように気を配ってきた。社内ではほとんど会わないし、会ったとしても感情が表情に出ないように努力している。

「親しいとだけ、聞いたんですか？」

「それだけだ」

久保田は即答した。それで嘘だとわかる。本当の関係を、久保田は知っているのだ。葵と伊崎が恋人だと、知っている――。あまりの衝撃に、葵はくらりと眩暈《めまい》を覚えた。慌てて久保田が支えてくれたが、葵はその手を振り払った。

（……信じられない……内緒なのに……二人だけの……）

伊崎がしゃべった。それも会社の部下に。これは裏切り行為だ。葵は猛烈に腹が立ってきた。いますぐにでも伊崎に文句を言ってやりたい。だが伊崎はまだ仕事中か、招待されているクリスマスパーティーに向かっている途中だろう。邪魔をしてはいけないだろうが、一言でいいからなにか言いたい。怒りの衝動《しょうどう》と社会人としての理性が、葵の中で葛藤《かっとう》した。

「……俺に偏見《へんけん》はないぞ……」

久保田は取って付けたようにそう言ったが、なんのフォローにもなっていない。

「おい、山田、俺に知られてショックなのはわかるが、困っていた場面で助けてやったのに、その態度はないだろ」

「……すみません。ありがとうございます」

まったく心がこもっていない言葉だったが、それについて久保田はなにも言わなかった。

自動アナウンスのあと、ホームに電車が滑《すべ》り込んできた。人の波が動く。

「山田、伊崎部長にちゃんと相談しろよ。たぶん余計な心配をかけたくないとか、ごちゃごちゃと考えすぎて言ってないんだろうが、部長は深石室長に聞いて知っているぞ」

「えっ」

人の波に乗って乗車しようとした葵の背中に、久保田がそう投げかけてきた。

「山田が話さないせいで悩んでる。もう十分、余計な心配をかけているから、部長のことを考えるのなら隠し事をするな」

ぐさりと胸に刺さる忠告だった。久保田はそのままホームから動かず、電車に乗った葵を見送ってくれた。

混みあう電車の中で、葵は伊崎のことを考える。たしかにもっと早く伊崎に相談するべきだったのかもしれない。今日会ったら話すつもりだったが、打ち明ける機会は何度もあった。電話でもメールでも良かったのだ。伊崎に配慮したつもりだったが、そうではなかったと久保田に教えられた。

けれど、それと久保田にしゃべってしまったことは別の問題で、裏切られた事実に胸が痛んだ。世の中には同性愛をカミングアウトする人がいるのは知っている。受け入れられなくても、自分を偽《いつわ》りたくない、隠れてこそこそと生活したくない、という気持ちはわかる。それはそれで素晴らしい考え方だし、正直な生き方だ。

でも葵は隠しておきたいと思う。受け入れられなかったときのことを想像しただけで、胃がきゅっと痛くなる。身近な人に敵視され、周囲の人に攻撃されないまでも冷たい目で眺められる辛さを、葵は身に染みて知っている。教えたのは寺西だ。

いまの平和な職場を失いたくない。先輩たちの笑顔が曇ってしまったら、葵はどうすればいいのか。深石には知られているが、みんながみんな、認めてくれるとは限らないのだ。

だから、葵は伊崎と同棲するのを拒んでいる。住所変更の届けを出したら、受理した総務部の社員が気づくかもしれない。そのときは気づかれなくても、一ヵ月後、半年後、一年後はわからない。いつ爆発するかわからない時限爆弾のようなものだ。

葵は途中の駅で電車を降りた。このまま伊崎のマンションに行って、誕生日を祝ってもらう気分にはなれない。仕事の邪魔をしてしまうかもしれないが、電話かメールで真意を問いたかった。コートのポケットから携帯電話を出す。とりあえず、いますこし話せないかどうかメールを打とうとした。ほぼ同時に、携帯電話がブルブルと震える。伊崎からの電話だった。まだなにから問えばいいのか、考えていない。躊躇いながらも「もしもし」と電話に出た。

『葵、いまどこ？』

いつになく焦った感じの声だった。

「……駅です」

どこの駅とは言わなかったが、伊崎も聞かなかった。

『久保田から聞いた。すまない。びっくりしただろう。最初から説明するから、私の部屋で待っていてほしい。今日は君の誕生日だ。帰ったらすぐに食べられるように、料理が作ってあるんだ。ケーキは注文してある。私が帰り際に受け取りに行くことになっていて――』

「どうしてしゃべったんですか」

待てなくて、葵は硬い声で問い質《ただ》した。

「絶対に秘密にしたいって、僕は言いました。惣真さんとのこと、僕はだれにも非難されたくない。大切だから、口出しされたくないから、秘密にしたいんです。それに、会社でウワサになったら、もう、仕事ができなくなります……」

『葵、大丈夫だ。久保田はだれにもしゃべらない。口が堅《かた》い男だから』

「そんなの、信用できません。惣真さんにとって久保田さんは信頼できる部下かもしれませんけど、僕は今日はじめて口をきいたんですよ。ぜんぜん知らない人のことを、そんなふうに思えません」

『それはそうだろうな。葵は久保田を知らない。だが久保田を知っている私は、信頼に足る人物だと知っている。私を信じてくれ。大丈夫だから。そもそも私は久保田にしゃべったわけではないんだ』

「どういうことですか?」

『それを説明したいから、部屋で待っていてほしい』

伊崎は久保田にしゃべっていない？　では久保田はだれから聞いたのか。どこで知ったのか。なにもわからない。混乱してきた。もしかして、もう会社内でウワサになっているのだろうか。まさか深石がしゃべった？　いやでも、そんなこと、あるはずがない。じゃあ、なぜ？

『それよりも、葵、待ち伏せされていたというのは本当か？　尾行されていないだろうな？　人気《ひとけ》のないところには行かないようにしなさい。どこの駅にいるか知らないが、タクシーでマンションまで行ったほうがいい。エントランスの真ん前につけてもらって――』

「今日は自分の部屋に帰ります」

頭がくらくらしてきて、伊崎が緊迫《きんぱく》した声音でなにか言っていたが、葵は通話を切ってしまった。ホームに滑り込んできた電車に乗る。

一人になりたい。ゆっくり考えたい。とりあえず、自分のアパートに帰りたいと思った。


通話が切られてしまい、伊崎は舌打ちした。携帯電話をポケットに入れながら電話をするためにこもっていた会議室から出る。経営企画部に戻ると、待っていた久保田に「どうでした？」と聞かれた。

「どうもこうもない。話を聞こうともしてくれなかった」

「すみません……」

しゅんと肩を落とす久保田に、伊崎は苦笑した。

「おまえだけのせいじゃない」

ついいましがた久保田は、出先から戻る途中、葵が寺西と思われる男と揉めている現場に出くわし、助け舟を出したはいいが伊崎との関係を知っていると葵に悟られてしまった、と報告してくれた。普段はめったに動揺しない久保田がかなり慌てて帰社してきたので、伊崎は嫌な予感がしたのだ。これは仕事上のトラブルではないなと予想していたら、案の定……。

「私が久保田に知られたことを葵に言わなかったのがいけなかった」

電話の様子だと、そうとうショックを受けている。さらに伊崎に対して腹を立ててもいる。今日は葵の誕生日だ。楽しみにしていた葵のために、きちんと祝ってあげて、とろとろに甘やかしてあげようと思っていた。最悪のタイミングで現れてくれた寺西に、伊崎は殺意が湧いてきそうだ。

(いや、寺西が今夜現れたのは偶然じゃないな。今日が葵の誕生日だからだ)

葵は自分のアパートに帰ると言った。伊崎がいるのに、一人きりで誕生日の夜を過ごさせたくない。それに、寺西が久保田の登場くらいで葵を諦《あきら》めるとは思えなかった。

伊崎はぐるりと経営企画部のオフィスを見渡した。ちらほらと部下が残っている。すぐそばには久保田。伊崎の言葉を待っているらしい久保田の頭の先から足の先まで、伊崎はじろじろと眺めた。ごく普通のスーツ姿でまったく遊び心はないが、久保田の実直さが表れている。

「久保田」

「はい」

「私の代わりにサフランフーズ社のクリスマスパーティーに出席してくれ」

「ええっ？」

久保田が思い切り引いた。重要な取引先が主催するパーティーだ。伊崎が出席すると返事をしてある。だが代理が行ったとしても、そのくらいで腹を立てるような器のちいさい会社ではない。

「おまえはいつも私に同行してサフランフーズ社に行っていたから、代理役として適任だ」

「部長に同行していたのは俺だけじゃありませんよ」

久保田は慌てて周囲を見渡したが、思い描いていた同僚の姿がないのでガクリと項垂《うなだ》れる。

「……俺、派手な場所は苦手です。それに、パーティー向きの格好じゃないですよ……」

伊崎は自分のデスクの引き出しから、ネクタイを出した。深みのある赤い地に、緑色の柊《ひいらぎ》の葉が散っているという、クリスマス柄だ。揃いのチーフもある。

「ほら、これを使え」

「えっ、俺がこれを締めるんですか？　嫌ですよ。恥ずかしい。部長だってこれはお蔵入りだって言っていたじゃないですか」

たしかに言った。物はそんなに悪いものではないが、あまりにもクリスマスを主張している。

贈り主は大寿食品の社長夫人なので、ありがたくいただいたのだが、使う場所がなくてどうしたものかと困っていた。

「ペナルティだと思って使え。そしてパーティーに行け。いいな」

「そんな……部長……」

困惑顔の久保田を置いて、伊崎はさっさと帰り支度をしてオフィスを出た。本社ビルの前でタクシーを捕まえる。葵のアパートへ急がせた。


ワンルームの狭い部屋に帰りつき、葵はため息をついた。

のろのろとコートを脱ぎ、そのまま立ち尽くす。頭の中は伊崎のことでいっぱいだ。自宅アパートが近づくにしたがってだんだん冷静になってきた葵は、いま、激しく後悔していた。

伊崎は「説明させてほしい」と電話で言っていた。久保田が知っているのには、なにか理由があるのかもしれない。伊崎がしゃべったわけではないのなら、なんらかの不可抗力でバレたのだろうか。もしそうなら、一方的に葵が責めるのは間違いだ。

「どうしよう……」

伊崎は怒ってしまっただろうか。話も聞かずに、せっかくの誕生日の夜を台無しにするような恋人のことは、もういらないと思ってしまっただろうか。

いや、伊崎はきっとそんなふうには思わない。もしかしたら、いまごろこちらへ向かっているかもしれない。出席する予定だったクリスマスパーティーよりも、葵を優先して――。

「惣真さんなら、あり得そう……」

さすがに業界大手の松守商事でホープと呼ばれていただけあり、伊崎はすべてにおいて要領が良い。そつがないのだ。出席した方がいいパーティーでも、だれかを代理に立て、その理由を相手方に上手く伝えることによって、まったく問題にはならないようにするくらい、簡単にできそうだ。

「いますぐ連絡を取っても、大丈夫かもしれない」

葵は腕に抱えたままだったコートのポケットから携帯電話を出す。着信履歴が残っていた。ポケットの中でぶるぶると震えていたのを無視していたが、やはり伊崎からの電話だった。

無視なんかせずに、出ればよかった――。いま伊崎がどこにいるにしろ、とりあえず謝りたい。頭に血が上っていた。冷静ではなかった。話を聞きたい、せっかく誕生日を祝う用意をしてくれていたのに台無しにしてしまってごめんなさい、と言いたい。

伊崎に電話をかけようとしたときだった。ピンポーンと玄関の呼び出し音が鳴る。古いアパートだ。訪問客は玄関まで来られる。葵は急いで玄関ドアに飛びついた。やはり伊崎は来てくれたのだ。葵のために、パーティーを欠席して。

「惣真さんっ」

訪問者を確認せずに開錠《かいじょう》してドアを開けた葵は、目の前に立つ男を見て凍りつく。寺西だった。暗い表情で葵を見下ろし、外開きのドアに手と足をかけ、閉まらないようにされてしまう。

「ソウマさんって、だれだよ」

寺西の目が据《す》わっている。ゾッと背筋が冷たくなった。

「さっきの男とどこかに行くのかと思ってたら、すぐに別れて自分の家に帰ってきたのはなんでだ？　先約があるとか言ったのは嘘か？」

「う、嘘なんかじゃ……」

「だったらどうして、さっきの男といっしょじゃないんだ。部屋の中にだれかいるのか？」

ずいっとドアの内側に上半身を入れようとした寺西を、葵はとっさに押し返した。

「入ってこないでください、だれもいませんっ」

「だれもいない？　じゃあ、先約ってのはなんだ？　いまからどこかへ出かけるのか？」

「そうです、いまから出かけるんです」

伊崎に連絡を取り、できればすぐにでも会いたいと思っていたのは本当だ。もし伊崎が怒っていなければ、マンションまで行くつもりだった。

「どこへ行くんだ？」

「どこだっていいでしょう。寺西先輩には関係ありません」

「言えよ、どこへ行くんだ！」

語気を荒らげられて、葵は身を竦めた。睨み下ろされて、怯《おび》えが視線を下げさせる。それでも精一杯の気力をふりしぼって抗《あらが》った。

「僕の、誕生日を祝ってくれるという人が、いるんです。いまから、その人に会いに行きます」

「それはさっきの男じゃないんだな」

「違います。あれは会社の人です。僕が困っていたから助けてくれただけです」

「いまから会いに行くのはだれだ？」

「会社の人です」

「女か？」

「違います」

「男なのか。どういうやつだ」

「だから、寺西先輩には関係ありません。もう帰ってください。迷惑です！」

泣きそうになりながらも言い放った。足が細かく震えている。寒さのせいではない。ドアノブから手を離さないようにしているが、それも力が入らなくなってきて、そろそろ限界だった。

「お願いですから、もう帰ってください。僕に構わないでください。脅迫《きょうはく》じみた誘いも、もうやめてください。僕は以前のことを水に流して、あなたと仲良くすることはできません」

「……どうしてだ？　おまえが松守を辞めてから、もう三年近くもたっているじゃないか」

本当に意味がわからない、といった表情になって、寺西が訊《たず》ねてくる。

「正確には二年と九ヵ月です。あなたにとっては『三年近くもたっているのに』という認識かもしれませんが、僕にとっては『まだ二年九ヵ月』です。松守を辞めてから大寿に再就職するまで、一年かかりました。ずっと自宅で療養していたんです。もう一度、社会に出て頑張ってみようと思えるまで、一年もかかったんです」

「一年も……？」

寺西は驚いたように体を引き、玄関ドアにかけていた手を離した。

「いま、僕は大寿でなんとかうまくやっていけています。職場の先輩たちはみんな優しくて温かくて、僕が知らないことや出来ないことがあったとしても、いちいちあげつらって笑いものにする人なんていません。松守にいたときのことは、もう思い出したくないんです。とても辛かったから」

寺西はなにかを言いかけたが、口を閉じて目を伏せた。

「僕は、寺西先輩と友達のように付き合うことはできません。誘われても、出かける気はありません。もう、電話もメールもしてこないでほしいんです」

「そんな……」

寺西がふたたび玄関ドアに手をかけたときだった。コツコツとアパートの外階段を上がってくる靴音《くつおと》が聞こえてきた。靴音の主《ぬし》は階段を上がりきり、男だとわかる長身の人影となって、剝《む》き出しの通路を角部屋のこちらに向かって歩いてくる。

通路は薄暗くて顔は影になっていたが、葵が伊崎のシルエットを見間違えるはずがない。通路の蛍光灯《けいこうとう》の下に来たとき、顔がはっきりとわかった。

「えっ、伊崎さん?」

寺西の戸惑いが伝わってくる。伊崎はまっすぐ歩いてくると、寺西と葵の二人が視界に入る位置で足を止めた。じっと寺西を睨む伊崎は、凄《すご》みのある威圧感《いあつかん》を放っている。気圧《けお》されたように、寺西が一歩二歩と下がった。

そんな寺西から視線を逸らすことなく、「葵、客か?」と聞いてくる。ここまで来てくれた嬉しさで目が潤みそうになるのを我慢しながら、「違います」と首を横に振った。

「松守商事にいたときの先輩ですけど、僕は用事がないので、もう帰ってもらおうとしていたところです」

「そうか。君、葵がそう言っているのだから、帰りなさい。二人の揉めている声が、前の道まで聞こえていたぞ」

「え……伊崎さん……ですよね。どうしてこんなところに……?」

「君に答える義理はないな」

伊崎はひょいと肩を竦め、堂々と玄関に入ってきた。

一拍置いて、「そうか、大寿食品って……」と寺西が呟いたのが聞こえる。葵の再就職先が大寿食品と知り、寺西は「最近どこかで聞いたような」と言っていた。松守商事内の有名人だった伊崎の転職先として耳にしたのを、いま思い出したのだろう。

寺西の視線を遮るように、伊崎は玄関を閉じてしまった。しっかりと施錠《せじょう》してドアガードもかける。狭いたたきで靴を脱ぎ、あらためて葵に向き直ると、ホッとしたように息をついた。

「葵……私は間に合ったようだな」

なにに間に合ったのか、いく通りもの意味に取ることができる。

「抱きしめてもいいか？」

「惣真さんっ」

葵の方から抱きついた。すぐに逞《たくま》しい腕が背中に回されて、ぎゅっと抱きすくめられる。スーツの胸元に顔を押しつけて、葵は胸いっぱいに愛しい人の匂《にお》いを吸った。それだけで泣きそうになるほど胸が震える。

「ごめんなさい、話も聞かずに勝手に怒って帰ってしまって。いま惣真さんに連絡を取って、会って謝りたいって言おうと思っていたところです」

「私の方こそ悪かった。久保田に知られたと、あらかじめ君に話しておくべきだった。さぞびっくりしただろう」

すまない、と背中を撫《な》でられ、髪にキスをされて、葵はさらにしがみついた。来てくれた伊崎をもっと実感したくて、ぐいぐいと額を固い胸に押しつける。優しい恋人がフッと笑ったのがわかった。

「葵、座って話をしようか」

伊崎に促され、六畳間に移動した。伊崎がここに来たのは、これで二度目になる。会うときはいつも伊崎のマンションだった。建物が古くて安普請《やすぶしん》のため防音がまったく期待できないうえ、風呂もトイレも狭くて、長身の伊崎には使いづらいからだ。

「あの、お茶を淹《い》れます」

「いや、いまはとにかく話をしよう。座って」

ベッドもテーブルもないので、二人は擦《す》り切れた畳《たたみ》に向かい合って座った。

「まず、久保田の件を釈明《しゃくめい》させてくれ。知られたのはつい最近だ。私が南米から帰ってすぐ、平日の夜に食事をしたことを覚えているか？　和食の店だった」

「はい、覚えています」

「私も葵もほどよく酔っていた。調子に乗った私が君を路地に引っ張りこんでキスをした。それを、久保田に見られていたんだ」

「えっ……」

まさか、そんなバレ方だったとは――。

「たしかあのとき、わざわざ会社から離れた店に行きましたよね？」

「そうだ。知り合いなどだれもいないだろうと油断していた私が悪い。偶然にも久保田に見られていた。翌日、私はすぐに久保田に口止めをしたが、彼は他人のゴシップにまったく興味がない性質でね。言いふらすことなど考えてもいなかった。それどころか、私が立場を利用して葵に無理強《じ》いをしていないかと気にしていた」

「久保田さんが、そんなことを……」

言われてみれば、久保田は実直そうな男だった。伊崎のことを上司として尊敬している感じだったし、葵に対してのアドバイスは真っ当なことばかりで、揶揄《やゆ》めいたことはカケラも口にしなかった。

「久保田は大丈夫だ。だれにも言わない。言う気がないし、私と約束した。約束を違《たが》えるような男ではない。私と久保田を信用してくれ」

「…………わかりました」

葵が頷くと、伊崎は安堵したように笑みをこぼす。その笑みに、葵も笑い返した。

「惣真さんは良い部下を持っていますね」

「ありがとう。そう言ってもらえるとうれしいよ。それで、さっきの男のことだが……」

笑みを完全に消した険《けわ》しい表情を向けられ、葵は背筋を正した。そうだ、こっちの問題も話さなければならなかった。

「あの男が、松守を退社した原因だな?」

伊崎が玄関の方を見る。距離にしてほんの数メートルの玄関ドアの向こうに、まだ寺西がいるかのように伊崎が睨んだので、葵もつられて振り向いたが、しっかりと施錠されたドアがあるだけだ。寺西はさすがに諦めて、もう帰っただろう。

「いつからつきまとわれていたんだ？」

「あの、一番に相談しなくてすみませんでした……」

「一番だろうと二番だろうと構わないが、困っていることがあったなら早く打ち明けて欲しかった」

「はい、久保田さんから惣真さんが心配していると聞いて、すごく反省しました。でも、今夜話すつもりだったんです。そうしたら、駅で待ち伏せされて……」

「あいつになにをされたか、順を追って話してくれないか」

伊崎に言われて、葵は携帯電話に残っている着信履歴とメールを見せながら、再会したときのことから話した。一通り聞いた伊崎は、ため息をついて眉間に皺を寄せる。

「自分が葵を追いつめて辞めさせたくせに、よくも図々《ずうずう》しくコンタクトを取れたものだ。あいつの思考回路はどうなっているんだ」

「さあ……僕にはわかりません……」

「とにかく、あの男のことは週明けにでも対処しよう。私も退社してしまったとはいえ、松守にはまだパイプがある。あの男の上司に連絡を取って話をつけてもいいし、ストーカー被害を受けたとして警察に届けを出す方法もある」

「ス、ストーカー…ですか？」

びっくりしすぎて声が裏返った。

「完全にストーカーだろう。執拗《しつよう》に電話とメールをしてきて飲みに誘い、なかなか応じないと脅しのような文言《もんごん》をつきつけている。葵はそれを迷惑だと思い、ときには恐怖も感じた。自宅を教えていないのに来たということは、なんらかの手段で調べたか、尾行したんだろう。葵の許可を得ずに。これがストーカー行為でなくてなんなんだ？」

そう言われればそうかもしれない。だがストーカーなんて、いままでテレビのニュースやドラマでしか見聞きしていなかった。まさか自分の身に起こるなんて、想像もしていなかったのだから、ピンとこなくても仕方がないと思う。

「で、でも、警察に届けても、まともに取り合ってくれるんですか？　僕は男だし……そんな大事にしなくても」

「きちんと弁護士を雇って同行してもらえば、警察は無視できない。接近禁止命令を出してもらったうえで、慰謝料《いしゃりょう》の請求《せいきゅう》をし、二度と葵に近づかないとあいつに誓《ちか》ってもらわなければ、私の気が済まない」

弁護士、接近禁止命令、慰謝料——という言葉に、葵は啞然とした。寺西がそんな一般的ではない言葉にあてはまるほどの罪《つみ》を犯したとは思えなかったからだ。

「そんな……大袈裟じゃないですか？」

葵、と名前を呼ばれながら、腕を引かれた。素直に体を倒し、伊崎の胸におさまる。きつく抱きしめられて、伊崎がとても寺西を気にしているのが伝わってきた。

「私がもし今夜ここに駆けつけなかったら、君はどうなっていたかわからないんだぞ。あいつがどういうつもりで葵につきまとっていたのか真意はわからないが、言うことを聞かない君に腹を立てて、暴力を振るうことだってあり得た。大切な君を傷つけられて、私がなにも感じないとでも？」

「惣真さん……」

そっと頬にキスをされて、葵は目を閉じる。

「君はもうじゅうぶん、あいつに傷つけられている。松守にいたときはとても深く。再会してからはすこしずつ。私や深石室長がすぐに気づくほど、君は様子がおかしかった。自覚しなさい。自分の傷を見て見ぬふりをするのはときには必要だが、あいつに理由なく傷つけられて悩み悲しみ落ちこみ、辛い思いをした自分を、労《いた》わることも大切だ。君は寺西に怒っていいんだよ。どうしてこんなことをするのかと反撃してもいいんだ。わかるね？」

「……はい……」

反撃できるかどうかは別として、寺西の件で伊崎もひどく傷ついたことは理解した。

「葵、君は私を生まれてはじめてできた恋人だと言ったな」

「そうです」

「私にとって、君ははじめての恋人ではない。だが、おそらく最後の恋人になる。大切にしたいんだ。だれにも君を傷つけさせたくない」

「惣真さん」

最後の恋人――。素晴らしい響きの言葉を捧《ささ》げられ、葵は目を潤ませて伊崎を見つめた。

葵にとっても、伊崎はきっと最後の恋人だ。不器用な葵は、もし将来――考えたくもないけれど――伊崎と破局したとしても、そう簡単には別の人を好きにはなれないだろう。死ぬまで伊崎を想い続けるにちがいない。

「あいつのことは、私に一任してくれるか」

「どうするんですか？」

「呼び出して、まず話し合いをする。あいつの上司にも連絡を取る。必要ならば親にも。じっくりと話をしてわかってもらえれば、警察には届けない。わかってもらえなかった場合、あらためて被害届を出すことを検討《けんとう》する。弁護士が必要なら、私のツテで探す。いいか？」

「はい、惣真さんに任せます」

伊崎に任せれば、すべてがうまくいくような気がした。自分だけではそこまでできない。久保田は、「手に負えないなら負えないと素直に白旗をあげて、早期解決のために人の助けを借りることができるのも、大人だろう」と言った。その通りだと思う。

「葵、これからも、なにかあったら――些細《ささい》なことでも、私に報告してくれないか。私が知らないところで葵が困っていることを、あとになってから知らされるのは嫌だ。私が一番でなくてもいいんだ。二番でも三番でもいいから、できるだけ早く教えてくれ」

「はい、これからはそうします」

「約束だ」

「約束します」

「ありがとう。嬉しいよ」

もう一度ギュッと抱きしめられて、葵はうっとりと目を閉じる。耳元に唇を押しあてられた。チュッと音を立ててキスをされ、そこが熱くなる。伊崎のキスはそれから葵の顔中をめぐり、唇をそっと食《は》まれて気持ち良さに陶然とした。

「葵、口を開けて」

言われた通りにすると肉厚の舌が入ってきた。葵の薄い舌を探り、舐《な》めて、絡めて、唾液《だえき》が溢《あふ》れる。伊崎のくちづけが大好きな葵は、夢中になって吸いついた。体がじんじんと熱くなってきて頭がぼうっとするまでキスをしていたら、いつの間にか畳に押し倒されていた。上になっている伊崎の後ろに、天井《てんじょう》の木目が見えている。伊崎の瞳が、はっきりと欲情していた。

「このまま、いいか?」

すこし掠《かす》れた声で問われ、葵は逡巡した。まだ風呂に入っていないし、このアパートは壁が薄すぎる。特に騒がしくしていないのに生活音が聞こえてしまうレベルだ。セックスしたら絶対に気づかれる。葵は自分が声を出さないでいられる自信がなかった。

かといって、昂《たかぶ》ってしまった体は伊崎を求めている。そもそも今夜から日曜日まで、伊崎と爛《ただ》れた時間を過ごすつもりでいたのだ。寺西と駅で会うまで、心身ともにすっかりその気になっていた。

いまさら場所を移して——なんて、待てない。

「大丈夫、静かにすれば、隣にも下の部屋にも聞こえないよ」

いや、たぶん聞こえる。けれど、いましたい気持ちは止まらない。

「静かにするから。ね？」

甘い声でそそのかされるように囁かれ、葵は頷いてしまった。

布団はどこだと聞かれて押し入れの中だと答えたら、伊崎はサッと立ち上がって速攻で布団を出して広げた。それでも躊躇してグズグズしている葵のスーツを、伊崎が性急に脱がせていく。二人ともに一糸まとわぬ姿になるまで、ほんの一分くらいだっただろうか。

伊崎の性器はもう勃起していた。男らしく隆々《りゅうりゅう》と天を向き、反り返っている。ちらりと見ただけで、葵はカーッと顔が熱くなった。もちろん葵も勃っている。

敷いた布団に組み敷かれ、葵は蛍光灯の眩しさに目を細めた。

「惣真さん、電気を消し忘れていました」

「このままでいい」

「えっ？」

そんなことを言われたのははじめてで唖然としていると、またキスをされた。頭を抱きかかえるようにされながら、濃厚なキスをする。しだいに頭に霞《かすみ》がかかったようになって四肢《しし》に力が入らなくなってくるが、それでも煌々《こうこう》と明かりがついているのは気になった。目を閉じても、まぶたの薄い肉を通して明るいのだ。

いつものように薄暗くしてほしい。伊崎は逞しくて鑑賞に堪《た》えうる肉体美の持ち主だが、葵はちがう。筋肉があまりついていないなくて骨が細くて、とにかく貧弱なのだ。それに葵の恥ずかしい反応がすべて見られてしまう。

「惣真さん、お願いです。電気を……」

「そんなに気になるか？　たまには葵の体を明るいところでじっくり見たいのだが」

思いがけないセリフに絶句した葵に、伊崎はさらにはじめての提案をしてきた。周囲に脱ぎ散らかした服の中から、自分のネクタイを引っ張り出し、

「目隠しをしてみようか。明るさを感じなければ、たぶん気にならなくなるよ」

とサラリと言ったのだ。

「えっ？　えっ？　惣真さん？」

伊崎はおろおろとしている葵の目をネクタイで覆い、後頭部でぎゅっと縛《しば》ってしまう。視界は真っ暗になった。けれど暗くなったのは葵だけで、伊崎は見えている。すぐに取ろうとした葵の手を、伊崎が摑んで布団に押さえつけてきた。

「惣真さん、嫌です、こんなこと」

「私が怖い？　こんな変態じみた行為は鳥肌が立つくらい生理的に嫌？」

「……それほどでは、ないですけど……」

ネクタイで目隠しをされたくらいで伊崎を嫌いになるわけがないし、変態行為とまでは思わない。生理的に嫌というほどでもない。現に、その気になっている葵の性器は萎えていなかった。

「だったら、もうすこしこの状態で試してみよう。どうしても嫌だったら言ってくれ」

言葉が終わると同時に、性器をやんわりと握られた。「あっ…」と驚きの声がこぼれる。視界がきかないから、伊崎の動きがすべて不意打ちになるのだと気づいた。

「あ、んっ」

胸に柔らかな感触のものが押し当てられる。キスされているのだ。伊崎の唇は葵の乳首を食み、ねっとりと舌で嬲《なぶ》り、もう片方を空いている手で弄《いじ》ってくる。すっかりそこで感じるようにされている体は、びくびくと跳ねた。大きな手で股間を弄ぶように揉まれると、もうたまらない。たちまち射精感がこみあげてきて、葵は喘いだ。

「ま、待って、そんなに、しないで、もう……っ」

「まだだよ」

きゅっと性器の根元を指で圧迫された。甘い痛みに呻く葵の体を、伊崎がひっくり返す。腰を高く上げるようにされて、なにをされるのかわからなくて戸惑っているうちに尻の谷間に指がかかった。

「あっ、嫌ですっ」

這って逃げようとしても性器を鷲摑みされていて動けない。真っ暗闇の中でもがいているうちに、そこにぬるりとしたものが触れた。伊崎の舌だ。舐められている。

「ああっ、あっ、やめ、やめてくださ……っ」

がくっと全身から力が抜ける。気持ちが良過ぎてわけがわからなくなってしまう。

そこを舐められるのははじめてではない。けれどこんなに明るい中でされるのははじめてのはず。見られていると思うと、さらに体が熱くなった。唾液のぬめりをまとった指が、ぬくっと入ってきた。

「惣、真さ…っ、やあっ」

「痛いか？」

痛いわけではないから首を横に振った。するともっと奥までずるっと挿入されてしまう。反射的にきゅっとそこを締めてしまい、指の形が鮮明にわかる。「ああっ」と嬌声《きょうせい》がこぼれた。

「葵、静かに」

ハッとして口を閉じるが、窄《すぼ》まりを出入りする指は、そこで異物を受け入れることに慣れてしまった葵を乱れさせた。ぐっと奥歯を嚙んで声が出てしまわないように我慢したが、いつも伊崎の部屋で思うままに喘ぎながら抱かれていたのだ。指が二本に増えた段階で、もう耐えられなくなっていた。

「ああ、ああっ、惣真さんっ、あんっ、いく、もう、いっちゃ……」

「気持ちいいかい？」

「いい、いいです、あうっ」

「ほら、指が増えた。何本かわかるか？」

「さ、三本、です」

「そう。良い子だ」

ぐりっと三本の指で肉襞《にくひだ》をかき混ぜられて、葵はのぼりつめた。性器を伊崎に握られているのに、それでも尻を振りながら絶頂に達する。堰《せ》き止められた体液が逆流する感覚に、葵は頭が真っ白になるほどの快楽を味わった。

朦朧《もうろう》としているところを、後ろから伊崎の屹立《きつりつ》で貫かれた。押し出されるようにして性器の先端からだらだらと精液がこぼれ出ていく。

「あ……あ……あ……」

小刻みに震えている葵を、伊崎が背中から抱きしめてくれた。ぴったりとくっついたまま、繋がった腰を回される。ぬるい快感に、葵はまた喘いだ。ときおり酷く感じる場所を抉《えぐ》るように動かれて、葵はすすり泣いた。滲《にじ》む涙はネクタイに染みこむ。

「ああ、素晴らしい……。葵、とてもいいよ……」

「んっ、ん、あうっ、うっ、あ……！」

ふたたび勃起した葵の性器を、伊崎が優しく扱いてくれる。一度達して敏感になっている性器を弄られ、葵は泣きながら暗闇の中でもがいた。

「葵、君は私のものだ……」

「ひあっ」

繋がったままぐるりと仰向《あおむ》けにされた。両足を大きく広げられ、伊崎に激しく揺さぶられる。体内で暴れまわるものが、いつもより大きくて太いような気がした。粘膜が限界まで拡げられ、擦られ、熱くて良くてたまらない。

「ああっ、あっ、惣真さっ、いい、いいですっ」

「どんなふうにいいのか、言ってごらん」

「おっきくて、お腹、いっぱいで、いい……っ」

「くっ……」

急に動きを止めた伊崎が、はあっとひとつ息をついて、「参ったな…」と呟く。どうして動かなくなってしまったのかわからなくて、葵は体内の伊崎をきゅっと締めつけた。早く動きを再開してほしい。もっと気持ち良くしてほしい。

「惣真さぁん……」

ひどく甘えた声が出てしまった。ねだるように尻が蠢《うごめ》いてしまうのは、どうしようもない。

「あん」

繋がっている部分に触れられた。伊崎の指だろうか。なぞるようにして触れていく指に、葵は腰を揺すった。そんな刺激ではもう足らない。激しく突いてほしいのだ。

もう部屋が明るいことなど葵の頭から飛んでいた。痩《や》せた体どころか、繋がっているところまで丸見えで、伊崎に凝視《ぎょうし》されていることなどどうでもいい。続きをしてほしくて、葵は腰をくねらせた。

「すごいな、葵……。中が、吸いつくようだ。もういきそうだ」

「気持ち、いい？　僕の、そこは、いいの？」

「とても気持ちいいよ。ああ、葵……私は君に夢中だ……」

「あっ、ひぃ…！」

ずくっ、と奥を突かれた。ぬるりと引き出され、また抉るように押しこまれる。激しく揺さぶられて、悦楽の頂《いただき》に連れていかれた。

「やだ、こわい…！」

なにかがちがう。どこかちがうところまで飛ばされていきそうで、葵は両手を伸ばした。暗闇の中で縋《すが》るものを求めて、伊崎にしがみつく。止まらない伊崎にもみくちゃにされながら、葵はやはり、いままでとはちがう種類の絶頂に達した。

「ひ……、や……、あーっ、あーっ！」

全身が痙攣《けいれん》したように震えて、意識が半ば飛んでいく。ほぼ同時に腹の奥で弾《はじ》けるものがあった。伊崎が低く呻いて背中を強張らせる。愛する男の体液を受け止めたと知り、その事実に葵はまたちいさな頂に押し上げられていた。

はぁはぁと胸を喘がせて手足を投げだした葵の視界が、暗闇から一転、眩《まぶ》しいほどの光に満ちる。伊崎の手によって外された目隠しのネクタイは、すっかり葵の涙で濡れ、型崩れをしていた。

ぼんやりと伊崎を見上げる。まだ獰猛《どうもう》なオスの目付きをした伊崎が「はじめてドライでいったね」と内緒話のように囁いてきた。意味がわからなくてきょとんとしていたら、まだ繋がったままの後ろを揺すり上げるようにされて「んんっ」と呻かされる。

「こっちだけで、いったんだよ」

嘘だ、と葵は頭を持ち上げて自分の下腹部を見てみた。あれだけの絶頂感があったのに、性器は勃ったままで、先端から少量の白濁《はくだく》がたらりと垂《た》れているだけだった。

「ああ、葵……」

上体を倒してきた伊崎にキスされる。情熱的なくちづけをしているうちに、体内に入ったままだった伊崎のそれが頭をもたげてきた。ふたたび粘膜を限界まで拡げられるのに、そう時間はかからなかった。

「あ、そんな……また……」

ぐっと腰を入れられ、葵は切なく喘ぐ。中に出された体液が、動くたびに粘着質な音をたてて卑猥《ひわい》だった。

「愛してる、葵……」

「僕も、愛してます。惣真さん」

「誕生日、おめでとう」

愛がこもった祝いの言葉とともに責め立てられ、葵は派手な嬌声で応《こた》えるはめになったのだった。


古びた喫茶店の中は、セピア色をしていた。壁や布張りの椅子にはコーヒーの匂いが染みついていて、静かに有線放送のジャズが流れている。カウンターの中では年老いたマスターが一杯ずつ丁寧にコーヒーをドリップしていた。

店内の奥まった席で、伊崎は寺西と向かい合って座った。運ばれてきたブレンドコーヒーは、一口飲まれただけ。緊張した面持《おもも》ちで俯《うつむ》いている寺西を、伊崎は背凭《せもた》れに体重を乗せて眺めた。

「……話って、なんですか」

沈黙に耐えきれなくなったのか、寺西が口火を切った。

「こんな平日の昼間に呼び出して。俺、忙しいんですけど」

「私だって忙しい。だが必要だと思ったので君を呼び出した。わかっているだろうが、山田君の件だ」

葵の名前にピクリと反応し、寺西が膝の上の両手をきつく握《にぎ》ったのが見えた。

「もう彼につきまとわないでくれ。非常に迷惑だ」

「つきまとう、って、そんな、俺は……」

「二度と山田君に近づかないと約束してくれたら、ここだけの話で終わらせてやろう。約束できないようなら、君の上司に連絡を取る」

「上司は、関係ないでしょうっ」

「関係ある。仕事中と思われる時間帯に山田君に私用メールを送ったり電話したり、尾行したりしただろう。上司はおまえのサボりに気づいていなかったんじゃないのか」

「サボっていたわけじゃ……」

ごにょごにょと言葉を濁《にご》し、寺西は目を泳がせている。伊崎はすでに寺西の上司がだれか調べてあった。すぐにでも連絡が取れる。上司に知らせることによって寺西が会社でどんな目に遭うか、伊崎は関知しない。ただただ、葵にはもう関わらないでほしいという気持ちだけがある。

「伊崎さん、俺にそんな強硬な態度でいいんですか?」

引きつったような笑顔で、寺西がこちらの反応を窺《うかが》うような目を向けてきた。

「俺、知ってるんですよ。山田との関係。あんなボロアパートでセックスなんかするもんじゃないですね。外に丸聞こえでしたから。あいつ、あんなおとなしそうな顔して、ずいぶんと好きモノなんですね。すげぇ声。知らなかったな」

ニヤニヤと下品に笑う寺西を、伊崎は眇《すが》めた目で見つめた。

あの夜、寺西がすぐに立ち去らずに玄関の外で耳をそばだてているだろうと、伊崎は予想していた。関係を知られることを葵は避けたかっただろうが、あのときの伊崎は、葵がだれのものなのか寺西に見せつけたかったのだ。

「それで?」

「俺を怒らせると、言いふらすかもしれませんよ。再就職したばかりの会社で、居心地が悪くなるのは嫌でしょう? ヘッドハントまでして入社させた希望の星が、まさかゲイだったなんてね。しかも相手は社員だ。みんなびっくりしますよ、きっと。そんな醜聞《しゅうぶん》、大寿は困るんじゃないんですか」

「なにか証拠はあるのか?」

「えっ……」

寺西がギクリと肩を揺らす。

「私と山田君が特殊《とくしゅ》な関係であるという証拠だ。君が言う、外に筒抜けだったという情事の音声なり映像なりはあるのか？」

　証拠などないのだろう。それも予想通りだ。寺西はまた俯いた。

「私が山田君と親しくしていることは、秘書室の室長が知っている。極秘案件ではない。外部の人間から見たら、二人は部署も違えば年齢も立場も違う。自宅を行き来するほど親しくしていたら、どういう接点があったのかと疑問を抱くだろうが、彼は秘書室勤務だ。私は随分《ずいぶん》と世話になっている。そのお礼にと食事に誘ったことを、山田君は室長に報告している」

　茫然としている寺西に、伊崎は淡々と話をした。

「証拠があるなら別だが、なにもないのなら、そういう報復の仕方はやめておいた方がいい。たとえ私がゲイで、特定の男性と交際していたとしても、悪意を持って言いふらしたりしたら、名誉棄損《きそん》で訴えられても文句は言えないぞ」

　訴えられる、というワードに衝撃を受けたのか、寺西の顔色が青くなった。

　なんの覚悟もなかったというわけだ。伊崎は呆れてため息をつき、ぬるくなったコーヒーを飲んだ。

「もし社内にウワサが流れても私は困らないが、山田君は困るだろう……。あの子は繊細《せんさい》だ。自分にまつわる話が社内で流れていても平然としていられるほどの図太さはない。会社に行くことが苦痛になり、最初は我慢していても、やがて体調を崩すだろう。松守商事を辞めたときのように」

寺西がハッとしたように顔を上げた。

伊崎としては、もしそうなっても葵を支えていくつもりがある。療養期間が必要ならば最適な環境を提供するし、相性の良い医師を探す手助けもする。再々就職を希望したなら、一緒に探すだろう。葵を愛しているからだ。大切に守ってあげたいからだ。

「君は自覚をしているのか？　自分の気持ちを」

「……なんのことですか」

「山田君を好きなんだろう」

一瞬の間を置いたあと、寺西は声をたてて笑った。

「そんなわけないでしょう。なにを言っているんですか。俺は伊崎さんとは違います。ゲイじゃない」

「だったらどうして、しつこく飲みに誘ったり、毎晩電話をかけたりしていたんだ。松守商事にいたときも、君は山田君にさまざまな嫌がらせをしていた。まるで小学生の男の子が好きな女の子にどう接していいかわからなくて、気を引くためにわざと嫌がることをするみたいに」

「違います。俺は違う！」

「いいや、おなじだ。君は自覚がないままに幼稚な恋心に翻弄《ほんろう》されていたわけだ。彼に好かれたかったなら優しく接するべきだった。松守では教育係だったんだろう。丁寧に仕事を教えて、優しく微笑みかけてあげれば、あの子はすぐ君に懐《なつ》いたに違いない。馬鹿なことをしたものだ」

「違う、俺は……」

「これ以上、嫌われないうちに、ストーカー行為はもうやめろ」

ガチャンとテーブル上のコーヒーカップが音をたてて跳ねた。寺西が両手でテーブルを叩いたせいだ。指先が小刻みに震えていた。

「ス、ストーカー……？　俺が？　あんた、マジでなに言ってんの？　俺のどこがストーカーなんだよっ」

「そこも自覚がなかったのか。執拗な電話とメール、尾行、待ち伏せ、どこがストーカーかと君は言ったが、すべての行為がそうだろう。山田君は何度も拒絶したはずだ。けれど君は聞いてはいなかった。山田君の言葉を自分の都合の良いように解釈《かいしゃく》して、松守時代の数々の嫌がらせを一方的に過去のことだと水に流し、強引に交流を続けようとしていた」

「俺は、俺は、だって……」

「山田君にも、自分がストーカー被害にあっていたという自覚はなかった。君のことを大変に困った先輩という程度にしか認識していなかった。だがこれ以上つきまとうなら、私が山田君を説得して、警察に被害届を出させる」

「えっ、ちょっと、待ってくださいよ！」

ガタッと寺西が音をたてて立ち上がる。狼狽《ろうばい》した表情に、伊崎は勝機を見た。寺西は愚《おろ》かな男だが、まだ常軌《じょうき》を逸《いっ》していない。自分の行為に「ストーカー」という名前をつけられ、警察、被害届、名誉棄損、というインパクトのある言葉に、素直に衝撃を受けていた。

「警察に、被害届って、そんな……」

「君がストーカー行為をやめないのなら、仕方がないだろう？」

「でも俺は、ただ山田と、その、飲みに行ったり、話をしたりしたかっただけで……」

「君はその程度の軽い気持ちだったかもしれないが、山田君には相当のストレスになっていた。毎日のように電話で話していたのだろう？　彼の様子がおかしくなっていたことに、君は気づかなかったのか？」

寺西はぐっと言葉に詰まり、泣きそうな顔になった。

「山田君のことを思うなら、もうつきまとうのはやめてくれ。二度と電話とメールをするな」

「でも……」

「自分の今後のこともよく考えろ。仕事を失い、親に迷惑をかけたいか？　警察沙汰《ざた》になるというのは、そういうことだぞ」

寺西が、がくりと肩を落とし、崩れるように椅子に座った。両手で頭を抱えるようにして動かなくなる。呻くような声でなにかを呟いていたが、はっきり聞こえなかった。

テーブルの隅に置かれた伝票を手に取り、伊崎は席を立った。

「もし、山田君に詫《わ》びたくなったら私に連絡をしてほしい。伝言くらいなら引き受けてやる」

それだけ言い置いて、伊崎は喫茶店を出た。

外は雪が降りそうなほど寒かったが、コートを着てきていない。すぐさま広い通りに出てタクシーを拾った。大寿食品本社の場所を告げ、急いでもらう。暖かな車内でホッと息をつき、ポケットから携帯電話を取り出した。

仕事中だろうが、葵にメールをする。今日この時間に寺西と話をすることは伝えてあった。無事に話し合いは終わったことを報告する。寺西はたぶんわかってくれたと思う、とも。

自分たちの関係が寺西に知られた件については、わざわざ葵の耳に入れることはない。おそらく寺西はもう接触してこないだろう。言いふらすこともしないと思う。まだ常識を持ち合わせる段階に留まっていた。生活の基盤を揺るがすほどの大事にはしたくないと思うはず。

（まあ、もし私と葵の関係をなんらかの手段で広めるような行為に出たとしたら、容赦《ようしゃ》しない）

寺西を社会的に再起不能にするくらいの報復措置《そち》を取らせてもらう。葵を傷つける者は許さない。葵が望むなら、伊崎はなんでもするつもりだ。どんどん出世して、大寿食品の社長に就任してほしい、と言われたなら、伊崎はやり遂《と》げるだろう。たぶん葵はそんなことは望んでいないだろうが。

（日常のささやかな幸せだけを願うような子だからな……）

葵の照れた笑顔を思い浮かべるだけで、心が落ち着く。

葵は伊崎の癒しなのだ。彼の癒し効果を知ってしまったからには、もう手放せない。できれば、仕事で疲れて帰宅したときに葵の笑顔を見たい。「おかえりなさい」と出迎えてもらいたい。

だから同棲したいと再三にわたって申し出ているのだが、葵には高すぎるハードルのようだ。たしかにいくつか問題がある。葵の両親と、会社関係だ。

会社は、深石という味方がいるので、なんとかごまかせるのではないかと思う。

（深石室長は私のことは嫌いらしいが、葵を溺愛《できあい》しているからな）

ほとんど息子のように可愛がっている。さしずめ伊崎は大切な息子についた害虫なのだろう。

難しいのは葵の両親だ。一人息子を、まっすぐ素直で真面目な子に育てた人。息子がゲイだと知ったら、どうするだろうか。

葵の実家は都内と聞いている。近いうえに定期的に連絡を取り合っているので、突然、アパートを訪ねてくるようなことは、いままでなかったらしい。こっそりと引き払ってしまってもバレないのではないかと踏んでいる。だが、葵はバレなければなにをしてもいいとは思っていない。正直すぎる性格は、ときとして融通《ゆうずう》がきかないのだ。

かといって、葵が親を欺《あざむ》いても平気な性格だったなら、伊崎がこれほどまでに愛したかどうか微妙だ。

一日でもはやく同棲したい気持ちがあるが、伊崎は急がないことにした。じわじわと攻めていく作戦に変更した。

とりあえず、週末はできるだけいっしょに過ごし、べたべたに甘やかす。幸いなことに、葵は過干渉《かかんしょう》と過保護に免疫《めんえき》があり、許容量がかなり大きい。一人っ子という育ちのせいかもしれない。そして伊崎は、本気の恋人ができるとそれが趣味になってしまうくらいに、過保護になる性質だ。過去にそれで何度も振られている。伊崎の干渉が鬱陶しくなるのだ。

その点、伊崎と葵は相性が良かった。どれだけ過保護にしても葵は受け入れてくれるし、むしろ愛されていると実感できるようで、喜んでくれる。今回のことも、伊崎に任せてくれた。

いつか――いつか葵が伊崎と同棲したいと思ってくれるようになるまで、待つのだ。そのとき、親にカミングアウトするつもりならば応援するし、一生隠し通すと決めたのなら、伊崎もその通りにする。それが、伊崎の愛情の示し方だ。

手に持ったままだった携帯電話がブルブルと震えた。葵からメールの返信だ。

『ありがとうございます。安心しました。惣真さんはやっぱり頼りになります。お礼に、今度は僕が奢ります！』

こちらの報告から返信までにタイムラグがあったのは、きっと私用メールなので秘書室から出てトイレにでも駆けこんだのだろう。その光景を容易に思い描くことができて、伊崎は笑みを漏らした。

『では、さっそく今夜の食事は、葵にご馳走《ちそう》になろうかな？』

そう送ると、すぐに『僕が店を探します』と返ってきた。張り切って店を検索する葵を横で見たいが、そんな暇《ひま》はないし、深石が許さない。

(今夜もお持ち帰りしたいな)

ふふふ、と含み笑いをして、伊崎は携帯電話をポケットに戻した。

今後、可能な限り、葵を自宅マンションに連れこむ。そして伊崎といる方が幸せだと思わせ、一人暮らしは寂しいと感じるようにもっていくのだ。週末ごとに二人きりの甘い時間を持ち、平日の夜もチャンスがあれば抱き合って眠る。

二人でいることの方が自然だと思うようになるまで、どれくらいの時間がかかるだろうか。

半年か、一年か、二年か——。

(気長に待つさ。人生は長い)

最後の恋人になる、と葵に告げた言葉は、本心だ。まだ二十六歳の葵にとっては重いかもしれないが、伊崎はそのつもりだった。いままで、そんな風に思える相手はいなかった。葵がはじめてだ。

(この俺が、まさか老後のことまで考える日が来るなんてな)

ぼんやりと思い描いているのは、老境にさしかかった二人が、海が見える小さな家でひっそりと暮らしている光景だ。もちろん具体的なプランなどまだない。けれど十歳も年上の自分が生涯のパートナーになった恋人になにを遺《のこ》してやれるのか、ときどきふと考える。

(まだ早いか……)

苦笑いをしながら後方へと流れていく外の景色を眺めた。

ある意味、気の毒な寺西のことは、もう考えないようにした。ひとつ間違えていれば、伊崎も寺西のようになっていたかもしれなかったのだ。大寿での初対面時、伊崎は大失敗をした。葵を名前だけで女性だと思いこんでいたのだ。おまけに松守時代に会っていたことも忘れていた。

伊崎は猛省して、葵と真摯《しんし》に向き合った。だから許されたのだ。やがて、彼の優しさ、控えめながら魅力的な笑顔、無垢《むく》な心に触れ、惹《ひ》かれていった。伊崎のために葵が自分の身すら投げ出そうとしていたことを知ったとき、もうダメだと思った。愛情のメーターが振り切れて、葵しか目に入らなくなった。

（年末年始の休みは、また葵をたっぷりと可愛がってやろう）

ニヤけてしまう口元を隠すために手で覆いながら、絶対に楽しくなるだろう年末年始に思いを馳せた。


十二月二十八日、仕事納めの日——。

会社を出た葵は伊崎と待ち合わせをしている場所へ向かっていた。食事をしたあと、伊崎のマンションに行くことになっている。

これからはじまる年末年始の休みを思うと、自然と口元が綻《ほころ》んでしまう。葵は伊崎のマンションに入り浸ることになりそうだった。そうすると決めているわけではないけれど、伊崎は特に予定はないというから、葵がいても大丈夫だろう。伊崎の実家は都内にあるが帰らず、元日に挨拶に行くだけのつもりらしい。それならと、葵も実家に帰るのをやめた。元日に両親に顔を見せに行き、会社で世話になっている叔父の桑山《くわやま》宅へも挨拶をしに行くが、その後、伊崎と初詣《はつもうで》に行こうと約束した。

一昨日の夜も伊崎の部屋に泊まっている。その前の週末は、金曜の夜は葵のアパートで二人で過ごし、土曜日の午前中に伊崎のマンションに移動した。日曜日の夜まで、たっぷりと触れ合うことができて嬉しかった。今夜も伊崎と過ごすことになれば、この一週間、半分以上の夜をいっしょにいたことになる。身も心も満ち足りて、葵は幸せだった。

「ん?」

コートのポケットの中で携帯電話が震えている。伊崎かな、と取り出してみたら、なんと寺西から電話がかかってきていた。ギクッとしてうっかり落としてしまいそうになり、慌てて両手で握りしめる。

(どうして? もうつきまとわないだろうって、惣真さんは言ってたのに……)

葵は足を止めて周囲を見渡し、電話をしても大丈夫そうな場所を探した。運良く、外だったので、人が少なそうな路地に入る。

「……もしもし？」

『よう、山田か』

寺西の声だった。胃がきゅっと縮むような感覚に、服の上から胸を押さえる。

「なにか、用ですか？」

『そんなに迷惑そうな声を出すなよ。つれないな』

ははは、と電話の向こうで乾いた笑いが上がった。

『おまえに、謝ろうかと思って』

「えっ……」

『悪かったな。おまえの都合も考えずに、いろいろとやらかして……』

思いもかけない寺西の謝罪だった。

伊崎が寺西を呼び出して話をした日から二日たっている。葵のアパートに寺西が押しかけて来た日からは六日。このあいだ、寺西からの電話とメールは途絶えていた。伊崎の登場と、二人で話をしたことが、寺西の心境を変化させたのだろうか。

『伊崎さんにストーカーだって言われて、ショックだったよ。ぜんぜん自覚していなかったから。でもよく考えたら、そう思われても仕方がないことをやらかしてた。おまえは何度も迷惑だって言ってたのに、俺は本気じゃないって思ってた。どうしてそう思えたんだろうな』

「…………」

寺西の声には張りがなかった。言葉通り、本当にショックを受けて、落ちこんでいるようだ。

『とにかく、もう電話もメールもしない。俺の存在は、おまえにとってストレスでしかないみたいだから。最初から、俺がやり方を間違っていたんだな。おまえが松守にいたときに、もっと俺が――』

そこで寺西の声が聞こえなくなった。通話が途切れてしまったのかと「もしもし?」と呼びかけたら『通じてるよ』と返ってくる。

『……まあ、つまり、これでサヨナラってことだ。元気でな。じゃあ』

「あの……っ」

通話が切れた。携帯電話を耳から離して、しばし茫然とする。

あれほど葵の話を聞かず、傍若無人《ぼうじゃくぶじん》に振る舞っていた寺西なのに、人が変わったようだった。

伊崎はどんな話をしたのだろうか。

「あっ、時間」

現在時刻を確かめて、葵は慌てて歩き出した。急いで待ち合わせ場所に行くと、すでに伊崎は来ていた。

「お待たせしました」

「いや、そんなに待っていないよ」

「さっき、寺西先輩から電話があって……」

「なにか言われたのか？」

「謝られました」

「………そうか。謝罪する気があるなら、葵に直接連絡を取らずに、私が伝言してやると言ったんだが……」

「そうだったんですか？」

伊崎は頷き、「行こうか」と店へと促される。

「寺西先輩と、どんな話をしたんですか？」

「たいした話はしていない。ただ、自分がなにをしていたのか、自覚をしろと言った。それだけだ。彼はおそらく、きちんと自覚をして反省したんだろう。だから君に謝った」

「これでサヨナラって、言われました」

そうか、と伊崎がひとつ息をつく。

あれだけ迷惑だと感じ、電話やメールにびくつくこともあったのに、葵はなぜだかすっきりとした気分にはなれなかった。もっと俺が——のあと、寺西はなにを言うつもりだったのか。

考えこんでしまいそうになったとき、ポンと背中を叩かれた。

「葵、いまから私と食事だ。別の男のことなど考えないでほしいな」

「す、すみません」

そうだ、いまから伊崎とご飯デートなのだ。

それから葵は寺西のことはいったん忘れることにして、伊崎が予約しておいてくれた店で食事をし、自然な流れでマンションへ行った。玄関を入ったところで、ついうっかり「ただいま」と言ってしまい、伊崎に笑われる。

「良い傾向だ」

「まだ同棲しませんからね」

「わかっている。君は好きなときに、ここに遊びに来たらいい」

途中のコンビニで買った飲み物を冷蔵庫に入れながら、伊崎が静かに微笑む。

いつからかはっきりとはわからないが、ここのところ伊崎は同棲したいと言わなくなっていた。言われれば拒否する返事しかしないと決めているのに、言われなくなると心配になるなんて、自分でもずいぶん勝手だと思う。

「あの、惣真さん……」

部屋着に替えて、二人でリビングのソファに腰を落ち着けてから、葵は思い切って聞いてみた。

「どうして同棲したいって言わなくなったんですか？　もう僕と生活を共にすることに興味がなくなったんですか？」

「まさか、そんなことはない。私はいつも君と暮らしたいと思っているよ」

「じゃあ、どうして……」

「君がその気になるまで、のんびり待とうと決めたんだ。なにも急ぐことはない。君への愛情は、そう簡単には冷めないからね。一年でも二年でも、十年でも待つよ」

「惣真さん……」

十年。さらりと伊崎が口にした年数に、葵は胸を熱くした。

伊崎は、ずっと、葵と付き合っていくつもりなのだ。だから葵が覚悟を決めるまで、いつまでも待つことにした。伊崎の寛容さに感動し、葵はそっと手を握った。自分よりも二回りほど大きな手を、両手できゅっと握る。

「かなり待たせることになると思います。ごめんなさい……」

「良いんだ。君が謝ることはない。私が勝手に待つだけのことさ」

「僕も、いつか、いつか惣真さんといっしょに暮したいと思っています」

それは本心だ。いつの日か、伊崎と同棲できたら良いと思う。でもその覚悟が固まるまで、どれだけの時間が必要なのか、葵にはわからない。きっとだれにもわからない。

「いいよ。私は待つことも楽しむことにしたからね」

チュッと頬にキスをされて、葵もチュッとキスを返した。やがてキスは唇と唇を重ねることになり、ソファが微《かす》かに軋《きし》む。恋人たちの夜は、ゆっくりと更けていった。

あとがき

AFTERWORD

―名倉和希―


こんにちは、またははじめまして、名倉和希《なくらわき》です。

今回はオフィスラブです。あまりオフィスが出てきませんが、そこはそれ、BLですから寛大な心でもって読んでくださると嬉しいです。

主人公の葵《あおい》はデキる子なのに、前の会社では能力を発揮《はっき》できませんでした。でも場所を変えたら上司と先輩に恵まれて、きちんと仕事ができた！　さらに彼氏ができた！　良かったね、という話です。

伊崎《いざき》はちょっと重くて粘着質でエロい男ですが、仕事はできます。浮気もしません。ただ一途なので、最後の恋人と勝手に決めてしまった葵に対して、これからじわじわと包囲網を縮めていって自分のテリトリーから一歩も出さないように仕向けていくでしょう。

まあでも、葵の方がそれを嫌がっていなければ、基本的には相思相愛《そうしそうあい》なので幸せになれると思います。同棲《どうせい》状態になるのも時間の問題だと思われます。そうなると……葵、もっと体力をつけないとヤバい。ヤリ殺される恐れがある。ガンバレ……。

イラストは雑誌掲載時から引き続き、佳門《かもん》サエコ先生にお願いしました。つい構いたくなるような瞳うるうるの葵は可愛《かわい》らしく、堂々とした伊崎はとても格好いいです。ありがとうございました。

さて、もう秋ですね。信州《しんしゅう》では八月の盆が過ぎると、一気に空気が秋になります。この本が発売される頃は紅葉が始まっているでしょうか。まだ早いかな。

今年こそ、ゆっくりとドライブして紅葉を眺めて、優雅に露天《ろてん》風呂で寛《くつろ》げたらいいのですが……。たぶん無理でしょう。いつものことながら、仕事に追われています。観光地に住んでいるのに、まったく季節を楽しめません。テレビで旅番組を観ながら悔し涙にくれています。もう山は見飽《みあ》きたので、南の海へ遊びに行きたいですね。いつになったら、のんびり旅行ができるのでしょうか。十年後？　二十年後？　うーむ……のんびりしている自分が想像できない。いつになっても私はあくせくと働いていそうです。

そんな私ですが、二〇一七年現在、デビュー十九年目です。こんなに長く書いてこられたのは、読者のみなさまのおかげです。まだ書いていくつもりなので、今後ともよろしくお願いします。

またどこかでお会いしましょう。

名倉和希

この本を読んでのご意見、ご感想などをお寄せください。
名倉和希先生・佳門サエコ先生へのはげましのおたよりもお待ちしております。

〒113-0024　東京都文京区西片2-19-18　新書館
[編集部へのご意見・ご感想] ディアプラス編集部「純情秘書の恋する気持ち」係
[先生方へのおたより] ディアプラス編集部気付　○○先生

- 初出 -
純情秘書の恋する気持ち：小説DEAR+16年アキ号（vol.63）
デキる部長の最後の恋：書き下ろし

[じゅんじょうひしょのこいするきもち]
純情秘書の恋する気持ち

著者：**名倉和希**　なくら・わき

初版発行：2017 年 10 月 25 日

発行所：株式会社 新書館
[編集] 〒113-0024
東京都文京区西片2-19-18　電話（03）3811-2631
[営業] 〒174-0043
東京都板橋区坂下1-22-14　電話（03）5970-3840
[URL] http://www.shinshokan.co.jp/

印刷・製本：株式会社光邦

ISBN978-4-403-52438-7

新潮文庫

さよなら、母娘ストレス

香山リカ著

新潮社版

10674

目次

さよなら、母娘《ははむすめ》ストレス

はじめに

二〇一一年三月十一日、東日本大震災が起きた。
この未曾有《みぞう》の災害は、夫と妻、親と子、姉と妹などさまざまな家族の関係にも大きな影響を与えた。「やっぱり家族は大切な存在」と見直した人もいれば、その振る舞いに失望したり怒りを感じたりした人もいたはずだ。大震災は、もちろん母と娘の関係にもさまざまな影を落とすことになった。

大震災から二ヶ月あまりがたった頃、診察室にやって来たマスミさんは、いわゆるアラフォーのシングル女性であった。受付で記入してもらう問診表には、「大震災以降、眠れません」と書かれていた。

マスミさんの実家は東京から電車を乗り継いで二時間ほどの近県にあるのだが、都内に勤務しているので、単身でマンションに暮らしているとのことだ。

大震災の当日、交通機関がすべてストップしたため、マスミさんは職場からマンションまで五時間かけて歩いて帰った。そのあいだは緊張で恐怖さえ感じなかったと言うが、マンションがあるのは臨海地区だったため、地盤の液状化で道路が水びたしになったり塀が傾いたりしていた。マンションのガスや水道も止まっていて、住民はかろうじて水が出るという公園のトイレを利用することになった。都心以上の被害を目《ま》の当たりにして、大きな恐怖と心細さを感じたという。

「夜になっても余震が止まらないし、トイレに行くにも夜道を歩いて行かなきゃならないんです……。」

診察室に来たマスミさんは、二ヶ月前の夜の恐怖を思い出したのか、涙ぐみながら話した。

最初、私は、マスミさんが受診したのは、「その夜の恐怖体験が記憶から消えないから」なのだと思った。いわゆるトラウマの後遺症に苦しんでいるのだろう、と思ったのだ。ところが、「それはどうも違う」ということが話をするうちにわかってきた。

心配してくれない母

「これだけの災害ですから、怖い思いや不自由な思いをするのは、仕方ないと思うんですよ。それよりも私がショックを受けたのは……。」

　マスミさんの顔がいちだんと曇った。

「問題は、実家の母親が私のことを全然、心配してくれなかったことなんです。」

　関東の内陸部にある実家は、幸いそれほどの被害を受けなかった。液状化や津波の被害とも無縁だった。そのためなのか、大震災の夜、実家からなかなか連絡が来なかった、とマスミさんは語った。

「いつもは何かと口うるさい母親なので、いち早く心配して電話がかかってくるかと思ったのです。電話が通じにくいならメールか、もしかすると父親といっしょにクルマで迎えに来てくれるんじゃないか、とも考えました。何かにつけて〝実家に帰ってくればいいじゃない〟と言う母親でしたから。」

　しかし、母親からの連絡はなく、しびれを切らしてこちらから電話をすると、のんびりした声が電話口から聞こえてきた。

「マスミちゃんは大丈夫なんでしょう？　こっちもお皿が何枚か割れただけなんだけれど、ママ、昨日からぎっくり腰になっちゃって。今度帰ってくるときにお皿の片づけ、お願いいね。」

「これからすぐ迎えに行くわ」と言われるかと思いきや、「こっちに来て片づけてよ」と逆に頼まれるとは……。怒りを抑えながら「ウチのほうは道路もガタガタ、水も出なくてトイレも使えないのよ」と言うと、「まあ、津波が来たわけじゃないんだから、そのうち元に戻るでしょ」などと言うばかりで、少しも心配している様子がない。これ以上、窮状を訴えると、「ママだって腰が痛くて」「自分のことは自分で何とかしてよ、私も年なのよ」と、それに輪をかけて泣き言を言い出さんばかりだったそうだ。

診察室でそんな話をするうちにマスミさんは、「もう怒りが抑えられない」とばかりに顔を紅潮させ、声のトーンを一段と高くした。

「母はふだんは、こうしなさい、ああしなさい、と遠くから指図してくるくせに、どうしてこういうときだけ、〝大人なんだし大丈夫でしょう〟なんてタカをくっていられるんでしょうか！　過保護なら過保護らしく、いつまでも面倒見るべきじゃないでしょうか。ここまでうるさく口出ししてきたのに、今さら〝もう年だから〟と見放すなんて、ひどいと思いませんか？」

過保護ならずっと過保護にして！

震災後、まだ間もない時期で気持ちも混乱していたせいか、マスミさんはつい「過保護らしくしてほしい」とまで言ったのだ。四十一歳の自分をふだんは子ども扱いするのに、肝心なときにかぎって「もう大人だから」と突き放す母親の姿勢が、マスミさんには納得できないのだった。

支配的に振る舞い過剰に介入してくる母親のもとで、あれこれと不満を言いながらもそれになんとなく従う生活が、マスミさんにとってはいつのまにか居心地のよいものに感じられていたのかもしれない。

つまり、「支配されて不満を抱きながらも、軽く依存して面倒を見てもらう」という状態が、自分にとっての定常状態になっていたのだ。

それが実は永遠の定常状態ではなかったことを、震災は気づかせてくれた。母は「私ももう年なのだから、あなたが私の世話をすべきだ」と言ったのだ。母親の過保護、過干渉に文句を言いながらも、いざとなれば「これからクルマで迎えに行くから。実家に戻ってくれれば何の心配もないのよ。あたたかい食事も布団《ふとん》もあるのよ」と助けてくれることを期待していたのに、母は「そういう関係はもう卒業。これからはそっちが私を助ける番」と一方的に宣言したのである。

今さらそう言われても、急にこれまでの「支配―従属」「介入―受容」といった関係性を突然、変える心の準備が、娘の側にはできていない。また、これからは世話をしてほしいのであれば、これまでの支配、介入について何らかのコメントもほしい。「間違っていた」とか「あなたに迷惑をかけた」といった反省、謝罪の言葉も必要だろう。

それもなしに「よし、今日から私がママの世話をしてあげる」と役割を交代することなど、とてもできないじゃないか……。こういった戸惑い、割り切れなさが、マスミさんの怒りの根っこにはあるようだった。

マスミさんは、四十一歳。母親は、七十一歳とのことだった。

たしかに客観的に見ると、大震災などの有事の際、「母が娘を助ける」ような年齢ではない。四十代の娘がいち早く七十代の母のもとにかけつけて、震災の被害をチェックしたり後片付けをしたり、余震の恐怖などにおののく母を慰めたりしても不思議ではない。

ただ、世間の常識、社会のものさしとはまったく違う関係性や価値観で、マスミさん母娘《おやこ》がこれまで生きてきたことも事実なのだ。母はいつも娘の世話をし、過剰にその生活や人間関係、果ては着るものにまで口を出したり、お膳立《ぜんだ》てしようとしたりする。娘は基本的には「いいかげんにしてよ」と思ってはいても、「まあ、今年だけ」「その通りにしたほうがラクだし」とそれを受け入れ、はっと気づくと自分は四十代で母親は七十代になっていた、ということだ。

象徴的なのが、母娘で出かけたときはいつも食事代を払うのも交通費を出すのも母親、という〝ふたりのルール〟だ。マスミさんにも自分の分を払ったり、ときには母の分もいっしょに支払うくらいの経済力はあるのだが、「子どものときからずっとそうだったから」といつもお金を出すのは母親側というルールに、お互い何の疑問も抱かなかったのだという。

頭ではマスミさんも「私ももう子どもじゃないんだから」と思い、母親だって「いつまでも娘は赤ちゃんではない」とわかってはいたはずだ。しかし、世代交代、役割交代の準備も心がまえも、何もかもができていなかった。もしかするとお互い、暗黙の了解でそれを避けてきたのかもしれない。

それなのにある日を境に、いきなり「これからはあなたが私の面倒を見るのよ」と宣言されても、とてもマスミさんには受け入れることができなかった。心理的な面でも現実的な面でも、だ。

娘の失望と怒りが向かう先に

これまで自分の世話をしていた母が、急に「今度はあなたが世話をする番」と言い出したマスミさんの場合は、夜眠れなくなり精神科の診察室を訪れたが、こういった力関係の突然の変化が深刻な悲劇につながることもある。

二〇一三年二月、新聞にこんな記事が載った。

「豊橋署は（二月）2日、実の母を殺害した殺人の容疑で豊川市の無職の女（51）を逮捕した。

逮捕容疑は、1月31日午後2時ごろ、豊橋市下条西町の豊川河川敷に駐車した軽四乗用車の中で、豊川市無職の母親（80）の首を絞めて殺害したとされる。

豊橋署によると、1日午後8時20分ごろ、女の娘から『母からの電話で〈新城の桜《さくら》淵《ぶち》公園にいるが、祖母が息をしていない〉と連絡があった』という内容の110番通報があり、新城署員などが桜淵公園を捜索。午後8時35分ごろ、新城署の駐車場に女が軽四乗用車を乗り付けた。同署員が用件を聞いたところ当初は無言だったが、11

0番通報の内容と一致する車両だったため『母はどこにいるのか』と尋ねたところ、女が『車の中』と答えたため、署員が車内を確認。後部座席の下から毛布のような物が掛けられ、死後硬直している女性の死体を見つけた。女は首などから血を流していたため豊川市民病院へ搬送。左胸や左手首にも切り傷があったが命に別条はない。女が豊橋で殺害したという話をしたため、豊橋署へ身柄を移し同署が殺人容疑で逮捕。容疑を認めており、調べには『母が認知症で介護に疲れ、将来を悲観した』という内容の供述をしている。

女と母親は豊川市内で同居しており、家族6人で暮らしていた。家族は2人が見当たらないことから探していたという。」（東海日日新聞、二〇一三年二月三日付）

もちろん、この母娘が従来、どんな関係だったかはわからない。ただ、この娘にも、これまで常に自分を守り、さらには管理・支配してきた母親が、あるときから認知症となって自分がケアする側に回らなければならなくなったことへの怒りや絶望があったのかもしれない。

二〇一三年十二月、『週刊朝日』にも母娘の力関係の変化が深刻な事態を招いた事例が掲載された。

記事によると、介護のため仕事を辞めたり転職したりする「介護離職者」は現在、年間十五万人に達し、そのうち女性が八割を占めているというが精神科医の和田秀樹《ひでき》氏はこのように分析する。
「女性による介護でも、嫁と娘では少し違います。たとえば義母に対して嫁はプロの介護者のように、『心理的な距離』がとれる。でも娘は、実母の介護にのめり込んでしまう。認知症のケースでも、嫁は多少冷めた目で義母を見られるのに対し、娘はそんな母へ感情的になりやすい。敬愛していた母親に、5分おきに同じことを聞かれたり粗相されたりすると、見るに堪えないという心理的ストレスを抱えやすいのです。そして、つい手が出てしまうこともある。」（「母娘介護に影響する過去の人間関係」『週刊朝日』、二〇一三年十二月六日号）
和田氏によると介護の中で起きる娘から母への虐待《ぎゃくたい》の中には、「子どものころに母親からされていやだった思いが巡り巡って『復讐《ふくしゅう》』として出ることもある」という。
「もともとしがらみのある母娘だと、介護という究極の場では問題が起きやすい。最終的には、人と人の関係性なのです」。

母親への微妙な違和感

二〇一四年五月三日付の日本経済新聞文化面は、「母娘の相克　映す文学」として、母と娘の関係をテーマにした小説がこのところ相次いで刊行され、話題になっていることを取り上げた。記事は、篠田《しのだ》節子氏、角田《かくた》光代《みつよ》氏らが書く小説は「娘を愛するのであれ、疎《うと》んじるのであれ、圧倒的な影響力を持つ母親の支配から逃れられない娘の心の葛藤《かっとう》を描く」としている。また、小説とは別に二〇〇〇年代に入って「現代社会における複雑な母娘関係」が注目され始めたことも指摘されており、社会学者の水無《みな》田気流《たきりう》氏は「戦後の日本社会は女性に『自立して外で働け、でも家庭はおろそかにするな』という矛盾したメッセージを伝えてきた」「矛盾した教えを説く母親は娘にとって非合理でえたいの知れない存在にもなる」とその複雑さの背景を分析している。

ただ、注目を集める母娘関係の〝質〟は、ここに来てまた変わりつつあるような気がする。この問題が一気に社会的注目を集めるきっかけのひとつになった佐野洋子のエッセイ『シズコさん』（新潮社、二〇〇八）のように、「手をつなごうとしたらはねのけられた」とか「一度もほめられたことがなかった」といった誰から見てもひどい仕打ちを受けた娘たちが、長年、誰にも言えなかったことを口にしているのではないのだ。

漫画家の田房永子《たぶさえいこ》氏によるコミックエッセイ『母がしんどい』（新人物往来社、二〇一二）やその後を描いた『それでも親子でいなきゃいけないの？』（秋田書店、二〇一五）などもその典型かもしれない。子ども時代から何かと娘のやることに口を出し、自分の思い通りにしようとしていた母親によって「人生を支配されそうになった」と、おとなになってから田房氏は気づく。

では、どのような「支配」だったかというと、「食べにくいお弁当を持たされる」「習いごとを勝手に決められる」「娘の友だちと自分も仲良くなろうとする」など、外からは気づきにくいことが多い。決して「殴る、蹴《け》る、養育を放棄する」ではなく、むしろまわりからは「娘を大切にする良いお母さん」に見えたかもしれない。

しかし、田房氏は自分の意思がないがしろにされているのを感じ、心の中までズカズカ母親が入り込んでくるような違和感をずっと抱いたまま大きくなった。その後、結婚して子どもも持ち、幸せな生活を送りながらも、それでもまだ生活に口を出そうとする母親を見て、「何かが違う」と気づく。そして結局、田房氏は両親に対して〝絶縁宣言〟をするのである。とはいえ、〝絶縁〟したはずの母親とも、田房氏は時間を区切るなどしてその後も会い、いまではそれなりに良い関係を築いているという。

おそらく、二十年ほど昔であれば、田房氏と母親の関係は世間に理解されなかったかもしれない。むしろ「大切に育てられた娘のワガママ」などと思われたかもしれない。しかし、『母がしんどい』は、目に見える暴力などではなくて、真綿で首を絞められるような母親からの心理的な支配に苦しむ娘たちの圧倒的な支持を得て、大きな話題となった。また、その三年後にそんな母親と〝絶縁宣言〟をしたとはいえ、結局はその後も交流を続けていることを語った『それでも親子でいなきゃいけないの？』が出たときも、「これくらいの距離なら私もおけるかもしれない」と娘たちの共感を呼んだのだ。

このように『シンデレラ』に出てきたような恐しい仕打ちはないのだが、喉《のど》に刺さった小骨のように母親のことがずっと引っかかっている、という娘たちが増えている。というより、娘たちがそういった母親への微妙な違和感を「母の愛」とか「母の恩」といったポジティブなものとしてではなくて、「母の矛盾」「母からの迷惑」というどちらかというとネガティブなものとして自覚していいのだ、と意識し始めたのかもしれない。また社会の側も、その違和感を抱く娘たちを「恩知らず」「わがまま」として責めることなく、「それは母娘双方の問題だ」と認めるようになってきたのではないだろうか。

これから述べるのは、絶対服従を迫ったわけでも暴力などで支配したわけでもないが、娘側が完全にのびのびと自分らしく生きるのをどこかで阻《はば》んできた、とてもデリケートな母親からのストレスについてだ。本書では、これを「母娘《ははむすめ》ストレス」と名付けてみたい。とはいっても、そういった微妙なストレスを与え続けた母親だけを糾弾し、反省を促すのが本書の目的ではない。

娘たちに「あなたも実は知らないうちに、母親からの小さなストレスを受け続けてきたのではないですか」と呼びかけ、「でも、それってあなただけじゃないですよ」と伝えたいというのが、私が本書を書こうと思った動機なのである。

第一章　私、ずっとイヤだった

——「母への怒りの旅」を始めた娘たち

私の好きにさせてよ！

「放っておいてよ！」「私にかまわないで！」「そんなこと、どっちだっていいじゃない！」

少女時代、これらの言葉を母親に向かって投げかけたことがない、という人はいないのではないだろうか。

もちろん、その場面や深刻度などはそれぞれ違うはずだ。「今日、傘を持って行かないと雨に濡《ぬ》れるわよ」という言葉に対して思わず「いらないよ！　かまわないで！」と言ったのかもしれないし、受験する大学を決める際、「ここは？　あそこは？」と勧める母に「うるさい！　放っておいて！」と怒鳴ったのかもしれない。しかし、いずれにしても何かと世話を焼いたりいつまでも子ども扱いしたりする母親に、「ひとりで決めさせて！」と声を荒らげてしまった経験は、誰にでもあるはずだ。

私もそんな娘の一人だ。小学生時代、北海道の小樽《おたる》市に住んでいたのだが、隣の札幌市にはいくつか私立の女子中学があり、私はいつの間にかそこを受験することになっていた。なぜそうなったのかはよく覚えていないが、同じ中学を受験する予定の友人らの親と私の母親はいまで言うところの〝ママ友〟だったので、流れでなんとなく決まったのだろう。彼女たちはそれなりに受験情報を交換し合ったり、入学後の生活についてあれこれ語ったりしていたようだった。

小学六年の半ばまでは私も「そんなものか」と受け入れていたのだが、いよいよ受験が近づいてくると、「なぜわざわざ私立中学に行かなければならないのか」と疑問がわいてきた。いわゆる「自我の目覚め」というやつだったのかもしれないが、「そんな恵まれた家庭の娘たちが行くような学校に行きたいわけではない」という気持ちになってきたのだ。そして、いざ願書を出す段になって、まず小学校の担任教師に「私、受けませんから」と告げた。担任は驚いて家に電話してきて、当然、母親が私に「あなた、なに言ってるの？　○○ちゃんや△△ちゃんといっしょにがんばってきたじゃない」と受験する予定の子の名前をあげたのだが、私は「そんな学校、行きたくない。公立中学に行くって決めたから、もう放っておいて！」と母親を突き放してしまったのだ。

母はそれから四十年以上たった今でも「あのときは本当にビックリさせられた」とときどき話すくらいだから、よほどショックだったのだろう。おそらく、願書のために内申書などを準備していた担任教師や情報を共有していたママ友たちにも迷惑をかけたと気に病んだはずだが、当時はそんなことはまったく考えなかった。私としては、それほど深い意味もなく、ただ「自分の通う中学校くらい自分で決めたい」と思っただけなのであった。

私の場合、それから十代、二十代とずっと母親には「好きにさせてよ」「放っておいて」と言い続け、母の側もそれでも最初は「こうすれば？」「あれはダメよ」などと私の選択に口を出していたが、そのうち「ウチの娘はいくら言っても決して親の意見はきこうとしない」とあきらめていったようだ。

離れていてよ、もう少し近いところで

しかし、私のように思春期から二十代、三十代まで、母親に対して「放っておいて」「勝手にさせて」と言い続けていた娘が、その後、自身の微妙な変化に気づくこともある。

冒頭では、大震災が起きて突然、「どうしてお母さんは私を迎えに来てくれないの！」と思った四十代の娘・マスミさんのケースを紹介した。

ただ、もしマスミさんの母親が都会で余震の恐怖に震える娘を迎えに来て「さあ、実家に帰りましょう」と連れて帰ったとしても、「ありがとう。やっぱりお母さんは頼りになるわね」とマスミさんが安心していられるのは数週間、いや数日間にすぎないのではないか。おそらくその〝蜜月《みつげつ》〟が終われば、マスミさんはまた母親の過剰な介入や関心を鬱陶《うっとう》しく思い、「放っておいて！」と口にするようになるはずだ。

つまり、娘たちは母親に「私にかまわないで、好きにさせて」とメッセージを発しながらも、一方で「もっとかまって、世話をして」とも望んでおり、自分で自分のその矛盾をどう解決すればよいか、わからなくなっているのだ。

これは精神医学的には、「境界性パーソナリティ障害」と呼ばれる人たちの対人関係でよく見られる情況に似ている。

境界性パーソナリティ障害の人たちは、「自分とは何者か」という問題になかなか答えを出すことができず、その内面の不安定さをすべて外界の人間や現象に投影して見てしまう、という特徴を持っている。

だから彼らはしばしば、特定の人物に対して「私を見捨てないで」と依存し、「しがみつき」と呼ばれる強い執着を見せる一方で、常に「相手に自分のすべてを奪われてからっぽにさせられる」という恐怖も感じている。これは「見捨てられ不安」と

「のみ込まれ恐怖」と呼ばれるが、この両極端のふたつの心理を同時に感じているのが境界性パーソナリティ障害なのだ。

この障害を持つ人の家族に向けて書かれた解説書には、こんな言葉が記されている。「境界性パーソナリティ障害の人たちの心境を言葉で表すと、こうなります。『離れていてよ、もう少し近いところで』」

どうだろう。大震災で「お母さん、迎えに来て」と思ってしまったマスミさんをはじめとして、多くの娘と母親の関係もこの言葉で表されるのではないだろうか。

失望から怒りへ

思春期あるいは二十代になってから、過保護、過干渉の母親を持つ娘は「もうお母さんの顔も見たくない！　私を自由にして」と家を出て行く。母親の中にはそれでも娘をコントロールしようとする人もいるが、「あなたがそこまで言うなら」と連絡を取ることさえ自ら絶つ人も少なくない。

そうなると今度は、娘側から「そういえば、何年か前に貸した私のバッグ、返してくれない？」などと何かにつけて用事を作っては、母親に接近しようとする。結婚して自分の子どもができてから、「孫の世話くらい、してくれたっていいじゃない」と育児をきっかけに近づき始める娘もいる。しかし、そんなときでも娘たちは、「またお母さんと仲良くしたくて」などとは言わずにこう口にする。

「お母さんの顔なんて見たくないのよ。私はあのバッグが必要になっただけなの。」

しかし、これがまさに「離れていてよ、もう少し近いところで」の心境から出た言葉であることは、言うまでもない。

ただ、日常的には、その「もう少し近いところで」という本音は、自分でも認めたくないために心の奥に巧妙に隠されている。だから、その部分は「バッグを返してよ」「どうしても実家に置いてきた靴が必要になったの」などとあれこれ理由をつけて、正当化した上で行動に移されることになるのだ。

ところが、大震災に代表される大きなできごとは、多くの人たちの心を丸はだかにする。震災の直後、自分の配偶者を「見直した」と答えた人が八割にも上ったというアンケートの結果が公表されたこともあったが、それなども「私には、そばにいてくれる人がいてよかった」というごく素直な気持ちのあらわれだろう。多くの親子が、「お母さん、大丈夫?」「娘や息子は無事なのか。すぐに確認に行きたい」とお互いに真っ先に心配し合い、確認や救出のための行動に出た。

そこで、ふだんは「お母さんの顔なんて、悪いけどもう一生、見たくない」とまで言っていた娘の中で、「離れていてよ」と「もう少し近いところで」のバランスも崩れた。一時的に「もっともっと近くにいて。助けに来て」と依存的な部分が前面に押し出されてしまった人が少なくないのではないだろうか。

そして、すでに親側も高齢になったり震災の被害を受けていたりして、娘の期待通りに救出に駆けつけたりできないと、彼女たちは失望し、さらにそれを「どうして!?」と怒りに変える。そんな物語が、大震災のあとあちこちで起きたはずだ。

涙の本当の理由

さてここから、この「母への怒り」について少し、考えてみたい。

冒頭のマスミさんは、大震災で助けに来てくれなかったとき、この「母への怒り」を強く感じた。このように、以前は感じていなかった「怒り」を、何らかの現実のできごとをきっかけに抱く、あるいは「ずっと怒っていたんだ」と気づく、という人も少なくない。

きっかけになるできごとは、人それぞれだ。母親自身が関係している場合もあれば、マスミさんのように大震災という母とは直接関係ないできごとがひきがねになるケースもある。

次に紹介するリョウコさんも、四十代になるまで自分が母親に怒りの感情を持っている、などということにまったく気づいていなかったひとりだ。リョウコさんは、「涙が出て止まらない、すぐイライラする」と訴えて、診察室にやって来た四十二歳の専業主婦だ。

彼女は、三人の子どもを育てている。いちばん下の子どもが中学に入ったのをきっかけに、「私も何か仕事をしよう」とパソコン教室に通っている。友だちからは、「これから勉強して就職活動？　ちょっとムリじゃない？　でも、あなたはご主人が稼ぎがいいから無理して働く必要もないし、うらやましいわね」と言われ、「働きたい」という気持ちは誰にも理解してもらえていない。

リョウコさんの夫は小さな貿易会社を経営しているのだが、最近、韓国から輸入した化粧品が大ヒットし、家に帰る時間もほとんどないほど多忙な生活を送っている。ところが、夫が家に帰らないのは、単に仕事が忙しいからだけではなかった。「〝よくある話〟と言われればそうなんですが……」と前置きしながら彼女が語ってくれたところによると、ビジネスで頻繁に韓国に行くうちに現地の女性と恋愛関係になったのだそうだ。

「その女性には、自分は結婚しているが別居中だとかウソをついていたみたいなんですね。ある日、夫の留守中にウチに電話がかかって来て、〝家内ですが〟と言うとその人は驚き、泣き出したのです。そんなことがあったら、すぐに〝あ、これは彼女だな〟ってピンときますよね。」

私は涙ながらに語るリョウコさんの話を聞きながら、「そうか、問題の原因は夫の浮気ということか」と思った。「そうですか、ではまずはご主人との関係を修復しなければ」と言うと、意外な返事があった。

「それが……夫との話し合いはもう決着しているんです。浮気を認め、申し訳なかった、彼女とはいっさい連絡を取らないようにする、と全面的にわびてくれました。」

「では、それでもご主人が信じられず、それで涙が出るんでしょうかね。」

「いえ、夫のことはもう信じることにしました。でも……。」

どうやら、リョウコさんの情緒不安定は、別の何かに原因があるようだった。

実はその原因こそが「母への怒り」だったのだが、その段階では彼女も私もまったくそれに気づくことができなかった。

夫との話し合いや謝罪がすんでからも、少しでも夫の帰りが遅いと心臓がドキドキしたり、「最近、朝食が手抜きだから、夫はまた別の女のところに行くのでは？」といった考えても仕方のない疑問が頭に浮かんだりしてきて、落ち着かない日々を送っていた。

何度かにわたり診察室でそんな話をするうちに、彼女はふと、「こんな感じ、昔もどこかで経験したことがあるかもしれない」と言った。そして、彼女の関心は次第に、「夫の浮気が続いているかどうか」より、「この感じを前に経験したのはいつだったか」ということに移って行った。

「悪いのはあなたのほうだ」と言った母

あるとき診察室に入ってきたリョウコさんは、椅子《いす》に座るやいなや、興奮した口調で語り始めた。

「先生、わかったんです、私。この心臓のドキドキ、自分を責める気持ちを前に経験したのはいつだったのか、ということが。」

それから、リョウコさんが教えてくれたのはこんな話だった。

子ども時代から彼女はいわゆる優等生で、成績もよく、いつも学級委員に選ばれるタイプだった。

ところが、小学校の高学年になると、〝デキるいい子〟であったリョウコさんはクラスの中でからかいや軽いいじめの対象にされるようになった。「自分だけいい子ぶってる」「目立ちたがり屋」などと面と向かって言ってくる子さえいた。

「授業で発表したり学級委員に立候補したりするのは、間違ってるの？」と悩んだ彼女は、担任の先生に相談してみた。すると、先生はからかう級友たちと直接、話をしようとはせず、「お母さんを呼んで相談しましょう」と言ったという。「どうしてお母さんを？」と不思議に思ったが、先生の言う通りにするしかなかった。「私は家でもあんなにいい子にしているんだから、お母さんもきっと、〝リョウコがいじめられるなんておかしいじゃないですか〟と担任に抗議してくれるに違いない」という期待もあったようだ。

ところが翌日、学校に呼ばれて担任と話をした母親は、家に帰ってくるなり、こう言った。

「あなた、やっぱり出しゃばりで協調性ってものがないのよ。私もそんな気がして、心配してたんだけど……。まったく誰に似たものか。お兄ちゃんのときはそんな心配、まったくなかったのに。」

リョウコさんは、母親が自分をかばってくれなかった、それどころか「いじめの原因は自分にある」と言わんばかりの口ぶりで自分を責めたことに強いショックを受けた。

「私は、母親のため、と思って、明るく積極的ないい子をやっていたんです。はっきり自分の意見を言いなさい、何かをやるなら一番を目指しなさい、と母もことあるごとに言っていたはずなんです。それなのに、いまさら〝協調性がない〟とか〝誰に似たのか〟だなんて……。もう、裏切られたような気持ちでいっぱいになりました。」

夫の浮気がわかったときに、どこからか「悪いのはあなたのほうだ」という声が聞こえた気がした。「それは、小学生の私が聞いた、母からの声だったんです」とリョウコさんは言った。

「母への怒りの旅」を始めたリョウコさんは、次から次へと「母に言われて傷ついた言葉」を思い出し始めた。そのひとつひとつはそれほど深刻な内容とは思われなかったが、長く封印されてきた記憶であったことはたしかだった。

「中学のときのバレエの発表会。とても大きな役がついたんです。ほかはみんな高校生やセミプロの人ばかり。みんなそれだけでも〝すごいね〟って言ってくれたのに、母だけが違いました。発表会で私の些細《ささい》なミスを見つけて、帰りに〝ママ、恥ずかしかったわ〟って……。そんなの誰も気づいてないのに。」

「妹には明らかに態度が違うんですよ。妹は強気な性格で、母のほうがむしろ恐れていた感じ。高校のときに学校をやめる、やめない、って大騒動になったことがあって、それでもなんとか卒業して専門学校に進んだんです。私には進学するなら絶対、四年制大学って言い続けてきたのに、妹には、〝あのとき高校をやめずにちゃんと上の学校にまで行って、すごいわね。見なおしたわ〟なんて言ってるんです。

それだけならまだしも、私にも〝ねえ、がんばったわよね？〟っていっしょにほめるよう、促すようなことまで言うんですよ。どうして何をしてもほめてもらえない私が、妹が高校を卒業したことを〝すごい、すごい〟ってほめなければならないんでしょう。」

私は母に利用されていただけ

こういった記憶を呼び起こしている間、リョウコさんは激しい不眠に襲われるようになった。母からの言葉がつぎつぎに頭に浮かび、「ああ言い返せばよかった」「こう答えるべきだった」と考えていると何時間も眠れないまま、時間がたってしまうと言うのだ。

彼女に、「ご主人はどうなんですか。その気持ちをわかってくれるんですか」と尋ねてみた。すると、苦笑いをしながらこう言った。

「夫にもちょっと話してみましたが、〝そんなの信じられない〟って。夫の母は、もう〝子ども命〟みたいな人で、夫と夫の弟、ふたりの息子にベタベタなんです。私の前で、〝あなたはこんなにやさしい息子と結婚できて幸せね〟なんて言っちゃうくらい。だから、母親が子どもを愛さない、認めないなんて、夫には想像もできないんです。」

では、リョウコさんの母親は娘を愛していないのだろうか。そんなことはないはずだ。

私は「リョウコさんのお母さんも、実は本人がいないところでは娘自慢をしているのではないでしょうか」ときいてみた。期待の娘だからこそ厳しくし、陰では実はそんな娘を誇りに思っている。その可能性も高いのではないか、と思ったからだ。するとリョウコさんはちょっとの間、考え込んでこう答えた。

「たしかに母は見栄《みえ》っ張りだから、他人には私が発表会でこうだったとかこんな大学に行った、こんな学歴の男と結婚した、と自慢しているかもしれませんね。でも、それは心から私を誇りに思っているというよりは、私を使って自分が見栄を張りたいだけなんです。私は利用されているだけ、というか……。」

夫の母親は、愛情から息子自慢をする。ところが自分の母親は、あくまで自分の見栄のために娘自慢をする。

これがリョウコさんの主張だが、はたして両者のあいだに線を引くことなどできるのだろうか。同じ子ども自慢でも向こうとこちらは違う、というのは、彼女の一方的な決めつけ、主観にすぎないのではないだろうか。

ただ、いくら主観や一方的な思い込みであっても、とくに母娘関係の場合は、「ウチはこうでした」と思うことが本人にとっての真実になる場合が多い。どうして母娘関係においては客観的に見ることがむずかしいのかという問題については、以後考えてみたい。

愛されていないという思い込み

実は診察室で、「私は母親にほめられたことがないのです」と口にする女性はとても多い。それも、「私は優等生タイプでした」と語る〝元よい子〟〝元まじめな子〟に、

「ほめられたことがない」と言う人は多い。一般的に考えれば、成績がよかったりピアノが得意だったりする彼女たちは、「よくできたわね」とほめられる機会も多そうなのだが、どうも話は逆のようなのだ。

そんな「ほめられなかった優等生」のひとり、マミエさんの話を紹介しよう。

「近所に、ユミちゃんっていう同級生の一家が住んでいたんです。父親はトラックの運転手さん、母親もスーパーのレジ打ちのパートをしていて……こんな言い方するのは失礼ですが、生活水準はウチより低いというか……。

ユミちゃんはバレエが好きで、私といっしょのバレエ教室に通っていたんです。月謝もけっこう高い教室だったので、たいへんだったんじゃないでしょうかね。まあ、ユミちゃんにも特別、バレエの才能があったわけじゃなくて、私と同じようなものだったと思います。

でも、発表会があるとすごいんですよ。ユミちゃんのところは、両親だけじゃなくて祖父母とか叔父さん叔母さんとか、とにかく大人数でやってくるんです。大応援団という感じでしたね。別に主役というわけじゃないのに。その応援団が、ユミちゃんが出てくると〝オーッ〟という感じでいっせいに盛り上がるわけです。同じステージの上からもわかるくらい、集団がザワザワって動く感じ。でも、ウチのほうは、両親とせいぜい姉が来るくらい、もうどこに座っているのかもわからないほどひっそりしてるわけです。

そして、終わったあとも大違い。ユミちゃんは、親戚《しんせき》一同に囲まれて、上手だったねえ、きれいだったねえ、と絶賛の嵐《あらし》です。その中心には、いつもユミちゃんのお母さんがいました。ウチのほうは、主役でもないので母親もほめてくれることもなく、〝今回の演目、ちょっと地味ね〟とか〝主役の子、去年からあまり進歩してないんじゃない？〟とか、私とは直接、関係のない批判を口にするくらい。母親はバレエを見るのが趣味なので、目が肥えてるんですよ。

私も、舞台が終わった直後でちょっと興奮ぎみだったのが、母にそう言われるとテンション下がっちゃって、〝そうね……〟って。いつも、ユミちゃんのほうが家族に愛されてるんじゃないかなあ、ってうらやましかったですよ。親なら、子どもが好きでやっていることに対して、もっとほめてあげるべきなんじゃないでしょうか。」

昨日のことを語るかのように顔を紅潮させるマミエさんに、「それからユミさんはどうなったんですか？　バレエの道に進んだとか？」ときくと、まったく逆の答えが返ってきた。

「それが……ユミちゃんのお父さん、それから会社で問題起こしたらしくクビになっちゃって、ユミちゃんの家は夜逃げ同然でどこかに消えちゃったんです。」

当然、バレエ教室もやめることになったそうだ。

バレエの発表会でユミちゃんの母親の様子を見て、「あれこそ母親らしい態度」と思ったマミエさん。でも、結果的にバレエを続けさせてあげられたのは、ユミさんでなくマミエさんの母親だった。客観的に考えると「好きなバレエを続けさせてあげること」も愛情なのではないだろうか。

マミエさんにはそう考えることができず、一方的に「ユミちゃんのほうが愛されていた」と思い込んでいる。

客観性を欠いたバイアス

ここには「大人になるにつれて客観性が失われる」という母娘問題の特徴が表れている。

もちろん、これは「娘が母との関係を思い出す場合」に限らず、逆もまた真なりなのだが、まずは娘側から見た「母との関係」の話を続けよう。

マミエさんの場合がそうであったように、比べる相手が身近にいるときは、「私は母親にこう思われていた」という思い込みはいっそう強くなったり記憶にゆがみが生じたりしやすくなる。

アラフォーのシングル、サキエさんにとって、〝比べる相手〟は姉だった。

サキエさんは、広告関係の会社に勤め、忙しい毎日を送っている。姉は、二十代で結婚してふたりの子どもを育てる専業主婦だ。サキエさんは経済的にも自立してひとり暮らしをしており、誰に対しても何らひけ目を感じる必要はないはずである。

「母の姉に対する態度と私に対する態度が、明らかに違うんです」とサキエさんは診察室で言っていた。

「なんて言うんでしょうか、姉はやけに自信満々なので、母も遠慮がちになるんですよ。たとえば母が姉に何か頼んでも、姉は『あ、その日はダメ、子どもの予定があるから』とひとことで断る。それ以上、理由も何も説明しようとはしません。そのうち、母は姉にはあまり頼みごとをしなくなりました。

その反動みたいに、今度は母は私になんでも頼んでくるようになったんです。『携帯電話の使い方、教えに来てちょうだい』とか、『あなたの会社の近くの店であれ買ってきて』とか。私だって忙しいから、たまには断りますよね。すると、『どうして？　何があるの？』と根掘り葉掘りきいてくるんです。そのつど『その次の日はプレゼンがあって準備しなくちゃならないから』とか、理由まで説明するのは本当に面倒くさいし、干渉されている気になります。理由がなくても断りたいときだってあるでしょう？『あ、ダメだから』でそれ以上、詮索《せんさく》されない姉が、本当にうらやましいです。」

客観的に考えれば、それだけ母親は下の娘であるサキエさんに心を許して信頼している、とも言える。もしかすると姉は姉で、「母は妹とは仲良くやっているのに、私にはよそよそしい」と感じているのかもしれない。

そもそも「姉は理由も言わずに断るのに、私だけあれこれ追求される」という表現にしても、事実なのかどうかもわからない。たまたまそういう場面に一度、出くわしただけで、別の機会には母親は姉にも「どうしてダメなの？　何とかしてもらえない？」などとあれこれ尋ねているかもしれないではないか。

ところが、いつもは理性的なサキエさんなのに、いざ自分と母親の問題になると、別の角度から見たり相手の立場に立ったりすることができなくなり、「なぜ私だけが頼られたり干渉されたりするの？」と感じてしまうのだ。

このように、見方や考え方が一面的になるのは、とくに親密な人間関係ではしばしば起きることだ。誰でも、あまり関係ない人に「お、雰囲気、変わりましたね」と言われても「ああ、どうも」ですませて深く考えないが、ライバルとか片思いの相手とか気になる人にそう言われたら、「それってどういう意味？　老《ふ》けたってこと？　もう輝きはないですね、ってこと？」などと、その真意や裏側をあれこれ考えてしまう。

そういったバイアスを完全になくすことは、残念ながら不可能だと言ってよい。

とはいえ、とくに母娘関係となると、とらえ方のゆがみはすぐに最強レベルになってしまいがち、ということを頭のどこかで覚えておくことは、決して損にはならないはずだ。

ほめられたいのに、ほめられなかった

先ほどのリョウコさんは、母親から常に「悪いのはあなたのほう」と言われ続けた気がする、と話していた。そして、「あのときも私をかばってくれずに、ひどい怒り方をした」「みんながいる前で、うっすら笑みを浮かべながら〝あなたは本当にダメねえ〟と言った」など、「母から言われて傷ついた言葉、傷つけられた態度」などを思い出しては、つい昨日それが起きたかのように涙ぐんだり怒りで顔を紅潮させたりしながら、興奮気味に語っていた。

ところが面接を何回か重ねるうちに、話のトーンが変わってきた。「どうしてそうされたんだろう?」と〝されたこと、言われたこと〟を訴えるより、「なぜそうしてくれなかったの?」「ああしてくれてもよかったはずなのに」と〝してほしかったこと〟を口にするようになっていったのだ。

では、その〝してほしかったこと〟とはどんな内容だったのだろう。それは次のようなものだった。

「九十点取ったらふつう、ほめますよね。どうして〝よくやったわね〟って言えないのか。」

「結婚式のとき、親って〝きれいね〟と涙ぐんだりするんでしょう? ウチはそういうときさえ、ヴェールが曲がってるとか姿勢が悪いとか、注意ばかりだったんです。どうして喜んでくれなかったのか。」

「孫を見せるととにかく大喜びする、って言うじゃないですか。母はそれほどでもないんですよね。」

「あんなことをされた」から「こうしてほしかった」という発想に思考が移り変わってきたということは、リョウコさんが母親に何を求めていたのか、自分なりにかなり的が絞れてきたということだ。

「そうですか、お母さまにもっと手放しで、〝よくやったわね〟〝きれいね〟とほめたり喜んだりしてもらいたかったのですね。」

あるとき私がそう言うと、リョウコさんの目から大粒の涙がこぼれた。

「私だって、いい子でいたかったんです。お母さんにとっていい子でいられるようにがんばってきたのに……。それなのに、お母さんは私をいい子でさえいさせてくれなかった……。」

私は、リョウコさんの母親になりかわったつもりでこう言ってみた。

「リョウコさんは、お母さんにとって十分、自慢の娘ですよ。きっとまわりからもうらやましがられたんじゃないかなあ、お母さん。でもそれにすっかりなれてしまっていて、娘はいい子なのがあたりまえと思っていたから、その都度、ほめることができなかっただけですよ。

もし、何か大きな不満があったら、そういう性格の母親ならすぐにそれを具体的に口にするはずでしょう。こうしなさい、ああしなさいって。それをせずに、小さなことであれこれケチをつけるというのは、実際にはほぼ満足ということですよ。」

精神科医としてはちょっと踏み込みすぎた発言かもしれないと思ったが、リョウコさんはすんなり納得してくれた。

「そうかもしれません。あの母なら、不満があれば黙ってないですよね。何も言わないというのは、認めている、喜んでいる、ということかもしれません。まあ、私の子どものことだって、抱っことかはしてくれるわけだし。あれがお母さん流の〝いい子ね〟というメッセージの表明なのかな。」

ただ、ここでひとつ打ち明けなければならないことがある。リョウコさんの母親が、本当に彼女を「自慢の娘」と思っているのか、実はそうでないのかは、私にもよくわからない。本人に確かめたわけでもないし、万が一、確かめられたとしても母親自身も「娘を自慢に思っているか」といった問いにははっきり答えられないのではないか。おそらく現実的にはリョウコさんの母親は、「娘を溺愛《できあい》しているというわけでもないが、自分なりの愛情は注いでがんばって育てた」というういわゆる〝ふつうの親〟といったところではないだろうか。

リョウコさんがこれを聞けば「どこが〝ふつうの親〟なのよ！　私はひどい目にあったのに」と怒るかもしれないが、診察室には実の親から見捨てられた、虐待《ぎゃくたい》されたという人たちもやって来て、その凄《すさ》まじさはとても「九十点でもほめてもらえなかった」といったレベルではないのである。しつけと称してフタが金具で閉まるポリバケツに閉じ込められていた、三人きょうだいで自分だけが母親に嫌われ「あっち行け」

「ブス」などとののしられていた、といった話もめずらしくないのだ。

そういう親たちと比べてしまえば、やはりリョウコさんの母は〝ふつうの親〟といえるだろう。

だとしたら、そこで「ふつう以上の愛情」を示してくれるかどうかは、その母親自身の性格だとかコミュニケーション能力によっても大きく変わってくるので、「本当はもっとこうしてくれるべき」と自分の理想を言ってみたところで仕方ない。そうなると解決の方法としては、愛情表現が得意とは言えない母親の言動を自分がどうとらえるか、ということになるのではないだろうか。

とはいえ、「母親から娘への言葉、態度、表情をどうとらえるか」というのは、それほど簡単な問題ではない。なぜなら、それはひいては「母親にとっての自分」という存在をどうとらえるかという問題であり、結局は「自分とは何か」というおなじみの問いにたどりつくからだ。

第二章　ママを嫌ってごめんなさい

——いつだって娘が敗北者

母への罪悪感

母親との関係を考えるうちに「自分とは何か」という問いにたどり着いたケースを、ここでもうひとつ紹介したい。

ミナミさんは、三十八歳の美容師。夫は以前、勤務していた美容室の同僚で、昨年ふたりで念願の美容室を開業して独立を果たした。二人とも長年の夢だった店を持てたことで張りきっていて、「いい仕事しようね」というのが夫婦の約束ごとなのだという。

こんな生活では、とても子どもを持つことなど考えられない。夫婦のあいだでも、なんとなく「子どもはいいかな」という雰囲気ができあがっている。周囲の友人たちも今はふたりが仕事に専念しているのを知っているので、「子どもはまだ？」などとは言わないそうだ。

ところが、ミナミさんの母親だけは違う。実はミナミさんの母親も美容師で、親戚《しんせき》に任された美容室をほとんどひとりで切り盛りしながら、ミナミさんと妹、ふたりの子どもを育てた経験がある。仕事もできて、母親としても完璧《かんぺき》、ミナミさんにとって母親は「大尊敬の対象」とのこと。

「母は、私も美容師になったこと、がんばって自分の店を持ったことをとても喜んでくれてます。〝あなたたち夫婦がやりたいようにやればいいのよ〟と、私たちの意思も尊重してくれてます。

でも……やっぱり孫はほしいみたいで、会話の中でふとしたときに、〝子どもってかわいいわよ〟とか〝子どもを持たないとわからないこともある〟なんて言うんですよね。心の底の底では〝仕事と子育ての両立〟を私に望んでいるんでしょう。実は妹は持病を抱えていて出産はむずかしいと言われているので、母を〝おばあちゃん〟にしてあげられるのは私だけなんですよ。」

ミナミさんはもちろん、「子どもを持ってほしい」「孫のおばあちゃんになりたい」とひそかに願っている母親に、怒りや憤《いきどお》りを感じているわけではない。

ただ、尊敬する母親の期待にこたえられず親孝行できない自分に、たまらない自己嫌悪《けんお》を感じるそうなのだ。

「どうしてお母さんの娘なのに、お母さんの考えに素直に従えないの?」と自分を責めるうちに、ミナミさんは食事を摂《と》ることができなくなっていった。仕事の体力がなくなるから、と食べようとはするのだが、喉《のど》に何かが詰まっている感じがして呑《の》み込めない。診察室に来たとき、ミナミさんはかなりやつれており、美容師であるにもかかわらず、髪にもツヤがなくボサボサであった。私にはなんだか、「お母さんに申し訳ない」と思っているミナミさんが、自分で自分に罰を与えているようにも見えた。

前の章のリョウコさんにとっての問題は、「いい子でいたいのに、母の心ない言葉で〝自分はいい子ではない〟と気づかされること」であった。ミナミさんの場合は、母親は自分を非難したりとがめたりしていない。それにもかかわらず、一方的に罪悪感を感じているのであった。

子を持つことがステイタスを上げる

そもそも、娘は母にとって〝いい子〟でなくてはならないのだろうか。あるいは、必ず母に対して親孝行をしなければならないのだろうか。

二〇〇八年に世を去った評論家・俵萠子《たわらもえこ》氏の晩年の著作に、『子どもの世話にならずに死ぬ方法』（中央公論新社、二〇〇五）がある。認知症になった母親の介護で苦労した経験のある俵氏は、わが子との問題で悩む友人に「親孝行は本能ではない」とアドバイスをするのだ。すると友人はこう答える。

「親が子を愛するのは本能だけど、子が親を愛するのは本能ではない。親は子のために死ねるけど、子は親のために死ねないんだ。それが自然なんだ。わかりました。」

俵氏の言葉は、親が子に期待しすぎることを戒めると同時に、親は子の自立を促す義務があることを友人に気づかせた。

そして友人は、子どものためにマンションの頭金を出すのをやめるのだ。俵氏自身も、自分は絶対に子どもにはすがるまいと決意して、老人ホーム探しをしながら「子どもの世話にならずに死ぬ方法」というタイトルの講座などを始める。

結局、俵氏はホームには入らず、赤城山《あかぎさん》の山中に作った美術館を兼ねた住まいで暮らし、肺がんを患《わずら》って亡《な》くなった。亡くなる直前までがんの患者会に出席するなど、かなりパワフルに活動を続けたという記録がある。鬼籍に入る前の年、雑誌の企画で対談した時も、子どもたちは独立して海外に暮らしていて、必要があるときに連絡するだけ、といった話をしていたし、もちろん高齢の親を日本に残して海外にいる子どもたちを「親孝行でない」ととがめるような様子は、まったくなかった。

おそらく、ここまでドライな関係を築けていたのは、俵氏には晩年までさまざまな仕事や使命があったからであろう。それに、その俵氏自身も必ずしも母親と良い関係を築いていたとは言えず、おまけに介護が必要になってからは相当、振り回されたようだ。しかし、一方で母親が亡くなったときに「私の本をいちばんに読んでくれる人がいなくなった」という思いを抱いた、ということも書いている。割り切ろうと思ってもなかなか割り切れない、それが母と娘の関係なのだ。だからこそ、「自分はなるべく子どもたちとは距離を置こう」とことさらにドライな関係を保ち続けようとしたのだろう。

ただ、俵氏のように「親は子どもを愛するけれど、子どもはそうではなくて当然」と母と子の非対称的な愛情関係をさらりと認められる人は、親の側にも子どもの側にも実際にはそう多くはないはずだ。

それどころか最近では、最初から「子どもを持つことは自分のステイタスの引き上げにつながる」と考える女性もいる。エッセイストの酒井順子《じゅんこ》氏はその状況を「今や子育ては最高の趣味」と見事に言ってのけたが、都会暮らし、夫は高収入、自分も高学歴でキャリアあり、といった女性の場合、最後の切り札として「そして母でもある」という一行をプロフィールに加えようとしていることがある。

だとすると、たしかに生まれてくる子どもには、最初からルックスも良くて聡明《そうめい》で芸術的才能やスポーツの才能もあり、英語もすぐに身につけ……とさまざまな条件が要求されることになる。遺伝子解析技術が凄《すさ》まじい勢いで進みつつある今、SF映画『ガタカ』に描かれたような受精卵の遺伝子操作を行って理想の遺伝子配列を持つ子どもを作る、いわゆるデザイナーズ・ベイビーも限りなく実現に近づいている。「親は子どもを愛するが、子どもはそうでもない場合もある」と考えた俵氏の時代からさらに進んで、親にとって子どもは自分をさらに輝かせるためのひとつの手段になりつつあるのかもしれない。

「あなたを育てたのはこの私よ」

ここでもう一度、「母にはかなわない」という敗北感に打ちひしがれているミナミさんの話を考えてみよう。

診察室でミナミさんに確かめてみると、実際に母親が「私はこんなにやってきたのに、あなたはできないのね」と具体的に自分との比較を口にしたのは、ほんの数回に限られているようだった。それにもかかわらず、ミナミさんがそれに自分であれこれ空想したストーリーをつけ加え、「きっと私にこうしてほしいと思っているに違いない」「これができないと怒っているはずだ」と一方的に思い込んでいるのだ。

いわば、闘いもしていないのに、敗北宣言をしていると言ってもよいだろう。

思想家の内田樹《たつる》氏は二〇〇四年に自身のブログで、かつて精神分析などでテーマになった「息子と父親の闘争」が「『娘と母親』のあいだのヘゲモニー闘争」にシフトしていること、「かつ戦績も『母親が圧勝』」であることを早くも指摘している。

そこで内田氏は、「母親」を次のように描いている。

「母親というのは平然と子どもの夢をふみにじったあとに、ぽろぽろ泣いて『あんたのことを思って言うのよ……』とうつむき、涙をふきつつ『ね、昨日の残りのトンカツあるけど、チンして食べる?』というような話題に瞬時に切り替えることのできるたいへんにタフで融通無碍《ゆうずうむげ》な存在なのである。」

たしかに、そんな母親に容易に勝てそうにない。いや、そもそも、母は最初から娘を「勝負の相手」とは思っていないのである。同じ稽古事《けいこごと》をしていて、娘の方が習得が早いなど優劣が比較的はっきりついている場合でも、いざとなれば「でもあなたにお茶を習いなさいと言ったのは私だし」「あなたのほうが級が上といっても、それは年が若くて頭も柔軟なんだからあたりまえよ」などと言い出し、この勝負はフェアじゃないと突然、言い出す。

競う相手が父親となると、娘の方がすぐれている点を見つけた場合、「おまえには負けた」「これからはあなたの時代だ」などと勝敗をはっきりさせ、場合によっては代替わりを潔《いさぎよ》く認めたりするのである。

どう考えても「娘が圧勝」という場合には、母親は最後の切り札である「あなたは私のおなかから出てきた」という一言を使う。このフレーズには、言葉にはされないが「そもそも」「しょせん」といった副詞がついている。母親に「いまはどんなに自分がすぐれた人間であるかのように見えても、あなたはしょせん、私のおなかの中に宿って無力な存在として出てきて、私がすべてをケアしてあげてようやく人間らしくなっていったのだ……」そう言われると、娘の側としては言い返す言葉もなくなる。

一方、母親は息子には「しょせんあなたは私の子。私がすべてを知っている」とまでは言わないようだ。それは、その胎内に宿ったとはいえ、男性である息子は母親にとって〝異物〟であり、自分では完全に把握することのできない畏敬《いけい》の対象であるからではないか。母親は息子には、「私のおなかの中から、私にとっても未知の存在である男の子がよくぞ出てきたものねえ」と驚きや感激のまなざしを向け続ける。娘に対するように、「あなたのことは子宮に宿った瞬間から知っている」とうそぶくのははばかられるのだ。

一般的に母親は娘に対しても息子に対しても、負かしたり乗り越えたりするのではなく、包み込み、呑み込み、自分と一体化していることを確認しようとする。そして、「私から出てきた他者」である息子に対して感じている一抹の遠慮を、娘には一切、感じていないということだ。

そのことをときどき娘に思い出させるために、母親は〝立派になった娘〟の弱点、欠点をそれとなく指摘する。

「いくら学校の先生になっても、ハンカチをきちんとたためないところは、子どもの頃から少しも変わってないじゃない」「あ、またクツのかかとが右だけすり減ってる。大きな会社の部長さんがこれじゃ笑われるわよ」。

そういった子ども時代からのクセを知っているのは、母親だけなのだ。

もちろん、母親は息子にも同じような指摘をするのだが、すでに父親を乗り越えた息子は、それを余裕の態度で聞き入れることができる。「やっぱり母さんにはかなわないな」と言えるのは、息子は「勝ち負け」という次元では勝利をおさめているからなのだ。

太陽の母、月の娘

母親の中には、もっとストレートに自分が勝利していることを誇示するタイプもいる。

適応障害との診断で診察室に通っていた三十代のサツキさんの母親を見て、驚愕《きょうがく》したことがあった。

「すみません、今日はサツキ、風邪でうかがえないからクスリだけ取ってきてほしい、と頼まれまして……。」

そう言って頭を下げる女性は、どう見てもサツキさんの母親ではなくて姉に見えた。いや、サツキさんはどちらかというと目立たない地味なタイプであるのに対し、母親は女優かと見紛《みまが》うばかりの華やかさ。姉にさえ見えないというのが正直なところだった。なぜ、化粧っ気もないサツキさんの母親が、ロングヘアをクルクルとカールさせ、首元に何連ものパールのネックレスを巻きつけた女性なのか。

しかし、診察室でこういう「華やかな母親と地味な娘」という組み合わせの母娘《おやこ》に出会う機会は、意外に多い。そういったマダム風の母親と話をすると、たいていは娘の地味さ、まじめさを「心配している」と言う。

「ねえ、まだ若いんですから、もう少し着飾って楽しくしてもいいと思うんですよ。でも、いくら言ってもダメなんです。かわいそうです、なんだか。」

そう言って心配そうにしながらも、母親の表情にはどこかゆとりがある。おそらく母親は「太陽と月」の太陽の面を全部、引きうけており、娘はその光を受けて輝くことしかできない月のような役割を自然と担《にな》わされてしまっているのだろう。逆に言えば、娘が月であり続けるからこそ、母親はますます輝く太陽でいることができるのだ。

もし、娘も太陽のように輝き出せば、娘のような若さのない母親はひとたまりもない。これまで母親を「すてきねえ」とほめてくれたまわりの人たちは、今度は娘をほめ始めるようになるかもしれない。「若いころのお母さん、そっくり」といったほめ言葉も、母親にとっては「いまの私は容色も衰えて見る影もない、ということか」と自分が非難されているように感じるだろう。

もちろん、母親自身には、「自分が太陽、娘は月」と考えている自覚はない。ただ、無意識に、自分がいつまでも周囲から評価される存在であるためには、娘には華やかに輝いてもらっては困る、という思いがあり、それが知らないうちに娘に対して「あなたにはこっちのほうが似合うわよ」とより地味な服装を勧める、といった行動に結びついていることもある。

また、娘のほうも母親からの無意識の欲求を敏感に察知して、〝母親の引きたて役〟のような役割を引き受けてしまうことが多い。それを、服装やメイクだけではなく、

「どうしても体調が悪い」「すぐにうつ状態になる」といった心身の不調で表現する人もいる。

彼女たちは、母親に「困ったわねえ、また朝、起きられないの?」と心配や迷惑をかけているようでいて、実は「やっぱりママのほうが若くて元気」というポジションをキープさせ続ける役割を演じているのだ。もし、娘が心身の健康を回復して、どんどん仕事をしたり家事、育児をこなし出したりしたら、今度は母親が「家のしっかり者」といった地位を失うことになってしまう。母親は無意識的に、それだけは何としても避けたい、と思うことだろう。

先のサツキさんの母親も、娘とのあいだに行動力、外見を飾る力などすべてに圧倒的な差があることを心の奥では知りながら、表面的にはそれに気づかないふりをして、「私たち、なんでも話せる友だち親子よね? でも、違ったら言ってよ」と娘に囁《ささや》きかけるのだろう。そう言われると娘は、「お母さんはあくまでも親であって、友だちとは違う」などと言い返すことはできず、「そうよね! なんでも話せるお母さんでよかった」と答えるしかない。

母は「娘にもちゃんと確認しました。強制したわけではありません」と自分がフェアであることに自信を深めるのだが、確認の時点ですでに力の差があるのだから、否定や拒否の答えが返ってくるはずがないのである。

「お妃《きさき》さまの鏡」のままでいいのか

『白雪姫』の童話の中で、白雪姫の継母《ままはは》でもある妃は鏡に向かって、「鏡よ、鏡、世界中でいちばん美しいのは誰？」という有名な問いかけをする。鏡の答えはずっと「それは王妃さま、あなたです」であったが、白雪姫が成長すると、鏡は妃ではなく姫の名前を答えるようになる。嫉妬《しっと》に狂った妃は、猟師に命じて白雪姫を森に連れて行き、殺害しようとするのだ。

あまりにも有名なグリム童話の一篇だが、初版本では妃は白雪姫の継母ではなくて実の母親として登場する、という説もある。実の母がわが娘の美しさに嫉妬し、殺害計画を立てる、というのはまた恐ろしい。

ここで「妃は誰か」という問題から、「鏡とは誰か」ということに視点を変えてみよう。私は、「いちばん美しいのは誰？」と毎日きかれて、飽きることなく「それはあなたです」と答える鏡の存在こそ、実は娘なのではないか、と想像してみたりする。

多くの母は、娘に「ママ大好き」「ママって世界一」とおだてられほめられながら、子育てをしている。もちろん息子にも同じようにほめられているかもしれないが、息子の本当の役割は母親をほめることではなくて、ただそこにいて、自分の息子でいてあげることなのだ。先ほども述べたように、息子は母親にとって、「よく私の中から出てきたものねえ！」という畏敬と驚きの対象だからだ。

それがあるとき、娘は母にちょっとした反逆を試み、「あ、ママのお顔にシワがある。私はこんなにツルツルなのに」と言ってしまった。それが、鏡が「いちばん美しいのは白雪姫です」と言ったことに相当する。そして、自分を世界一とほめてくれなくなった娘など、母親にとってはもはや無価値なものである。それが「森で殺害する」ということなのではないだろうか。

それを考えると、いまどきの娘たちは、一生、母親に「この世でいちばん美しい人、それはあなたです」と言い続ける鏡の役割を担わされているような気がする。もちろん、「美しい」というのはひとつの例で、「家事の天才」「インテリアの趣味は世界一」「なんでも知ってる」などなど、ほめ方はそれぞれだ。

そうやって忠実な鏡でい続けることで、娘にはどういう人生が待っているのか。まず、母親に恨まれたり妬《ねた》まれたりして森に捨てられる心配はなくなるだろう。しかし同時に、王子さまに出会うチャンスもなくなってしまう。

三十代後半や四十代になって「婚活」に目覚めて、ようやく自分の力で相手を探そうとし始めている女性たちは、これまでずっと自分が「お妃さまの鏡」として生きてきたのではないか、とちょっと自分に問いなおしてみるべきではないか、とも思うのだ。

娘の敗北宣言が繰り返される理由

先日、中学時代の同窓会に出席したときに、かつてのクラスメートたちが興味深い話をしてくれた。ちなみに私は現在、五十代半ばなので、女性の同級生の中には孫ができて祖母という立場になっている人も増えてきた。そのひとりがこう言ったのだ。

「娘のところに孫が生まれたので、私もちょっと手伝ってあげなきゃならないんだけど、こっちも仕事もあるし更年期障害でつらいし……。ちょっとグズグズしてたら、私の母が出てきたのよ。『ひ孫の面倒は私が見ます』って。

母は七十六歳で、あちこち体調も悪いって言うから、最近は私が何かと世話してあげてたのよ。厳しかったあの母も、いよいよ私に頼る時が来たんだなー、って感慨深かったんだよね。

それが、今回のひ孫誕生でまたまた元気を回復しちゃって、『あなたはいつもはっきりしないから、まかせてられない。私がなんとかします』なんて言われちゃって。子どもの頃からこの『はっきりしない子』というのを何十回、言われたか……。久々に聞いたわ。でも、孫ができてもまだ、そんなこと言われるとは思わなかった。なんか〝まだあなたには負けません〟と言われたみたいで、悔しかったけど仕方ない。」

つまり、最近はすっかり母親に対して「私が勝ち」と思っていた娘が、孫の誕生を機にまた自分の母親に一敗を喫することになった、ということだ。友人の表情を見ると、孫が生まれたうれしさよりも、「母にはホントにかなわない」という敗北感のほうが大きいようだった。

とはいえ、この場合でも、「この年齢になってまた母に負けた」などと思っているのは娘だけであって、母親は単に「かわいい娘、孫、そしてひ孫のために」とはりきっているだけかもしれない。

ここでも娘は、母親に「一方的な敗北宣言」をしているのだ。

この「母親に一方的な敗北宣言をする娘」については、社会学者の上野千鶴子《ちづこ》氏が著書『女ぎらい――ニッポンのミソジニー』（紀伊國屋《きのくにや》書店、二〇一〇）の中で次のように語っている箇所が参考になる。

「母の期待に応《こた》えるにせよ、母の期待を裏切るにせよ、どちらにしても、娘は母が生きている限り、母の呪縛《じゅばく》から逃れることができない。母に従っても逆らっても、母は娘の人生を支配しつづける。母は自分の死後までも娘の人生を支配しようとする。そして娘の母に対する怨嗟《えんさ》の感情は、自責感と自己嫌悪としてあらわれる。母を好きになれない自分を、娘は好きになれない。なぜなら母は娘の分身であり、娘は母の分身だから。」

分身だからこそ、母親を嫌い憎むことは、自分を嫌うことだ、と娘はある日気づくのだ。「お母さん、ごめんなさい。私が悪かった」と謝りながら、娘は自分に「私を好きになれなくてごめんなさい」と謝っているのだろう。それが「敗北宣言」が繰り返される理由なのかもしれない。

母親は自己嫌悪に陥らない

しかし、そうだとしてもここでまた新たな疑問が生じる。娘は母の、母は娘の分身であるならば、母だって娘に対して「申し訳なかった」と贖罪《しょくざい》の気持ちを持ってもよいはずではないか。ところが、「私の間違いでした、あなたにはかないません。それなのにあなたを嫌ってごめんなさい」と謝るのは、たいてい娘の方だ。そして、母親は「あら、あなた、私のことを嫌ってたの？」といつも無自覚のままなのである。あるいはうすうす気づいていても、面倒を避けるために気づかないふりをする。

これは一体どういうことなのだろう。

ここで、上野氏の先の説を少し発展させて考えてみよう。娘は母を憎んでいるから自己嫌悪に陥るのではなく、自己嫌悪に陥っているからこそ母を憎むのではないか、と逆方向から考えてみるのだ。

だとすると、こういう考えもできるだろう。母親というものは、自己嫌悪に陥ることがないから、自分の分身である娘を恨むこともなければ、娘に恨まれていることに気づくこともない、ということだ。「自己嫌悪」のあるなしが、母と娘の非対称的な関係の根っこにはある。

では、なぜ母親は自己嫌悪に陥ることがないのか。「結婚して娘を持つことに成功した」というただそれだけのことで、自分や自分の人生に対してとりあえずは全面的に肯定的な気持ちを持てるのではないだろうか。「私もいろいろあったけれど、娘も生まれたし、これでよかったのよ」と自己肯定でもしなければ、とてもこれまでの人生を生き延びることができなかったという母親もいるだろう。娘を持てたから、つまり分身を作れたからこれで人生の最低条件はクリアできたはずだ、という自己肯定感は、母親にとっては自分がサバイブするための最後にして最強のよすがのようなものだ。

――何を手放しても、娘を持つことで得られた「これでよかった」という自己肯定だけは手放すまい。恋愛、結婚、仕事、満足いかなかったことはたくさんあるけれど、自分の分身を作ることはできたんだから、それだけでも私には価値があるのよ。

こう固く信じている母親に、娘が太刀打ちできるわけはない。

それにしても、母親はなぜ、自分がそうしてきたような自己肯定の仕方を、娘にも教えてくれなかったのだろう。「お母さんは、あなたがいてくれて幸せよ」と耳元でささやき続けるだけで、娘も「お母さんにとって私は不可欠の人間なのだ」と自分を肯定することができたはずなのに……。なぜ母親は、娘には「あなた、それでいいの？」と自信が揺らぐようなことばかりをささやくのだろう。

世代間でもズレがある

「あなたのことは何でも知っている」「娘を持ったことは私にとって間違いじゃなか

った」という母親のあまりにも揺るぎない自信に、娘は一瞬、「この人は私が生まれる前から私の母親だったのか」と錯覚してしまう。しかし、もちろんそんなわけはない。母親は娘を持ったからこそ、「私が母よ」と言える立場を手に入れることができたのだ。だからこそ娘は、「私がいなかったらあなたはどうなったと思う?」と迫ることも可能なはずだが、そこで「私にはあなたを産まないという選択もあった」と返される可能性が頭をよぎり、つい口ごもってしまうのだ。

しかも、ここには時代や世代という問題もあるようだ。私と同世代か少し年下、つまり一九六〇年代から七〇年代に生まれた友人の多くは、〝強烈すぎる母親〟との関係に大なり小なり悩んでいる。みんな教育熱心な母親に過剰なまでのケアと愛情を注ぎ込まれて育ったのだが、その介入がいつまでたっても終わらないので辟易《へきえき》しているのだ。そこで少しでも「放っておいて」と言おうものなら、「誰のおかげで大きくなったと思うの?」「あなたはママを見捨てるわけ?」といった感情的な逆襲が待っていることはわかっているので、もう誰も母親には逆らおうとしない。

その中には、自分も結婚して娘を持ち、母親という立場になった友人もいる。そういう友人には、積極的に尋ねてみることにしている。

「娘を持って、自分の母親の気持ちがわかった? やっぱりあなたのママがあなたにしたように、娘に対しては世話を焼きすぎたりあれこれコントロールしようとしたりするものなの？」

するとト代か二十代の娘を持っている友人たちは、「とんでもない」と激しく首を振る。

「私の母と私の関係、私と娘の関係は、まったく違うと思う。私にとって娘は、はっきり言って〝何を考えているかよくわからない若い人〟で、いっしょに買い物とか旅行とか出かけるけど、逆にこっちが遠慮してしまう。母がいまだに私にしてくるように、毎日、電話するとか洋服を買ってムリやり着せようとするなんて、私にはとてもできない。」

ということは、娘にとってストレスフルな母親というのは、もしかするといまちょうど高齢期やシニアと呼ばれる世代にさしかかる世代、六十代から八十代の母親が中心ということになるのかもしれない。

母親のゆるぎない自信の正体

ここでもうひとり、診察室で出会った女性を紹介したい。

「あなたにはわからないでしょ。」

ヒサコさんは、「母親の口癖」としてこのことばをあげた。ヒサコさんは三十代後半、司法書士として多忙な毎日を送っている。資格を取るまでにも長い年月を要し、これまでは勉強ひとすじの毎日。恋人がいた時期はあったが、結婚に踏み切るには至らなかった。いまだに実家暮らしを続けている。

母親も「まずは資格が取れないことにはお話にならないわね」と言って、とりあえずは勉強の日々を応援してくれた。そのときも何度も、「あなたにはわからないでしょ」と言われたという。

「あなたははっきりした目標があるほうが、がんばれるタイプなのよ。子どもの頃からずっとそうだった。あなたにはわからないでしょ。」

そのときは母親の応援が力になり、ヒサコさんは合格率二%という難関を突破して、晴れて司法書士への道を歩むことになった。そして新人の多くがそうするように、まずはベテラン司法書士の事務所で修業することになったのだ。

ところがいっしょになって喜んでくれた母親は、三ヶ月もたつと「これからどうするの?」とヒサコさんにきくようになってきた。

「どうするの、って司法書士としてひとり立ちできるよう、いまの先生のところでがんばるんじゃないの。」

ヒサコさんがそう答えると、母親は「もうそんなことには関心がない」とばかりに、こう言ったのだ。

「資格が取れたんだから、その仕事をしていく、ということくらい、ママにもわかるわよ。そんなことより、あなた自身のことよ。まさかひとりで事務所を持ってやっていくわけにはいかないでしょ。女が所長の司法書士事務所なんて、ママ、きいたことないわ。」

ヒサコさんは、母親があまりに事情を知らないことに驚いた。

「なに言ってるの。司法書士は女性もけっこう多いし、大きな事務所を運営している女性所長だってたくさんいるんだよ。たとえば、私がお世話になってる名古屋の……」

実際の女性司法書士の例をあげて説明しようとしたところ、母親はそれをさえぎったのだ。

「あー、そんな話はママ、聞きたくない。それにそうやって名前が有名になるほど、女性は少ないってことなんでしょ。あなたもこのまま、地味に仕事だけやって年を取っていくかと思うと、情けなくて情けなくて……。あなたはひとりでやっていくタイプじゃないのよ。自分じゃわからないかもしれないけれど。」

つまり、母親は「司法書士をずっと続けていく女性は、かわいそうな負け組」と思い込んでいて、どんな実例を出して反論しても、「あなたにはわからない」のひとことで片づけられてしまう。

――どうして、自分の先入観が絶対に正しい、あなたにはわかってない、とここまで確信できるんだろう？

ヒサコさんは、怒りよりも驚きを感じたという。彼女自身は、相手と意見や考えが違うと、すぐに「あ、私が間違っているかな」と思うほうだ。そして、やっぱり自分が誤っていたとわかれば、すぐに考えを訂正し、相手には「間違ってたみたい、ごめんなさい」と謝ることもできる。

それなのに、母親は明らかに自分が間違っているときにもそれを認めようとせずに、あげくの果てには「聞きたくない」と情報を遮断してしまうのだ。

「いったいなぜ、こんなに自分に自信があるのか」と疑問を抱くうち、ヒサコさんは母親との会話のあるひとことから、その謎《なぞ》の答えを見つけることになる。

それがまさに、「あなたを育てたこの私が言うんだから」という言葉だった。

いつものように司法書士事務所に出勤するために家を出ようとすると、母は「そのスーツとイエローのシャツの色はあわないから、着替えたほうがいい」と言い出した。時間もなかったので「今日はもうこれでいいよ」と返したが、母は「イエローを着るとあなたは安っぽく見えるんだから着替えて」と引き下がらない。そして、言ったのが次のひとことだったのだ。

「あなたにはわからないのよ。あなたを育てた私が言っているんだから、ママの言うことを素直にききなさい。」

ヒサコさんはその言葉を聴いて、母の揺るぎない自信の根っこにあるのは、「自分は娘を立派に育て上げた母親なのだ」という確信であることに気づいた。

だとしたら、それは自分という存在があってこその自信、ということになる。「あなたのおかげで私は〝娘の母〟になれたのね。ありがとう」と感謝すべきとまでは言わないが、なぜその自信のよりどころである自分にまで強気な態度で出ようとするのか。

そこまではいくら考えてもわからなかったが、もし母親の圧倒的な自信の正体が「あなたは娘を育てたことがないでしょう？　私にはあるのよ」という自らの経験だとするならば、それを完全に否定するのはある意味、不可能だ、と納得してしまったという。

対等になれない関係

では、自分も子ども、とくに娘を持てば、はじめて「母と対等」になれるのだろうか。

どうも、そう簡単には行かないようである。

これは、私の友人の話なのであるが、彼女は大学を優秀な成績で出ても、世の中でどれだけ活躍しても、先のヒサコさんのように母親から「あなたは自分のことがわかってない」「私の言うことに間違いはない」と言われ続けてきた。そこから逃れるように結婚して家を出て、三人の子どもをもうけた。

彼女は兄とふたりきょうだい。「母親はふたり子どもを産んだけれど、私は三人。こんな比べあいはおかしいけれど、これで勝ったと思った」と言っていた。

ところが、自分の子どもを三人連れて実家に帰ると、今度は母親は孫たちにおいしい食事やおやつを作って出したり、昔ながらの遊びを教えたりして、すっかり〝手なずけてしまった〟のだそうだ。そのうちに子どもたちは「おばあちゃんのお家《うち》にまた行きたい」とせがむようになり、母親は「夏休みになったら、ママがいなくても一ヶ月くらいこっちに泊まったら」と言い出した。友人は「子どもたちを預かってもらったらラクになる」と思う反面、「でもなんだか母親に子どもをとられるみたい」と思い返事に困ったが、子どもたちは「ホント？　必ずだよ」と大喜び。

そして、夏休みが来てその計画が実行されることになった。友人は「一ヶ月なんて絶対ムリ。きっとホームシックになって早く帰ってくるか、母親のほうが音を上げて〝もう連れて帰ってくれない？〟と泣きついてくるに決まっている」と思ったが、子どもたちは予想以上に実家の生活に順応し、約束の期日が来て迎えに行くと「もっとおばあちゃんのところにいたい」と言い出すほどであったという。

そしてもちろん、母親は得意満面な顔でこう言った。

「あなた、子どもたちにちゃんとしたものを食べさせてないんじゃない？　採れたての野菜や手作り味噌《みそ》の味噌汁を毎朝、出したら、ほらこんなにみんなツヤツヤした顔をしてるでしょう？　あなたは仕事はできても、子育てのことは何にもわかってないのね。これからも休みには定期的に子どもたちをこっちに預けなさいよ。あなたには心配でまかせておけないわ。」

娘が子どもを持ったとしても、娘側の「一方的な敗北」や母との「非対称の関係」はかわらずに続くのである。

賞賛から憎悪への転回

ただ、そうやってこれでもか、これでもかと自分の優位性をつきつけてくる母親に対し、「飽くなき戦い」を挑み続ける娘の場合は、「母を乗り越えたい」あるいは「母と和解したい」という前向きな気持ちがあるだけ、まだよいのかもしれない。診察室には、そういった母からの〝勝利宣言〟を受け入れ、すっかり白旗をあげている女性もときどきやって来る。

三十八歳のカオルさんは、「母親は最高の友だちで先輩なんです」と私の前で断言し、携帯電話に保存した写真まで見せてくれた。目の前にいる彼女は、SEという仕事柄もあるのか、あっさりした服装、髪型だったが、携帯の中でにっこり微笑《ほほえ》む母親はゴージャスなブラウスでメイクも派手。カオルさんが「いくつに見えます？　もう七十歳なんですよ」というが、とてもそんな年齢には見えなかった。

「私はレストランとか観光地とかにうとくって」と言う彼女は、まとまった休みごとに母親のプランニングでいっしょに旅行に出かけるのだという。写真はそうやって母と出かけたヨーロッパで撮影した一枚だそうだ。

「母親は結婚しなさいとも何とも言わずに、私のやりたいようにさせてくれます」「食事、洗濯などは全面的にフォローしてもらってるので、私は仕事に打ち込めるんです」とひたすら感謝し、「料理なんか、とても上手なんですよ。友だちを連れてくるとみんなビックリします」と自慢するのだが、地味な彼女が母親の〝引き立て役〟、あるいは陰の存在になっているようにも思えた。「いっしょに出かけるときには、いつも私が運転するんです。私にできて母親にできないのはそれくらいだから」と言うが、そういうときは娘の方から「自慢の息子」あるいは「仮想の恋人」役に変身し、その役回りを演じることになっているのかもしれない。

それがストレスになっていないはずはない。実際のところ、カオルさんは最近、理由もなく不眠におそわれ、「なんだか意欲がわかない、抜け殻になった気がする」と軽いうつ状態に陥って、クリニックにやって来たのだ。

私は、カオルさんのストレス源はやはり母親しかない、と考えた。母親との濃密で特殊な関係が、カオルさんの人生を支配して心のエネルギーを奪っていないはずはない。

彼女にまず必要なのは、「母親と自分は別の人間なのだ」と考え、「ママにはかなわない」と母親をひたすら賞賛し続ける生活から抜け出ることだろう。しかし、あまりにそれをストレートに伝えすぎると、「私は今まで母親の奴隷《どれい》だったんだ」と賞賛が憎悪に転じることもある。

私には何度か、それで失敗した経験がある。その例をあげておこう。

四十二歳のある女性は、結婚して息子をもうけていたが、近所にある実家を毎日のように訪れていた。「私が一日でも顔を見せないと、母親の機嫌が悪くなるんですよ」というのが訪問の理由のようだったが、行けば昼食が出てきて、さらには夕食のおかずまで持たせてくれる。「これ、あなたに似合うと思って買っておいたのよ」と新しい洋服が用意されていることもあった。

しかし、そういう毎日の中、彼女は突然、パニック発作に襲われるようになり、クリニックを訪れた。私は彼女の日常をきき、「ずいぶん母親の影響や支配の力が強いようですね」と言ってしまったのだ。

それから彼女自身も、自分と母との関係に疑問を感じるようになった。そして、クリニックでこう言ったのだ。

「先生、わかりました！　私は結局、お母さんに利用されているだけだったんです。結婚も親が決めたようなものだったし、実家のそばの今のマンションだって親が率先して契約したし……。私はお母さんの〝お人形〟にされていたんだ。」

それからというもの、彼女は毎日、実家を訪れるたびに、「私を思い通りにしてさぞかし満足でしょう!」「私の青春を返してよ!」と激しく母親をののしるようになった。

しかし、少なくとも毎日、実家で食事から洋服まで面倒を見てもらっているあいだ、娘は母親に依存していたことは確かだ。私はあわてて、「お母様の長年の価値観は、すぐには変わりませんよ。それよりあなたがご主人と相談して遠くに引っ越すなり、実家に毎日、行くのをやめるなりしたほうが、話は早いんじゃないですか?」と言ってみたが、「先生は私がおかしい、って言いたいんですか!」とかえって怒りをかき立てる結果となった。

「束縛されていた」と気づいた瞬間に自分の力で束縛から逃れればいいのだが、彼女も「束縛する母親―依存する娘」という関係性を変えるのが怖いのだろう。

老親に世話を迫る娘

親への依存が憎悪《ぞうお》に転じた中には、そのきっかけが「親の老い」だった、というケースも少なくない。「松田聖子の大ファンなんです」という三十九歳の女性は、「仕事をやめてセラピストの資格を取るために勉強中」との理由で実家からの仕送りで生活していた。とはいえ貧しい暮らしではなく、小さいながらマンションも買い与えられ、「聖子のファッションをお手本に」とおしゃれも楽しんでいたようだ。

ところがあるとき、母親から「お父さんも体調があまり良くないので、来年で会社の役員から退くことになった。あなたにもこれまで通り仕送りできなくなるかもしれない」と連絡があった。一般的に考えれば親も七十代だというから当然だと思うのだが、その話を聞いたとき、彼女はショックのあまりパニック発作を起こしたのだといら。それがクリニックにやって来た理由だった。

「ねえ、先生、ひどい話だと思いませんか？　勉強したいならしていいのよ、とすすめてくれたのは親なんですよ。それなのに途中でもう仕送りができないかも、なんて無責任だと思いませんか？」。「私は親思い」と言うわりには、親の体調を心配することばは聞かれず、ひたすら「ひどい」「信じられない」と怒っている。

昔なら、親の老いの兆候や病気は子どもに「もう親も若くないんだな」という自覚を促し、「これからは私がしっかりして、親の世話をしてあげなきゃ」と本当の意味でおとなになるきっかけになっていたのだが、今の女性は親の変化に「こんなはずではなかった」と怒り、決して「親子の関係は前とは違うんだ」と認めようとはしないのである。

中には、「私が体調を崩して検査入院することになったのに、親はほとんど見舞いに来てくれなかった」と怒っていた四十代の女性もいた。入院とはいっても数日のことで、付き添いの必要もまったくなかったらしい。「病室に親がずっといても、それはそれでわずらわしいんじゃないですか」ときくと、「それはそうかもしれないが、もしかしたら悪い病気かもしれないんだから、もう少し心配してくれてもよかったはず」という答えが返ってきた。検査の結果、悪い病気ではないことが明らかになったのだが、彼女にとってはその喜びよりも「親がきちんと看病してくれなかった」ことへの不満のほうが大きいようだった。

少し失礼かとは思ったが、「もし、もしですよ、あなたが良くない病気だったらどうしてほしかったんですか」ときいてみると、「私は結婚もしてないですし、頼れる身内は親だけなんだから、それなりのことはしてもらわないと困ります」と断言していた。

がんの発病から克服までを記録した岸本葉子氏の『がんから始まる』（晶文社、二〇〇三）には、ひとりで検査の結果を聞きに病院に行った著者ががんを告知されたとき、まずはじめに思ったのが「お母さんが亡《な》くなっていてよかった」ということだった、と書かれている。もし生きていたら娘ががんになったのを知ってさぞかし心配しただろう。それを考えると、母親が今いないのはせめてもの慰めだ、という意味だ。

老いた親を見て、「もっと私の世話をしてくれるはずだったのに！」と怒る娘たちの目には、自分ががんになること以上に母親に心配をかけることを恐れる岸本氏の思いやりがどう映るだろうか。おそらく彼女たちは、もし自分ががんになったとしたら、「最期《さいご》までちゃんと看取《みと》ってよね！」と親に要求するに違いない。そしてもちろん、自分が病気の親を看取る日が来ることなど、想像さえしたくもないのだろう。

こういった経験を踏まえると、先ほどの「母親を絶賛する娘・カオルさん」にも、まずは母からの支配を自覚してもらい、自立の気持ちを持ってもらうことが必要だが、それはあくまで「ソフトな離陸」でなくてはならない。

そのためにはどうすればよいのか、と私はまた頭を抱えてしまったが、ここはなんとか「自分で気づいてもらう」しかないのである。

第三章　私から離れると大変なことになるわよ

——母が娘を脅す理由

息子に失恋する母親

なぜ、母親はここまで娘を支配したり、娘に対して勝ち誇ろうとしたりするのだろうか。

ここからは、「母親の心理」について心理学や精神医学の知識を借りながら説明してみたい。

従来、「分離不安」といえば、「母子関係において子ども側が母親と離れることを過剰に恐れる心理」ととらえられ、子どもの心の発達という観点で考察されてきた。しかし近年、発達心理学では「『親』の心の発達」も大きなテーマとなっており、「母親の分離不安」にも注目が集まりつつある。この分野で「母親の分離不安」は、「子どもを残していくことについての母親のさびしさや心配、罪悪感といった不快な感情」と定義されている。

この問題を研究している発達心理学者の角張《かくばり》慶子氏は、「幼児を持つ母親の分離不安」という論文でこう述べている。

「母子の関係は母が子どもの世話をする（子どもが母に依存する）という一方向のものではなく相互的なものであることを考えると、母親が養育者として自分と離れているときの子どもの状況を強く懸念《けねん》するという側面と母親自身が子どもに依存しているという側面とが考えられる。」

そして、「懸念するという側面」は「心配」という感情に、「子どもに依存しているという側面」は「さびしさ」という感情につながると言う。さらに、「心配」は過保護・過干渉に、「依存」は子どもだけがよりどころという状態につながる、とも説くのである。角張氏は実際に幼い子どもを持つ母親への調査から、この「母親の分離不安」を軽くする要因として、「夫からのサポート」や「日常会話の多さ」などをあげている。

もちろん、子離れを経験した母親が陥る「空の巣症候群」と呼ばれる抑うつ状態は七〇年代からしばしば指摘されてきた。ただこれは、子どもが大学を卒業して就職するなど、物理的にも家を離れて独立したときに起きるものと考えられていたのである。

しかし、いま注目されている「母親の分離不安」は、もっと子どもが幼い段階で、たとえば「母子一体となってお受験に励み、子どもが希望の小学校に入ったとき」とか「娘が高校に入って部活に熱中して家族旅行に行かないと言ったとき」などに起きる。診察室でそういった母親の話を聴いていると、その姿は「お母さんが仕事に出かけるのはイヤだ」とむずかる子どもと重なる。もしかすると、母親となったその女性は、本当は自分の母親にもっと依存したい、甘えたいと思っており、その気持ちを自分の子どもに向けているだけなのかもしれない、とさえ感じるほどだ。

最近目立つ、この「母親の分離不安」は、子どもが息子でも娘でも起きるようだ。

二〇一三年五月二十三日には、「息子の親離れに戸惑う母」の声が朝日新聞で紹介され、大きな話題を呼んだ。一部を引用しよう。

「息子に『失恋』母の傷心　『見るな』とにらまれ／女子のメールに嫉妬《しっと》
記者（43）は近頃、まるで失恋をしたような気持ちで日々を送っている。反抗期に入った中学1年の一人息子に『ウザイ』『キモイ』と遠ざけられているからだ。自分を誰より慕ってくれた男の子。一緒に買い物に行けば、きゅっと手を握りしめてきた『小さな恋人』。その手のひらを返したような態度に心は痛む。聞いてみると、周りにもそんな気持ちを抱く母親たちがいた。」

記事には、「夫は無口なのに息子はなんでも助言してくれた」とか「食事をほめてくれた」といった母親たちによる〝息子自慢〟が語られるが、それも〝今は昔〟。優しかった息子の態度は突然、変わり、彼女たちは次のように嘆くことになるのである。

「今では反抗の嵐《あらし》。『本当は息子も私のことを好きなのよ』と何度すり寄っていっても冷たくされ、永遠にふられ続けている気分だ。『息子に注いできたものを全力で否定されている。息子を好きと思うのも、自分の分身と思っていたからかも……』と寂しくなる。」

実はこの記事を書いた記者から取材の申し込みがあり、私は「思春期に自我が芽生え、息子が母親から離れて行くのは順調に成長している証《あかし》」といった常識的なコメントをした。そして内心、「『息子に失恋』だなんて、そんなあからさまな言い方に共感する人は少ないのではないか」と思っていた。

ところがこの記事に対して「私もそうです」といった母親たちからの投書が殺到。急遽《きゅうきょ》、第二弾が組まれたほどであった。またその後も同じテーマで他紙や月刊誌が特集を行うなど、「息子に失恋する母」という話題はちょっとしたトレンドになったのである。

これも広い意味では「母親の分離不安」と考えられるが、そこにあるのはあくまで「異性への視線」である。息子は遺伝的に自分の形質を受け継いだ分身であると同時に、乳児時代から自分が思うように育て上げた「理想の異性」でもあるのだ。それは、「自分とは異質なものであるのに、自分で完全にコントロールできる」存在だ。

たとえば食事のあと、幼い息子が「ごちそうさまでした」と言えばちょっとニッコリ、「ママのゴハンは世界一」と言えばおおいにニッコリしていれば、息子は学習して「ママよりおいしいゴハンを作れる人はいないよ」「今日のゴハンも最高」などとどんどん過剰な賞讃《しょうさん》の声をかけてくれるようになるだろう。子どもは基本的に、母親にほめられるような反応を身につけるからである。

しかし、手塩にかけて作り上げたその「理想の異性」も、自分自身の価値観や意思を持つようになる十代半ば頃から、次第に変わっていくのは仕方ない。さらに好きな女の子でもできたときには、息子の関心は「母親にほめられること」から「彼女に振り向いてもらうこと」に完全にシフトしてしまうのである。そうなると、これまでは「ママに似て真っ黒でしなやかね」となでられていた髪も、彼女好みに金髪に染めてムースで固めてしまうかもしれない。

「もう、私のものじゃなくなったのね」という喪失感を、母親たちは「息子に失恋」と表現しているのだろう。

「自分とは違う娘」を認めない

それに比べると、母親と娘の「分離不安」はかなり性質が異なるように思う。母親にとって娘は息子のように「異質」なものではなく、ほとんど自分のコピーと言ってよい。息子に対しては母親は「私と違う」というおそれ、ときめきを感じるはずだが、娘に対しては「なんだ、私と同じじゃない」という気安さを感じる。たとえはじめての育児で最初は不安が大きくても、育てるうちに「そういえば私も子どもの頃はこうだった」「たしか母親はこうしてくれたはず」と過去を思い出し、どんどん娘が「勝手知ったる相手」に思えてくる。

その「私はあなたのことをよく知っている」という親密さは、息子の場合とは違い、いくつになっても消えることはない。それどころか一歳より三歳、三歳より五歳、と娘の年齢が上がれば上がるほど、母は娘の成長過程を自分の過去として思い出すことが増え、ますます「そうそう、こうなのよ」「次はこうなるんでしょう?」と娘への優位性を高めていくばかりなのではないか。娘との生活で〝人生の先輩〟としての自信を強めれば強めるほど、「まさか、この娘が私のもとを去るわけはない」という確信も深まるのだ。

しかし、娘は独立した人格を持つひとりの人間なので、いくら母が「全部わかっているわよ」と勝手に錯覚していても、息子とまったく同じように、自分なりの考えや好みを持って振る舞うようになる。その時期は子どもによってまちまちだが、中には就学前に「私はこうしたい」とはっきり自分の意思を示す娘もいる。

それは、息子を持つ母親が「ああ、小さな恋人にフラれちゃった」とほろ苦い思いを味わうのとは違い、まさに「飼い犬に手をかまれた」という情況に近い青天の霹靂《へきれき》だ。診察室である母親が、こう語ったことがあった。

「私は専門的な研究職として働いてきたので、娘にも同じ道を歩ませたいと漠然と思っていました。それなのに、小学校のお受験のときに、娘は算数がまったくできないことがわかったのです。そのかわり絵を描くのが好きで、絵本やマンガばかり読んでます。娘のことがさっぱりわからなくなりました。本当はマンガなんかよりやっぱりきちんと勉強してほしい。いったいどうしたらよいのか……。」

彼女は「自分とは違う娘」について、エイリアンか何かのことを語るような口調で説明し、何度も「信じられない」「どうすればいいのか」と繰り返した。そして私が、「ユニークな娘さんみたいですね。でも、だいたい子どもが自分と同じなんて面白くないでしょう。家の中に自分と違う個性を持った家族がいる、というのは楽しいんじゃないですか」と言うと、「なんておかしなことを」と言わんばかりの驚いた表情をした。

おそらくこの母親は、娘の人格や生活に「自分が把握できず、立ち入れない部分」があることを認められず、どう受け入れたらよいのかわからなくなっているのだ。そして、そこであっさりと「そうか。娘には私にない絵の才能があるのか。じゃ、算数はほかの人にまかせましょう」と手放すことができず、いまだに「やっぱり勉強を」と自分の側にひきつけようとしているのだ。

基本的なタイプとは違うが、これも先の「分離不安」のバリエーションと考えられる。自分にはわからない部分があるということは、娘にとって母親が全面的に必要とされる存在ではない、ということでもある。「私は娘のことならなんでもわかる」と信じて疑わなかった彼女たちにとって、それは「自分でなくなる」というのと同じことなのだ。

支配という名の依存

ここで、見方を娘の視点に転じてみよう。自分の中に母親と違う性質の芽生えを見つけたときに、いくら母親が「それはやめなさい」と自分の側に引き戻そうとしても、「好きにさせてよ」と離れて行ける、あるいはひとり立ちできる娘は問題ない。

しかし、中にはこういう娘もいる。好きなことをしようとしたときにふと横を見ると、母親が不安でいっぱいの表情で立っていたとしよう。それを見た瞬間、「母親を置き去りにするのは悪いことではないか」と罪悪感を抱いてしまう。それは単なる申し訳なさというより、「そんなことをしたら、いつか私も大切な誰かに見捨てられるのでは」という未来への恐怖でもある。

そして、「やっぱり母親のもとを離れるのはやめよう」「お母さんの期待にこたえよう」と自分の道をあきらめてしまうのである。

すると、母親は自分の分離不安が解消された喜びから、勝ち誇ったようにこう言うであろう。

「それでいいの、あなたはこうしてママの言うことをきいていれば間違いはないのよ。ママがいなければ何にもできないんだから、これでよかったのよ。」

もちろんそれは、娘に対してというより、自分を肯定するための言葉であることは言うまでもない。しかも、母親には「自分が娘の自立を阻《はば》んだ」という自覚はなく、「あくまで娘が自分でひとり立ちをやめた」と思い込み、娘にも「やっぱりあなたはまだまだ子どもね」などとその未熟さをことさらに強調して伝える。

そしてそう言われると娘も、「行かないでと言ったのは、ママのほうじゃない。だから私はあなたのために自立をやめたのよ」とは思わずに、「こうなったのは私がダメだからなのだ」と自分の実力不足や意思の弱さの問題だと考える。

このようにしてますます、「母娘関係に依存したい母親」による「支配という名の依存」が強化される。娘はその間ずっと、母を依存させているにもかかわらず、自分が依存していると思い込みながら過ごすことになる。

母の一言が娘の人生を変える

このように、実は分離不安を抱えている母親からの「私から離れるとたいへんなことになるわよ」という無言の脅しに、娘は「私を捨てないで」とすがるようになる。そして、この構図は、幼児、少女時代を超えていつまでも続くことになる。

私自身、大学の教員として女子学生に就職に向けての指導をする中で、この構図を感じることがよくある。総合職やクリエイティブ系を目指していた学生が、母親からのちょっとしたひとことに影響を受け、進路を変えてしまうのだ。

たとえば、商社への就職を目指して採用試験を受け、「最大手の一般職」と「中規模の総合職」の内定を勝ち取った学生がいたとする。彼女は、規模は小さくてもいろいろな仕事をやらせてくれる後者の企業で総合職としてがんばりたい、と思っても、母親がふと口にしたこんな言葉で気持ちが萎《な》えてしまうのだ。

「ママ、そんな会社、聞いたことないわ。」

そして、母は畳みかけるように「最大手にも受かっているじゃないの」と言う。そこで娘が「あっちは総合職じゃなくて一般職だし」と説明すると、ここぞとばかりに反論してくる。

「一般職か総合職かなんていちいち人に言うわけでもないんだし、気にすることはないわよ。あんな大きな会社に娘が勤めているだなんて、ママも鼻が高いわ。親戚《しんせき》にもそんな人、いないから、伯父さんも叔母さんもうらやましがるでしょうねえ。とくにいつも夫や息子の自慢ばかりするパパの妹が、どんなにびっくりするか！　ああ、電話するのが楽しみだわあ。」

これほど手放しで喜ばれてしまうと、娘はもうその企業に勤めるしかなくなる。

それでも、このケースは同じ業種の中での変更なのでまだ救いがあるかもしれない。

かつてこんな学生に出会ったことがある。

その女子学生は、映像制作の仕事がしたくて、いくつかの老舗《しにせ》制作プロダクションの採用試験を受けた。彼女にはしっかりした夢があり、早くから現場で映像を撮りたいと考えていたので、あえて放送局は受けなかったのだ。しかし、そういったプロダクションの名前は一般の人たちにはほとんど知られていない。

努力の結果、彼女は希望していた制作プロダクションからの内定通知を受け取った。本人は大喜びで報告のメールを送ってきたのだが、そこでもネックになったのは母親であった。「何、その会社？　そんな名前、聞いたことない」「アジアやアフリカで映像を撮るだなんて、危険なこともいっぱいあるんじゃない？」といったあまりに初歩的な質問の連続に、彼女はすっかり気落ちしてしまった。

それでも彼女の場合、やりたいことがここまで明確なのだから、そんな〝雑音〟に負けずにわが道を突き進むだろう、と思っていた。

しかし結局その学生は、母親のあまりの失望や心配ぶりを見て、内定を辞退してしまったのだ。そして、親の紹介で官庁関係の仕事につくことになった。

もちろん、仕事に優劣をつけるつもりはなく、どんな進路を選ぶのもその人の自由である。とはいえ、自分の意思に従って就職活動を行い、もう少しでそれが実現しようとしているときに、母親のちょっとした言葉――それも何かしっかりした根拠や情報に基づくものというより、感情的になって口にしたもの――で動揺し、最終的に方向性を大きく変えてしまうというのは、教員としてはあまりに残念なことなのだ。

翻弄《ほんろう》される娘

母親の「ちょっとした言葉」は、失望や心配どころか、単なる思いつきから発せられることもある。これは診察室で出会った二十代の女性のケースだ。学生時代、就職活動をして内定を取れた会社のうちのひとつが銀座にあることを知った母親が、「そこにすれば？　仕事が終わったら待ち合わせてお食事しましょうよ。ママ、銀座って大好き」と言い出した。娘はそのうちに「そうしたほうがいいかな」という気分になってきて母の勧め通り、銀座の会社を選んだのだが、入社してからそれが自分にとって不本意な選択だったと気づいた。

しかも、かなり忙しい会社で残業も多く、とても「終業後に母親と銀座で食事」などという余裕はない。母は自分が「その会社に決めなさいよ」と勧めたことなどすっかり忘れているようで、「ずいぶん働かせるわね。その会社、大丈夫？」などと批判的なことさえ口にする。

娘は、通勤途中にパニック発作を起こすようになり受診したのだが、「どうしてもっと自分にあった会社に行かなかったのですか？」ときいてみると、「あのときは母の言葉を無視して会社を選んだら、とんでもないことになるような気がした」と語った。

おそらくその「とんでもないこと」とは、具体的な「仕事の失敗」などとは別の次元のことかと思われる。この女子学生たちの母親は、先ほど述べた事例のように、娘が生まれたときからその養育に熱中し、「娘を育てていることこそ、自分の証」と思っていたに違いない。つまり、心理的に娘や子育てそのものに依存していたのだ。ただ、母親が「私は自分で自分の人生を支えることができず、誰かに依存することが必要だった。だから娘を自分の思い通りに育て上げることを、私の人生の証にするしかなかったの」と認めるのは、簡単なことではない。というより、それができる人であれば、最初から娘に過剰に依存する必要などなく、自分の人生をしっかり歩んでいくことができたであろう。

だからこそ、母親は娘に依存するだけではなく、そこで関係の構図をすり替えるというもう一工夫を行わなければならないことになる。つまり、「依存しているのは私じゃなくて、あなたのほうだ」というメッセージを娘に送り続け、「娘による母親依存」か、さもなくばお互いがお互いに依存する「共依存」の関係に仕立て上げるのである。

その構図ができ上がってしまうと娘は、実は自分を必要としているのは母親側であるのに、「私はママがいないと生きていけない。ママに見捨てられたらたいへんなことになる」と思い込み、その考えから離れられなくなってしまうのだ。

私と母の場合

ここで恥ずかしながら、少しだけ私自身の話をしよう。私の母親もどちらかというと過保護なタイプで、娘を支配しようという明確な意図はなかったとは思うのだが、はっと気づくと私の実家では「なんでもできる母とその母がいないと何もできない娘」という構図ができ上がり、父や弟もそれを共有していた。学生時代、母がいないときに私が家事をしようとすると、父も弟も口をそろえて「あなたじゃ何もできないでしょう」などと言うのだ。

しかし私はそれ以上に「好きにしたい」という気持ちが強い子どもだったので、母に料理や掃除はやってもらい、あとは誰の意見にも従わず趣味や学校を選ぶという都合の良い人生を送ってきた。そのうち母もすっかりあきらめたようで、重要な場面で私に対して自分の意見を言うこともなくなった。

ところが、そのように一定の距離を置いた母娘関係であるにもかかわらず、「ここはうまくいかなかった」と反省している点がある。それは、勉強や趣味、仕事などではなく、ささやかな恋愛関係での母の助言に、私はつい従ってしまいがちだった、ということだ。

私が学生の頃、今よりずっと恋愛や性に抑圧的な時代であったこともあって、母は「ボーイフレンドを作るのはいいけれど勉強が手につかなくなるのは困る」と言い続けていた。大学時代、まじめに対応するのも面倒くさくなって「そういうことにあまり興味はないから」と伝えると、「そんなことを言う人ほど早く結婚しちゃうのよ」とどちらかといえば否定的なニュアンスで返して、顔をしかめた。私は「この人は娘の恋愛とか性に嫌悪《けんお》感《かん》を抱いているんだ」と思い、「これからはあまり男友だちの話をしないようにしよう」と決めた。

ところが、私が大学を卒業し、研修医になった頃から、母はそれまでとはまったく矛盾するような話をし始めた。「結婚はいつするの」と言うのだ。「男にうつつを抜かすのは勉強の邪魔」とばかりに、同級生の男子学生とドライブに行った話をするだけで口では「よかったわね」と言いながら表情を曇らせていた母親が、突然「結婚は？」と言い出すとはいったいどういうことなのだろう。私は仰天し「そんな予定はない」と答えると、「友だちが〝お嬢さんの写真だけでも持ってきて〟とうるさくて」と暗に見合い話があるようなことを言う。

しかも、実家に帰るたびにそのことを繰り返し言うので、先の女子学生ではないが、次第に自分で判断する気力さえ失《う》せてきて、「そうするしかないのか」と母に言われるがままに、写真や履歴書の用意までしてしまったのだ。

しかし、〝見合い用書類一式〟を実家に置いてひとり暮らしの部屋に戻ったとき突如、「見合いなんてとんでもない」と正気に戻った。そして母に電話をかけて、「やっぱりその友だちだかに写真はわたさないで」ときっぱりと告げたのだ。母は「どうして？」「もうわたすって言っちゃったもの」「ここで断ったら私が友だちに恨まれる」などと思いつくかぎりの言葉で抵抗したが、私は断固として「いやなものはいやだから。お願いしますよ」と告げて、電話を切った。もちろん、さすがにそこまで言われたら母もそれ以上、話を進めることはできなかったようで、私の見合い話はなかったことになったようだった。母もいざとなると潔《いさぎよ》いところがあるので、「友だちと険悪になった」などのグチはいっさい言わなかった。

母の〝揺さぶり〟に屈した私

ただ、話はそこで終わったわけではなかった。見合いはあきらめたとはいえ、母は「おつき合いしている人はいないの？」と折に触れて尋ねてきて、そうするとウソをつき続けることができなくなって、そのときどきで少し親しくしている男性の話などをする。するとすぐに「今度会いたいわ」と言い出して、私は「結婚とかそんな話じゃなくて、親が遊びに来てと言ってるから」と説明し、恋人などとも言えない男友だちを実家に連れて行ったり、母親が出てきて外で食事をしたりした。そういうとき、母はたいへん社交的に接するので、相手も「いいお母さんだね」と高く評価する。

しかし、問題はそのあとだった。私はいっこうに結婚する気はなく、親しくしていた男性もおよそ〝社会的責任〟などとは縁のない自由業が多かったので、いつまでも話が発展しない。そうなると今度は母親が、婉曲《えんきょく》な言い方でその男性のことを批判し始めるのだ。「あの人、どうしてるの？　とてもいい人だと私も思うわよ。でも、お仕事が一定していないということはそのうちなくなる、ということだってあるんでしょう？」「おもしろい人で私も大好きだけれど、ウチのパパのように芯《しん》の強いやさしさとはちょっと違うわね」。

私は「ああ、また始まったか」と思いながらも、そういった言葉が出るたびに、いつも背中に冷たい水をちょろっとかけられたような、なんともいえないイヤな感覚を味わった。そして、ここが先の女子学生たちとは少し違うのだが、こと仕事関連のことであれば何を言われても「好きなようにさせて」と強く出られるのに、男性のこととなるとそれ以上、強く言い返す気にもなれず、「そうかな、まあ、そうでもないけどね」などとあいまいな返事をしてしまうのだった。

さらに情けないことに、母に「あの人は……」とちょっとした欠点などを指摘されると、次第に私自身もそういう気になっていってしまった。それまで「フリーランスでやっているところがカッコいい」と思っていたのに、母に「仕事が安定してない」と言われるとなんだかいつも着崩したカジュアルな服装も収入が低いからのように見えてくる。そして、「やっぱりうまくいかないのだろうか」と思うようになり、結局はそのうち距離が生じて別れる、という結末を迎える。

年末年始などに帰省すると、母がおもむろに「彼とはどうなったの」ときいてくる。私は無愛想に「ああ、もう会ってないよ」などと答える。すると母は、「よかったわね。やっぱりもっと仕事がしっかりしている人のほうがいいわ」などとは決して口にせず、こんなことを言うのだ。

「えー、ホント？　彼、いい人だったじゃない。やさしいしもの知りだし、けっこう気に入ってたのに、どうして別れたの？　残念ね……」

　自分で「この会社に」と勧めておきながら、入社後にトラブルがあると「そんな会社で大丈夫？」と言い出す先ほどの女子学生の母とは逆だが、やっていることはほぼ同じと言えよう。私は「あんな人でいいの？　と批判的なことを言ったのはあなたじゃない！　あなたがイヤそうだったから私も別れたのよ！」と口走りそうになるのだが、母は「なに言ってるの、私は別れなさいとはひとことも言ってない」と平然と反論するのは明らかだし、たしかにそれも間違ってはいないので、ぐっと言葉を呑《の》み込んでこんなふうにかわしてその話題をとにかく切り上げようとした。

「いいのよ、またいい人がきっといるから。」

暗示にかかったようになる

　今から考えると、そんな母からの〝揺さぶり〟などに動じずに、自分で本当に「この人はいい」と思うなら堂々と「お母さん、なんてこと言うの。彼は仕事が安定しないんじゃなくて、独立の精神があるからフリーランスなのよ」と反論すればよかった、と思う。そうやって好きな男性の味方もできず、ちょっと母親に否定的なことを言われただけで催眠術にかけられたようにフラフラと「そうなんだ……やっぱりやめよう」と思ってしまったのは、自分自身、本当の意味で自立できていなかったからだろう。

言い訳めいているが、ここで恥を忍んで自分の話をしたのは、ただ単にグチを言いたかったからではない。先ほども述べたように、私は比較的、若い頃から「自立しよう」という意思があり、学校や職業などに関してはむしろ必要だと思えるときさえ親に相談せずに決めがちだった傾向がある。その私でさえ、とくに恋愛や結婚に関しては、母が何か口走るたびに「そうなのか」と暗示にかかったようになる、ということを伝えたかったのだ。

いや、いま思うと、職業選択などではあまりに親から遠く離れ、自分で読んだ小むずかしい本などに従って「フランスの哲学者がすすめる生き方がしたい」などと大まじめに言うおかしな娘だということを知った母が、「それでも結婚に関しては私のほうが先輩だ」とその領域こそアドバンテージを握れるところだと思ったのかもしれない。繰り返すがおそらく母にはその意識さえなく、気づいたらそうなっていたのだ。

そしてこれまた繰り返しになるが、私の母は決して威圧的、支配的なパーソナリティではなく、「家事は得意だがちょっとあわてもので率直な人」という〝愛されキャラ〟だ。そんな母親でさえ、これぞ自分の得意分野と思えるところが見つかると、「あなたはまだ結婚してないけれど、結婚ってこういうものなのよ」と娘に対して優位に立とうとする。そして娘である私も、「ここでも母親に反発したとしたら、何かとんでもない罰が下るのではないか」といったおびえがどこかにあり、「お母さん、放っておいて。私の選んだ人にケチをつけるのはやめて」と母を完全に否定することができない。

しかも、今だに、心の底から「あのとき、母に介入などさせずに恋人と駆け落ちでもなんでもすべきだった」とは思えない。今なお「母の言うことは正解だった」と思っているからこそ、母と親しい関係を続けているわけだし、「やっぱりあの人とやり直す！」などと衝動的に昔の男友だちに連絡を取ろうとしたりしないのである。

第四章　女に生まれてすみません

——根深い罪悪感からの解放

深刻な「母原《ぼげん》うつ」を描く

もともとは「私にもっと依存して」「私のもとを去らないで」という母親の娘依存、娘への「見捨てられ不安」から発せられた過保護、過干渉的な言葉であっても、結果的には娘たちの意欲や情熱をいっぺんに奪い取るほどの強い影響力や破壊力を持つのだ。

その言動がさらなる支配力、影響力を帯びて娘の生活や人生を翻弄《ほんろう》するようになると、結果としてうつ症状を呈する女性たちも少なくないことは、これまでのケースを見ても明らかだろう。

しかも、「母によるうつ」はその女性の年齢やライフステージに関係なく、いつ起きるかわからない。ここではそれに、「母原うつ」という名前をつけて見ていくことにしよう。

二〇〇八年には、この厄介で長く続く母娘《おやこ》の葛藤《かっとう》について描いた本が相次いで出版された。

その中の一冊、家族問題の第一人者であるカウンセラー・信田《のぶた》さよ子氏の『母が重くてたまらない――墓守娘の嘆き』(春秋社、二〇〇八)は、一貫して支配を受ける娘側に寄り添う形で書かれている。母親がわが娘の進学、就職、結婚、自分の介護から死後の問題まで、人生の節目節目で口出しする様子が具体的に描かれ、「怒りの感情を認め、言葉にせよ」「理解されることをあきらめよ」といった現実的なアドバイスも満載。娘が母親に適切に「NO」を伝え、距離を置くしか解決はない、と言えば誰もが「それは当然」と思うかもしれないが、支配を受けている娘というものは、適度な距離を置くことさえ悪だと思い込んでいるものなのだ。癒着してきた母親との関係をあるとき切断するというのは、娘にとってもそうされる母親にとってもたいへんな痛みを伴う作業である。

また、「母原うつ」に苦しむ多くの女性の熱い共感を呼んだのが、前にも触れた、作家・佐野洋子氏の『シズコさん』だ。

〝娘〟とはいえ、佐野氏は本を刊行した二〇〇八年当時、七十歳。その母親は、二〇〇六年に九十三歳で亡《な》くなった。晩年は認知症となり老人ホームで暮らしていたのだが、そうなってはじめて佐野氏は母親と自分なりに和解を果たした、と思う。しかし、その頃には佐野氏はがんを患《わずら》っており、葬儀には車椅子《くるまいす》で参列しなければならないほどになっていたのだ。

この手記が壮絶なのは、「四歳位の時、手をつなごうと思って母さんの手に入れた瞬間、チッと舌打ちして私の手をふりはらった」ときから始まる母親からの虐待《ぎゃくたい》とも呼べる仕打ちと、娘の反抗の凄《すさ》まじさという点においてだけではない。外に出るときだけは手作りのワンピースを着せられるものの、家では水汲《みずく》み、たきぎ拾い、おしめ洗いなど、『おしん』を見ても「何つーことないじゃん」と思ったほどこき使われ続けながら成長した佐野氏は、当然、母親に対して素直な愛情を持つことができない。

とはいえ絶縁状態ともならず、いわゆるつかず離れずの関係で年月を送り、母親は結局、佐野氏が探してきた高級老人ホームに入所することになる。毎月三十万円以上もの費用も佐野氏持ちだ。それだけでも世間から言えば親孝行であるが、佐野氏は「私は母を金で捨てたとはっきり認識した。愛の代りを金で払ったのだ」と考え、罪の意識を強くする。

佐野氏の生涯を支配しているのは、虐待さながらのことをし続けた母親への恨みではなく、そんな母を「愛することができない」という罪悪感や自己嫌悪《けんお》なのだ。同書から引用しよう。

「私は母を好きになれないという自責の念から解放された事はなかった。十八で東京に出て来てからもずっと、家で母に優しく出来ない時も一瞬も自責は私の底を切れる事のない流れだった。罪であるとも思った。」

そして、すっかり認知症の症状が進み、娘の顔さえわからなくなった母親のもとを定期的に面会に訪れた際、佐野氏は、「ごめんね、母さん、ごめんね」と涙ながらに訴える。それに対して母親は状況を認識しているのかどうか、「私の方こそごめんなさい」と口にし、それを聞いた佐野氏は「私は何かにゆるされた」とひとり歓喜するのである。しかし、その頃にはがんに侵されており、間もなく母親も世を去る。

やっと和解して自責の念から解放され、さてこれからようやく穏やかな気持ちで人生を、と思っても、母娘に残された時間はすでに無かったのである。文章のトーンがじめじめしておらず、著者一流のユーモアも漂っているのでそれほど悲惨な印象はないが、これほど切ない話はない。

うつを重症化させる罪悪感

「母親憎し」と思い、その支配からどう逃れるか、ということが人生のテーマになるならまだよいのである。佐野氏のように母親に依存しなくとも人生を切り拓《ひら》いていける人は支配の構造から早々と脱出できるのだが、それを実現したら、今度は「私は母親を捨てた」という自責の念に苦しまなければならないのだ。これなら、支配と依存が綿々と続いたまま母親が世を去り、「私はひどい目にあわされた」と被害者感情だけを持ち続けられるほうが、「母原うつ」はまだ軽くてすむはずだ。

この「母を愛せない罪悪感」が加わると、「母原うつ」からの回復はいっそう困難になる。

かつて話題になった映画の中にも、同じようなテーマを扱ったものがあった。一九九八年に公開され、大きな話題を呼んだ『愛を乞《こ》うひと』では、原田美枝子《みえこ》が娘を虐待する母親役と成長したその娘の二役を演じている。虐待から逃れるために家を出た娘は、結局、上機嫌な母親がふと漏らした「あんたは髪をすくのがうまいねえ」というほめ言葉を心のよりどころにするようにしながら成長し、大人になってから再び母親を探す旅を始める。この娘の心の中にあるのも、「母親にひどい目にあわされた」という恨みの感情ではなく、「私は母親を捨てた」という罪悪感である。

これは日本に限った話ではない。二〇〇二年にはアメリカでも同様のテーマの映画が作られた。ジャネット・フィッチの全米ベストセラー小説を映画化した『ホワイト・オランダー』だ。この映画では、美しきアーティストである母親イングリッドは、ある日、恋人を殺害し終身刑で収監されてしまう。母娘ふたり暮らしでひとり残された娘のアストリッドは、福祉事務所の管理下に置かれ、里親のもとに預けられる。そして、これまでは〝母親一色〟だったアストリッドは戸惑いながらも新しい生活に慣れていくのだが、面会に訪れるたびに刑務所の中にいる母親が「そんな生活はあなたにとって良くない」などと否定的なことを言う。そうすると娘はあっという間に自分の生活が悪いものに思えてきて、里親の家を去ってしまうのだ。

この娘が抱くのも、「母親が望まないような生活を自分が楽しむのは悪いことだ」という罪悪感である。客観的に見ると、罪悪感を抱くべきなのは、殺人事件を起こして服役することになった母親のほうであるのに、娘はどうしてもそう思うことができないのだ。

実は、先の信田氏も、母親と距離を置いた後にやって来る罪悪感について言及している。

「『あんなに寂しそうでひとりぼっちの母親に対して怒りの感情を抱くなんて、やっぱり私がわがままだったんじゃないだろうか』（中略）

母のことばにかすかな違和感を感じたり嫌悪感を抱くたびに、まるで倍返しのように罪悪感が沸いてきてあなたたちを苦しめてきただろう。」

そして、この罪悪感は「ゼロにする、感じなくするという目標設定そのものが達成不可能」なほど、避けられないものと言ってもよいのだという。だから、苦しむ女性たちに対して信田氏は、「これからの人生を生きていくための必要経費である」と割り切って考えよ、とアドバイスするのだ。

「罪悪感にとらわれてしまったら、『今私は人生の必要経費を払ってるんだ』と自分に言い聞かせる。『ああ、ずいぶん必要経費がかかってしまった』と思えば、『生きのびる』という収入を確保することが次の課題として現れるだろう。」

しかし、実際には「必要経費」と割り切ることができず、先に紹介した佐野洋子氏やアストリッドのように、母への罪悪感により落ち込んだり、それが自分の行動の原動力になったりしている娘たちは少なくない。

これまで紹介した本や映画は主に娘側に寄り添って問題を描いた作品なのであるが、同じ問題を母側から描いたのが、教育実践活動を行う高濱正伸《たかはままさのぶ》氏の『孤母社会――母よ、あなたは悪くない！』（講談社＋α新書、二〇〇八）である。著者は、〝孤母〟を「核家族化、地縁の希薄化、夫の無理解などによって、孤独な子育てを強いられることになった母親」と定義している。この〝孤母〟たちは、子育てに無理解・無関心になったり、子どもをひきこもりにしてしまったり、虐待したり時には殺害にまで及んでしまうこともあるという。ここで著者が注目しているのも、母の子どもに対する影響力の強さである。そして長年、教育現場での働きかけを通して〝孤母〟に育てられた子どもを救い、さらに将来、〝孤母〟にならないようにできるはずだ、として尽力を続けている。ただ、本書のタイトルだけを読んで、「そうか、やっぱり私は悪くないんだ」と自分が免責されたように感じる母親、また、逆に「やっぱり悪いのは娘である私なんだ」と罪悪感を強める娘というのもいるのではないか、とやや心配になってしまう。

女であることへの後ろめたさ

それにしても、なぜ母親の影響、支配を受けるのはいつも娘なのか。息子も同じように「母原うつ」を発症してもよさそうだが、そういうケースはほとんど見られない。むしろ、母親のほうが際限のない愛情を息子に注いでもなかなか受け入れられない、ということで、うつ状態になりやすい。

なぜ娘だけが母親に支配され、さらにその支配に対して拒否感や抵抗を感じるだけで罪悪感を抱くのか。この問題の根底には、どうやら「女であることへの後ろめたさ」というさらに大きなテーマが隠れているようなのだ。

先に紹介した『シズコさん』では、佐野洋子氏への虐待がひどくなったのは、すぐ上の兄が病死してからだった、と書かれている。佐野氏は、母親はそう口には出さないものの、「兄の代りに私が死ねばよかったと思っていた」のではないか、と考えるようになる。

佐野氏の場合は、はっきりしたきっかけがあったわけであるが、似たような感覚を持つ娘は多い。つまり「私は娘ではなくて息子として生まれてくればよかったのに」という思いと「女ですみません」という思いを持ちながら、生きている娘は少なくないのだ。これは、跡継ぎといったイエ制度が薄れ、親たちが「結婚したらさっさと実家を離れてしまう息子よりも、結婚後も介護などに協力的な娘がほしい」と望むようになった今でも、心の奥には残っている感覚なのだ。

私自身も、弟が生まれるまで何度となく、祖母や知人に「あなたは度胸もあるし、女にしておくのはもったいない」「この子が男の子だったらねえ」などと言われ、子ども心に「女に生まれたのはいけないことだったのか。みんなを喜ばせることができないのか」と感じたことを覚えている。

さらに言えば親、とくに母親は、イエ制度とは無関係に、今でも「娘より息子」と心のどこかで願っているのではないか。娘と息子を持つ友だちが、「仲間うちだから言うけれど」と前置きして話してくれたことがあった。

「こんなこと、子どもには言えないけれど、息子って可愛《かわい》いのよ。娘とはまた全然、違うの。もちろん、娘だって可愛いけれど、どうしてもどこかで自分と比べてしまって、この欠点が似ていると思って自分を見ているようで嫌な気持ちになったかと思えば、逆にここは私よりもすぐれていると思って嫉妬心《しっとしん》を抱いてしまうこともあるのよ。それに比べて、息子って自分と違う存在だから、優越感も劣等感もなく、とにかく可愛い、可愛い、というだけなのよ。この気持ちは、理屈じゃ説明できないわね。」

もし、彼女の言葉にある程度の普遍性があるとするならば、やはり敏感な娘たちは母親に対して、「女ですみません」と思ってしまうのではないだろうか。

では、この「女ですみません」という罪悪感は、結局のところ、何をしても解消されないのだろうか。おそらく、解決法はふたつある。ひとつは、自分が学業や仕事の面で誰にも文句を言わせないほどの成功を収め、「これなら娘でも十分だ」と母親に満足してもらうことだ。しかし、そのためにはちょっとやそっとの成功ではいけない。そしてそのような成果を収めるのは、容易なことではない。

もっと簡単な解決方法は、息子を生んで、それを母親に「はい、ママ。あなたの孫よ」と見せることであろう。ただ、そうすると今度は、その子の母親である娘が、息子を母親に奪われ、孤立してしまうことになりかねない。

いずれにしても、この「女に生まれてすみません」という娘の罪悪感を取り除くのは、一筋縄ではいかない。とはいえ、何とかして解放されない限り、「母原うつ」から立ちなおる日もやって来ない、ということになるのである。

生き方も左右する愛着スタイル

娘は幼い頃から、「そんなワガママばかり言ってると、あなたのことなんてもう知らないわよ」と母親がそっぽを向いて自分を見捨てるのではないか、という不安におびえている。しかし、その一方で、本当に見捨てられたくないのは母親の側であることにも気づいている。また、母親が「母なしでは生きていけない」という依存の構図の中で生きるよう、巧妙に仕向けていることを感じ取っている娘もいる。

そんな母親に対して「ずるい」「卑怯《ひきょう》だ」とは感じながらも、口にしたとたん、母親は「じゃ、あとはなんでもひとりでやればいいじゃない」と本当に自分を突き放すかもしれないという怖《おそ》れから、その感情を呑《の》み込んでしまう。

おとなになればたとえ母親が機嫌を損ねて「じゃ、好きにしなさいよ」とそっぽを向いても、本気で「捨てられる」と恐れる人はいない。「見捨てられるのでは」という恐怖がリアルな次元で迫ってくるのは、もちろん幼児期かせいぜい学童期に限った話である。

しかし、その時代に母親に対して抱いた感覚が、その人がおとなになってからもさまざまな影響を及ぼすことがここ三十年ほどの心理学における研究ではっきりした。

その立役者は発達心理学者メアリー・エインスワースであり、その理論は「愛着理論」と呼ばれている。

エインスワースの考え方を簡単にまとめておこう。

乳幼児は、少なくともひとりのおとなの養育者と——これは母親には限らないのだが、その役割を担《にな》う機会がいちばん多いのは母ということになるだろう——親密な関係を築く必要がある、といわれる。そのなかで乳幼児が抱く感覚が「愛着」であり、それをあらわすための行動が「愛着行動」なのだ。

エインスワースは多くの乳幼児を養育者と一時的に引き離し、そのときや再会したときの様子を観察するという方法で、愛着パターンを「回避の愛着」「安定の愛着」「不安の愛着」「無秩序・無方向の愛着」の四つに大きく分けた。

それぞれの特徴は次のように説明される。

〈子どもの愛着スタイル〉

タイプA「回避型」：分離にも混乱を示さず、養育者と常に距離を置きがち。
タイプB「安定型」：分離に混乱を示すが、再会時にすぐに静穏化する。
タイプC「不安型」：分離で激しく混乱し、再会時にもネガティブな感情を引きずる。
タイプD「無秩序・無方向型」：近接と回避、不自然でタイミングのずれた行動。

その後、心理学者たちは、この愛着理論を子どもだけではなく、おとなにも応用できることを発見した。そして、長年の追跡調査により、乳幼児期と二十歳時の愛着パターンは、三分の二というかなりの高率で一致するということを明らかにしたのである。

おとなの愛着パターンは主に「不安」と「回避」のふたつの軸で評価し、説明される。「不安」は親しい他者への「親密さへの強い欲求」「関係性の不安」などで、一方、「回避」は「頼りになるのは自分だけという思い」「他者との間に距離を置くことのこだわり」などでそれぞれ評価される。そして、おとなの愛着パターン、つまり親密な相手との対人スタイルを、乳幼児とは異なる次の四つに分けて説明するのである。

〈おとなの愛着スタイル〉

タイプA「自律・安定型」：自分は、他者から愛される価値があると感じている。必要があれば他者と親しい関係を築くこともできる。不安、回避ともに低い。

タイプB「とらわれ型」：親密さへの過剰な要求はあるものの、自分は役に立たないと思い込んでいる。自分の幸福感は、他者からの評価で上下する。拒絶や見捨てられることを恐れる。不安が高く、回避が低い。

タイプC「拒絶・回避型」：自分に自信はあるが、逆に他者を信用していない。他者から距離を取り、愛着行動を最小限に抑えようとする。不安が低く、回避が高い。

タイプD「恐れ・回避型」：虐待などの愛着関連のトラウマを経験するなどして、拒絶されるに決まっているという予測のもと、愛着に基づいた関係を最初から拒んでいる。不安も回避も高い。

ただし、このタイプBからタイプDも何らかの病気というわけではなく、あくまで対人関係のスタイルであり、「この人にはB、あの人にはD」といったバラつきが相手によっても生じることがある。

とはいえ、程度の差こそあれ、タイプBからタイプDの特徴が優位に現れる人は、他者との関係で「うまくいかない、生きにくい」と感じることが多いだろう。

精神科医・岡田尊司《たかし》氏の著作『愛着障害　子ども時代を引きずる人々』（光文社新書、二〇一一）では、子ども時代の愛着スタイルやその延長線上にあるおとなになってからの対人スタイルが人生の障害になっているようなケースが「愛着障害」と呼ばれており、こう書かれている。

「愛着障害は、多くの子どもだけでなく、大人にもひそんで、その行動を知らずしらず左右し、ときには自らを損なう危険な方向に、人生をゆがめている。その人のもつ愛着スタイルは、対人関係だけでなく、生き方の根本の部分を含む、さまざまな面に影響している。」

また、子どもの虐待問題にくわしい精神科医の杉山登志郎《としろう》氏もこう言うのである。

「言うまでもなく、愛着は対人関係の基礎であるだけでなく、自律的情動コントロールの基盤である。それは愛着行動が、幼児が不安に駆られたときに、養育者によって不安を解消する行為だからである。愛着行動を繰り返す中で、養育者が幼児の中にやがて内在化され、目の前に存在しなくとも、不安に駆られることがなくなってくる。」

（「発達障害と子ども虐待」、『第一〇八回日本精神神経学会学術総会シンポジウム』）

つまり、幼児期に母親などの養育者と安定した関係が築かれることによって、そのおとなが子どもの中に良い形で「内在化」されることが重要、と杉山氏は言うのだ。

ここで断っておくと、「愛着障害」というはっきりした病名は、子どものものとしても成人のものとしても、現在の精神医学の診断概念の中にはない。実は「反応性愛着障害」という診断ならあるのだが、それが示す範囲は非常に狭いのだ。親に虐待された子どもたち、あるいは虐待とまではいかなくても親と良い関係を築けないまま成長したおとなたちを精神科の臨床の場で見ている中で、岡田氏も杉山氏も、軽度から深刻なレベルまで程度の差はあるにせよ、「愛着障害」と呼ぶべき状態を引きずる子どもやおとなが多いのではないか、と考えているのである。

自己愛の世界への逃避

そして、本来なら「もう母親が目の前にいなくても大丈夫」と親密な養育者が心の中に「内在化」されて自立できる年齢になってもそれがうまくできずにいる人たちは、心理的レベルから行動のレベルまで、以下のような問題行動や衝動的な行動を取る場合がある。

〈母親の『内在化』に失敗した娘の行動〉

心理的レベル

A 自分にまったく自信が持てず、まわりの人たちの評価を必要以上に気にするようになる。

B 逆に他者の評価をまったく意に介さず、「自分がすべて」と自己愛的になる。

行動のレベル

A 自分や親の年齢に関係なく、親に甘え、頼ろうとする。

B 仕事や家庭などであえて失敗して見せることで、「母親がいなくちゃダメ」という現実を見せる。

ここでとくに注目すべきなのは、心理的レベルのB、「母親を内在化できないために自己愛が強くなる」というタイプである。

母親と関係をうまく築けないままだと、逆に自分の中によりどころがなく、不安でいっぱいの人間になりそうだと思うかもしれない。しかし、自己愛的な人というのは実は「不安が強すぎてそうなった」というタイプが少なくないのだ。

たとえば、母親が娘をよりどころにしすぎるあまり、「私を見捨てようとしたら最後、私はあなたを見捨てるわよ」と脅しをちらつかせる中で育った場合、娘は何を自分の核として生きていけばよいのかわからなくなる。そして、むしろ成長を放棄する証《あかし》として、赤ん坊時代の「何でもできる」「世界は私のためにある」といったあまりにも無邪気で未熟な自己愛の世界に逃げ込んでしまうのだ。

あるいはそれは、「見捨てるわよ」という脅しの中で萎縮《いしゅく》する娘にとっては、空想の中で〝一発逆転〟するための自己愛かもしれない。少女たちはよく、「私は本当は貴族の娘なのに、事情があってこの親に育てられているだけではないか」と空想する。フロイトはその空想を「ファミリーロマンス」と呼んだが、空想はたいてい自分は今より高貴な生まれでやさしく上品な母親がいる、という内容で、〝格下げ〟の空想をする人はほとんどいない。

そして、空想の中ではいつかその〝本当の親〟や〝自分の高貴な生まれを知る王子〟が迎えに来て、いままで自分を脅してきた母親はみじめな立場に転落して終わる、ということになっている。これまで自分を支配してきた人が、一瞬にして自分に「お嬢さま」とひれ伏す側に回るのだ。

繰り返すが、こんな自己愛的な空想は、現実のみじめさを打ち消すためのサバイブ作戦として脳内に発生する。それはあたかも激しい虐待を受けた子どもが、「親に殴られているのは私じゃなくて、かわいそうなジャスミンちゃん」と頭の中に別人格を仕立てあげることでトラウマを回避しようとする、多重人格の発生のパターンに似ている。

自己愛性パーソナリティ障害をもつ女性の母親に会うと、娘と同じようにプライドが高かったりファッションにお金をかけたりしていて「この母にしてこの娘あり」と思うこともあるが、実は自己愛は決して単純に〝感染〟するわけではないのだ。母親が自己愛的な女性だからこそ、娘に対してもライバル意識を持ってしまい、娘が示す愛着行動に拒絶的になる場合もある。その傷つきを回避するため、娘はさらに自己愛の強い自分を作り上げ、母親が「あなたにはかなわない」とひざまずくところを空想することで、何とか生きのびていくしかないのである。自己愛性パーソナリティ障害について、自分もそれを通過したことがあるとする女性がブログで、「空想の中で、不安をもてあそぶ卑《いや》しい親に対して、繰返し勝利を体験し、無限の優越感を味わったのです」と解説する文章を目にしたことがあるが、まさにその通りなのであろう。

このように、もとは「望みどおりの子どもでいられなくて、ごめんなさい」という母親への罪悪感から始まったものが、結果的に母親を凌駕《りょうが》する自己愛にたどり着く、というケースもある。

そこまで至らなくても、数々のゆがんだ対人スタイルにたどり着くケースは枚挙にいとまがない。

とはいえ、それに気づいたからといって、すぐに修正したり訂正したりすることが至難のワザであることは言うまでもない。

いま母と娘のあいだに横たわる問題を解説する多くの本は、「母を切り捨て自分の人生を歩もう」と娘の背中を押すが、そう簡単にいかないことはこれまで述べてきた通りである。しかも、いったん母親の切り離しがうまくいったように見えても、後にその関係が亡霊のように復活することもある。

すなわち「母の介護が必要になったとき」や「実家の片付けが必要になったとき」である。

そのとき娘は、そういった問題にどう対処すればいいのだろうか。

第五章　それでも介護の時は来る

――支配する母を看取《みと》る娘たちへ

優しくなった「トメ」

支配する母親、自分の願望を投影する母親、その時期によって態度を豹変《ひょうへん》させる母親から、娘に依存することで自分を保つ〝パラサイト・マザー〟まで。世の中にはいろいろな母親がいるが、たとえどんなに威張りちらしている母親でも、いつか年老いて、手助けや介護が必要になる日を迎える。

かつてなら、そんな母親の世話は息子の妻、つまり嫁という立場の女性が担《にな》うことが多かった。いわゆる〝姑《しゅうとめ》と嫁〟にもいろいろな葛藤《かっとう》や衝突があるはずだが、そこには最初から「しょせんは他人どうし、本当の母娘のようにはいかない」というあきらめがある分、まだ割り切れるのではないかと思う。「嫁姑問題は永遠の課題」というフレーズさえあり、女流歌人・与謝野晶子《よさのあきこ》は今から百年近く前に早くも、実際に嫁が姑を殺害しようとした事件をもとに「姑と嫁について」というエッセイを書いている。そこでは、イエ制度にとらわれている姑の古い価値観を教育などにより変えなければこの問題は解決しないとされているが、それが決して究極の解決策ではないことは多くの人が知っているのではないだろうか。

一方で近年、新たな問題が浮上している。雑誌『女性自身』オンライン版に、「嫁姑関係に変化…『姑が嫁に気を使う時代』になった理由」という記事が掲載された。

この記事ではネットでの慣例に従い、嫁を「ヨメ」、姑を「トメ」と表記しているのだが、ヨメ（二十～三十九歳）、トメ（四十～六十五歳）五百人ずつ、計千人のアンケートを取ったところ、「トメは『優しい』」と回答したヨメが五二・六％と半数以上、「頼りになる」と回答したヨメが四二・六％に上ったというのである。以下はその記事からの引用だ。

「多くのヨメが口をそろえて、トメは『気を使ってくれて優しい』と答えていた。嫁が姑に気を使う時代は終わったのだ。いまやトメがヨメに気を使う。なぜなら、『自分がさんざん姑に苦労してきたので、とにかく干渉したり、うるさいことは言いたくない』（50代のトメ）というトメが多いから。トメたちに『自分の姑についてどう思うか』と聞いたところ、60代のトメで『優しい』と答えた人は28％にとどまった。」

（『女性自身』オンライン版、二〇一三年一月三日号）

では、なぜ「トメ」は「ヨメ」に気をつかい、ときには我慢もするのか。記事は、それは「あくまでも賢く若々しい〝美トメ〟でありたい、周囲からもそういうステキな『トメ』と見られたいという、新人類・バブル世代特有の志向もある」と分析している。つまり、「トメ」たちは若い「ヨメ」を自分が美しく若くいるためのひとつの情報源だと考えている、ということだ。こう考えると、やはり「トメ」のほうが一枚上手ということになるだろうか。

いずれにしても、そこにあるのは「駆け引き」や「戦略」であり、どちらがどちらに気をつかうにせよ、嫁姑がうまく関係を築くためには、感情的にならずお互いがあくまで自分のメリットのために「賢くふるまう」ことが大切、ということになるだろう。

その関係が実の母娘であっても基本は同じはずだ。しかし、血のつながった関係だからこそ逆に、感情を抑えて自分のメリットのために演技をしたり表面を取り繕ったり「賢くふるまう」ことなどできないのだ。

実の母娘の場合は、いったん関係がこじれると、お互いの心からダラダラ血が流れるまで、深く傷つけ合ってしまう。また、これまでの章でも述べたように、娘は母親に「お母さんなんだからこうしてくれてもいいはず」「理解するのはあたりまえ」と非常に高い理想を要求する。母親の側も娘が小さいうちは「私ができなかったあれもこれも娘にはやってほしい」と自分が果たせなかった夢を託し、それができないとわかると、「やっぱり自分に似てダメな娘なのだ」と近親憎悪《ぞうお》的な嫌悪感を抱く場合もある。少し距離を置いて「自分のメリットのためにはどうしたらよいか」などと計算し、気持ちを抑えたりときには大げさな表情を作ってみる、といった器用なふるまいなどなかなかできない。

かつて娘は実家から切り離された

ある時期までは、娘は結婚により実家との物理的、心理的な「切断」を経験しなければならなかった。「娘の実家からの切り離し」は以下の大正から昭和の初期にかけての童謡にあるように、娘にとっても実家に残る家族にとっても「悲しさ」「さびしさ」を伴うものではあったが、結果的には三十代、四十代、それ以上になった娘とその母親がいつまでも依存し合ったり憎悪し合ったりという事態を防ぐ役割も果たしたのではないだろうか。

「花嫁人形」

きんらんどんすの　帯しめながら

花嫁御寮は　なぜ泣くのだろ
文金島田に　髪結いながら
花嫁御寮は　なぜ泣くのだろ

「花かげ」
十五夜お月さま　ひとりぼち
桜吹雪の　花かげに
花嫁すがたの　おねえさま
くるまにゆられて　ゆきました
十五夜お月さま　見てたでしょう
桜吹雪の　花かげに
花嫁すがたの　ねえさまと
お別れおしんで　泣きました

つまり、娘は結婚したらその瞬間から〝嫁ぎ先のイエの人間〟になり、簡単に実家に舞い戻ってその「敷居をまたぐのは許されない」という考え方が、少なくとも昭和の時代までは常識だったのである。もちろん、平成に入ってもその感覚が完全に消えたわけではない。

二〇〇五年、つまり平成十七年に結婚した天皇家の長女・清子《さやこ》さんは、結婚式を終えたその日のインタビューでこう語り、私はちょっとした驚きを覚えた。

「両陛下、そして、黒田の母に見守っていただきながら、とどこおりなく、式が執り行われましたことを、安堵《あんど》しております。」

自分はすでに「黒田家の人間」としての自覚があるからこそ、あえて「黒田の母」という言い方をしたのだろう。

しかし、その一方で昭和の終わり頃からは、「結婚しても年齢がいくつになっても、娘は母親や実家との（とくに近い）距離を変える必要はない」という考え方も急速に広まっていった。その象徴としてよく例にあげられる『サザエさん』の新聞連載は実は昭和二十一年から始まっているのだが、結婚しても夫とともに実家で暮らし続ける女性は「サザエさん状態」、また妻の実家で暮らす男性は「マスオさん症候群」などと呼ばれることもあった。ただ「サザエさん」自体は娘と母との心理的距離の近さから実家暮らしを選択したのではなく、おそらく住宅事情やマスオさんの仕事の関係でそうしているものと思われる。

もてはやされる仲良し母娘

だが八〇年代後半になって急に目につくようになった「母娘」のおとなふたり連れは、やむなくそうしているというより、自ら望んでいつまでも〝仲良し〟の関係を続けているようだった。「母娘ふたりの海外旅行」を旅行代理店がパックツアーとして企画し、テレビのニュースなどで取り上げられたのもこの頃だっただろうか。またや高級なファッション雑誌にも、さかんに「母娘で楽しむ銀座ランチ」といった特集が組まれ、専業主婦の母親と、結婚してやはり専業主婦となった娘が待ち合わせて優雅なランチを楽しむ様子がグラビアで紹介されたりしたのだ。

そこには、「本当はおとななのでいつまでもママとランチしているのはおかしいのですが」とか「娘は嫁いだ身なので実家とばかり仲良くするのはいけないのですが」といったためらいは、娘側にも母親側にもいっさい感じられない。もちろん記事のトーンにも批判的な色彩はまったくなく、まさに「仲良きことは美しき哉《かな》」、加えて言えば「リッチなことは美しき哉」といったイメージ一色であった。

おそらくこの頃になると、娘がいつまでも成熟せず、たとえ結婚しても「婚家の人間」などにメタモルフォーゼを遂げることなく、「実家のパパとママの可愛《かわい》い娘」であり続けること、また実家もそういう「いつまでも実家大好きの可愛い娘」を金銭的にも心理的にも抱え続けられることは、肯定すべき「豊かさ」の象徴と見なされるようになったのだろう。

そういえば、〝仲良し母娘〟がメディアで話題になり始める少し前、世間では「ハマトラ」と呼ばれるファッションが一大ブームとなった。その基本スタイルは、ポロシャツに紺色のミニスカート、「ゾウさん」などのワンポイントのついたハイソックス、とおよそおとなっぽさとはかけ離れたものだった。また同時に、そういった娘たちの〝お見合い服〟とされた君島一郎など一流デザイナーによる高級ワンピースの多くは「紺色、白エリ、パフスリーブ」で、田中康夫《やすお》は当時、ときどきそれを「幼稚園児のお洋服」と愛情と皮肉を込めて呼んでいた。「お嬢さま」である証《あかし》として、「(幼稚なくらい)未成熟で世間ずれしていないこと」が重要とされたのだ。

その後、九〇年代になってバブル景気が崩壊しても、〝(嫁いでも何歳になっても)仲良し母娘〟という流れはすたれず、すっかり定着して行った。

先に、天皇家の長女・清子さんが結婚を境に「黒田の人間」としての自覚を持ったという話をしたが、実際にはその清子さんも実家である皇居を毎週のように自らクルマを運転して訪問している、と言われている。もちろん、夫の実家も同じような頻度で訪ねているのかもしれないが、いずれにしても民間に〝降嫁《こうか》〟したから実家の皇室との縁が切れたとは、伝統や格式を重んじる天皇家の娘や母さえも考えていない、ということだ。

母である美智子《みちこ》皇后は、二〇一四年の歌会始でこんな歌を披露した。

み遷《うつ》りの近き宮居《みやい》に仕ふると瞳《ひとみ》静かに娘《こ》は言ひて発《た》つ
これは、清子さんが伊勢《いせ》神宮の臨時祭主を務めた際のことを詠《よ》んだと考えられるが、新聞に「親の愛情があふれていて、目から大粒の涙がこぼれました」という投稿が載るなど、かなりの評判になった。今や娘と母は、心理的にも現実的にも嫁ぐ前と何ら変わらない、あるいはますます強化されるということのようだ。

自立を遂げる娘の物語

ここで疑問なのは、「いつまでも仲良し母娘」とばかりにその距離が近いままなのは、問題ばかりの嫁姑関係に比べて、本当に良いことずくめなのか、ということだ。そうでないことは、これまでのいろいろなケースを見ていて十分、明らかなはずだ。ただ、いま母親と仲良くやっている娘が、「これではいけない」とあえて距離を取るのはたいへんむずかしいことだろう。しかし、関係が良好なうちだからこそ、それをやらなければいけないのだ。

二十代の若い女性が読む雑誌の象徴的存在ともいえる『JJ』(光文社)は、二〇一五年十一月号で「依存と自立と、ママと私。」という読み物の特集を組んだ。比較的、恵まれた家庭で育てられたと考えられるこの雑誌の読者層にあわせ、現在は母との関係も良好で、何の問題も感じていない娘たちに、「果たしてそれは今の時代、そしてあなたの25歳という年齢を考えたときに、適切なものなのでしょうか」と問題を提起し、「〝ママの娘〟から精神的に卒業するには?」「『いい娘』をやめよう」、さらには「ママを捨てよう」とまで呼びかける。

特集の中で、『インナーマザー』、『「母」がいちばん危ない〝いい娘〟にならない方法』などの著者である精神科医の斎藤学氏はこうコメントする。

「母親のパートナーは父親のはずなのに、娘と買い物や旅行に出かけ、時には娘を話し相手に夫への愚痴をこぼし自分の感情を共有させ、密着度を高めようとする母親が少なくありません。（中略）こうして、べったりと密着した狭い世界の中で生きる、『母娘のカプセル』が生まれるのです。（中略）カプセル化した関係の中で母親は子どもの自立を妨げるので、母親が子どもに依存せずに自分の人生を生きるようにならない限り、子どもも自分の人生を生きられないのです。」

「母娘カプセル」の弊害は、娘の就職や結婚に際して現れるだけではない。心理的距離、物理的距離のコントロールがむずかしい娘と母が否応《いやおう》なく、さらにその距離を縮めなければならない時がある。それは、母に「介護」の必要性が生じた場合だ。その問題を痛いほどにリアルに描き、世間に衝撃を与えたのが、水村美苗《みなえ》氏の自伝的小説『母の遺産――新聞小説』（中央公論新社、二〇一二）だった。

主人公は更年期障害のただ中にいる五十代、不定期の翻訳、大学の非常勤講師などを仕事にしている主婦だ。姉は裕福な家に嫁いでいる。その姉妹がからだの弱ってきた母親の介護をすることになるのだが、病んでもなお、母はあれこれ指示を出して娘たちを支配、コントロールしようとする。

肺炎などの危機を何度も乗り越え復活する母親に、主人公が思わずつぶやく言葉が、帯のコピーにもなっている「ママ、いったいいつになったら死んでくれるの」。

そして、ついに母は亡《な》くなるのだが、この小説じたいはその通夜《つや》が終わった夜の姉妹の電話から始まっている。ふたりはそれを「待たれた死」だと言い、あれこれ話しても興奮はおさまらない。

しかし、その母にもやはりそれまで生き抜いてきた物語がある。私生児として生まれ、苦労しながら精いっぱい上を見て豊かな生活にたどり着いたのだ。

それを振り返ってかみしめても、実際に自分の人生に不幸がふりかかると、娘は「ママ、あなたのせいよ！」という怒りを抑えることができなくなる。介護をしている最中はとくに時間や手間を取られ、夫の不倫を許すことになってしまったという思いがある。

亡くなってもなお、消えていかない怒り、こだわり、あわれみなど母親をめぐる感情から、どうやって本当の意味で卒業していけばよいのか。

副題の「新聞小説」は、実は母や娘たちの人生に新聞小説の『金色夜叉《こんじきやしゃ》』が深くかかわっているからつけられたものだが、「本当の意味で母親からの自立を遂げる娘の物語」と読むこともできるだろう。

とはいえ、やっとの思いで自立を遂げても、娘はすでに五十代後半から六十代というミドルからシニアにさしかかる年齢になっているというのは、なんとも皮肉な話だ。

殺すか、逃げるか

『母の遺産』以外にも、介護が必要になった母親と娘を描いた物語は続々と出版されている。

篠田《しのだ》節子氏の『長女たち』（新潮社、二〇一四）は、その本におさめられた三つの短編すべての主人公が「親の介護で頼りにされる長女」である。しかも、介護が必要になった親はすべて母だ。

その一編「ファーストレディ」の主人公・慧子《けいこ》は、四十代が近づいた今もクリニックを開業する父の〝ファーストレディ〟役をつとめ、会合などに顔を出すなどしてクリニックを切り盛りしている。六十歳になろうとする母はその役割を拒絶し、いまは糖尿病などの病を患《わずら》う身だ。母のために夕食の支度をする一方、母親は地域の有力者が集まる催しに出かけようとする娘の服装がハデだとケチをつける。

「被災地支援だっていうのに、そんな身なりをして。食べる物も着る物もなくてみんな震えていたっていうのに、音楽だのパーティだのって。」
　そうやって非難するくらいなら自分が出席してくれるか、院長夫人として実務に携わってくれればいいのに、パソコンなども覚えようとせず、いっさい仕事にはタッチしない。それなら「すべて娘におまかせ」と信頼したり感謝したりしてくれてもいいはずなのに、母はそうやって文句だけは言い続けるのだ。しかし、慧子はそんな母親を心から軽蔑《けいべつ》したり否定したりもできない。
「この家にやってきて三十数年、経済的に恵まれ、その気になれば時間を捻出《ねんしゅつ》することができ、しかも高齢でもない母が、なぜコンピュータからも英語からも逃げたのか、慧子はその努力を放棄した姿勢に常に眉《まゆ》をひそめてきた。しかし今、そうした気力さえ喪失させた母の孤独感が、我がことのように理解され、胸苦しさを覚えた。」（「ファーストレディ」より）
　そのうち母は糖尿病性の腎《じん》不全になり、回復のためには生体腎移植を受けるしかない、ということになる。父は「移植については、やるべきじゃない」とはっきり言い、慧子がドナーになる可能性について口にすると、「子供にそんなことをさせたい親がどこにいる」と即座に否定する。

ところが、母にその話をしてみると、「あんたのだったら、一番いいね」と瞳を輝かせてあっさり同意したのだ。きいてみると、母は娘以外の腎臓は移植する気がない、と言う。なぜか。それは、母が「あんたのなら自分の体と同じだもの」と思っていたからだ。

何の屈託もなく「自分の一部のようなものだもの」と言い切る母親に、慧子は違和感を覚える。そして、試しに慧子の弟がドナーになるのはどうか、と言ってみると、母は厳しい口調で「だめよ」と言ってこう続ける。

「病気でもない体にメスを入れさせて、万一のことがあったら。だれがそんなことをさせたいものですか。」

「二人の子供のうち、片や愛する者、片やまぎれもない自分の一部」と認識していることを知った慧子は、「すさまじい嫌悪と恐怖」を感じ、一瞬、母親への殺意まで抱く。そして、選択肢は「殺すか、逃げるか」のふたつにひとつなのだと知って、その夜のうちに家を出ることを決意するのだ。

この「ファーストレディ」の主人公が抱く「殺すか、逃げるか」は、『母の遺産』の姉妹には出てこなかった選択肢ではあるが、その違いは、前者は「長女とその弟」であるのに対し、後者は「長女と次女」という、きょうだい構成の差に由来しているのかもしれない。慧子は、自分と弟に対する母親のとらえ方、態度があまりにも違うことに衝撃を受け、「殺すか、逃げるか」と思うに至る。一方、『母の遺産』の姉妹は不倫する夫を持つ身とセレブの奥さまという境遇の違いこそあれ、支配的な母親に苦しめられる娘という点では共闘できる関係にある。

いずれにしても、「母の介護」という事態がやって来れば、どんなにうまく関係を保ってきた母娘であっても、複雑な感情がわき出てきて冷静ではいられなくなるはずだ。まして、そのときまで「母娘カプセル」の中にい続けた娘であればどうだろう。

――ママ、もっとしっかりして！　またいっしょに洋服買いに行ったり歌舞伎《かぶき》見に行ったりしましょうよ、私を置いて先に老いるなんてズルい！

――お母さん、どうしてこれまでのように私を守ってくれないの？　私があなたを世話しなければならなくなるなんて、一度も言ったことなかったじゃないの！

――これまでさんざん私を支配してきたのに、いまになって私に頼ってくるなんてどういうこと？　そうしてほしいなら謝って償ってからにして！

寂しさ、心細さ、怒り、むなしさ、さまざまな感情が胸に去来し、介護の疲れもあいまって自分が心身のバランスを崩してしまう。そんな娘も少なくない。また母を看《み》取《と》ったあとに、深い疲労感と喪失感でそれから長くうつ病を患うことになる、そういうケースを診察室で診たことも一度や二度ではない。

そんな事態に陥らないようにするためにも、自分も母親も元気な〝JJ世代〟つまり二十代のうちに一度、「いい娘」を卒業して母との距離をしっかり置いておくことをおすすめしたい。

もちろん、その「『いい娘』の卒業」は二十代以降でも不可能ではない。作家の光《みつ》野《の》桃氏は、雑誌で小沢征良《せいら》氏と対談し（「母について、今思うこと　二人の作家が話しました」『ミセス』、二〇一五年九月号）、自らの体験をこう振り返る。

「私は父とうまくコミュニケーションがとれなかった分、母と仲がよかったのですが、四〇歳くらいの時から反発していた時期がありました。そのすぐ後に介護をすることになったのですが、遅れたとはいえ反抗期があったのも、適度な距離を置けてよかったのかもしれない。」

また、作家の角田光代氏も三十代になってから母と仕事観や人生観の違いで口論するようになり、「私に言葉を教えたのはこの人なのに、いつのまにか、私たちの言葉はこんなにも大きく隔たってしまった」とショックを受けたことを書いている（「王国を出る」『FRaU』、二〇一五年七月号）。

しかし、この経験があったからこそ角田氏は「ようやく母を、王国の王としてでもない、母としてでもない、自分とは別人格の人と見なすことができ」、「そうしてはじめて、義務感からでも罪悪感からでもなく、私は母とつきあえるようになった」と言うのである。角田氏の母親はその数年後に亡くなり、結果的に母娘が「適切な距離を保って、口論したり苛《いら》ついたりせずつきあえたのはほんの数年」だったそうだが、角田氏は「ほんのみじかいあいだ客観的につきあえた」ことをとても前向きに受けとめているようである。

もちろん、母娘の長い期間の関係は母の介護が必要となったり見送る時期が来たりするときのためだけにあるのではないが、ただその時期を「母娘カプセル」から出ることなく迎えてしまった場合は、その後も続く娘の人生にたいへん深刻な影響を与え続けることも少なくない。

いま母親とうまくいっていないという人はもちろん、「いまのところ私たちは仲良し母娘だから大丈夫」と思う人も、まずは圏内から一度脱出することを考えるべきだ。たとえそのときに母親から、「ずいぶん冷たいじゃない」「ママがいなければ何もできないのに」「勝手なことするときっと失敗するわよ」といった恨みや呪《のろ》いのおまじないの言葉を投げかけられたとしても、決して後ろを振り返ってはいけない。

「ママをきらいなわけでも捨てるわけでもない。でも、私の人生は私が決める。」

この言葉と姿勢だけは手放さないでほしい、と思うのだ。

「待つ」という選択

しかし、そうは言われてもとてもすぐにはそんなことできない、と思う〝とことんやさしい娘〟もいるだろう。その人たちの気持ちもよくわかるし、そのやさしさを否定したいとは思わない。母娘問題のしんどさを知り尽くしたカウンセラーなどからは、「なに言ってるの！ そうやって母親を甘やかして自分も依存しようとするから、一生苦しむことになるんじゃない！」と甘さを叱《しか》られそうだが、「全部あなたによかれと思ってやってることなのに」と泣く母親の涙を見て、それでも「ふん、その手には乗らないから。じゃあね！」とカプセルを飛び出せる娘ばかりではない。

そういう娘たちには、「とりあえずは待ってみる。でもチャンスはうかがう」という〝次善策〟も提案しておきたいと思う。

自伝的小説『放蕩記《ほうとうき》』（集英社、二〇一一）で母娘の葛藤を書いた村山由佳氏本人のきょうだい構成は、「長女と長兄」である（小説では兄、主人公、妹）。この物語の中で描かれる母親は、「『絶対君主』のごとく娘の人生を支配しようとする」とされる。そしてやはり主人公は、その母親に対して「大好きだけど大嫌い」という複雑な感情を抱き、自分の学校、仕事から結婚まで、何かを選択するときには母親の意思が必ずこかに入り込んでいるのを感じながら生きている。

自分で決めて行ったことでも、どうしても心の底から「私がしたくてしたんだ」と思えないのである。

この小説の母娘関係は「九割がた事実」であることを村山氏はインタビューなどで語り、自身のこんなエピソードを披露する。

「『ダブル・ファンタジー』で柴田《しばた》錬三郎《れんざぶろう》賞を受賞したとき、母は開口一番、『お母ちゃんも作文一番やってんで』。そこですか、と思いながらも、娘に嫉妬《しっと》心《しん》を露《あらわ》にするのは母らしいと思いました。」(『週刊朝日』、二〇一三年十二月十三日号)

村山氏は、母親は「自己顕示欲が強い〝劇場型〟」だったが「不幸にも、自己表現の場が子育てしかなかった」ので、娘を「自分と同化し、自分ができなかったことをやらせようとした」と冷静に分析する。そういう意味で村山氏はまさに「母の作品」であり、だからこそ作品がその産みの親を超えるという事態はあってはならないことだし、あるはずはないと思っていたのだろう。娘が有名な文学賞を取っても、さらに「私が上」「あなたは私の才能を継いだだけ」と言いたげな母親の言葉は、明らかにそういう思いから発せられている。

では、村山氏は、そんな母親にどう対処したのか。『母の遺産』の主人公のように、共闘関係を結んで母に立ち向かえるような女きょうだいは村山氏自身にはいない。だからといって「ファーストレディ」の慧子のように「殺すか、逃げるか」という究極の二者択一をするわけではない。

そこで村山氏が行ったことは、まずは「待つ」ということだった。氏が明らかにしているように、その母親には近年、認知症の症状が出てきて、以前のように娘を管理し、娘を通して自己表現することがかなわなくなってきたのだ。その頃から村山氏は、柴田錬三郎賞を受賞した『ダブル・ファンタジー』のようなこれまでとは違った官能的な作品にもチャレンジするようになり、そしてついに『放蕩記』で母との葛藤というテーマに取り組むことになったのだ。

ところが、同じ立場の人に「自分だけがつらいんじゃない」と思ってもらいたくて書いた『放蕩記』には、「母親が認知症になってから書くのは卑怯《ひきょう》」といった批判の声も多く寄せられたのだという。村山氏は言う。

「〝母親神話〟というのがこんなにも強くて、母を愛せない娘は、これほどまでに非難されるんだ、と思い知らされましたね。だからこそ、つらいのですが。」（『母』を

書いて強烈バッシング」、ｍｓｎ産経ニュース、二〇一三年十一月二十六日）

別の著者インタビューでは、「私の中で解決がついていない問題をちゃんと作品を通して、通過儀礼のようにそこを通り過ぎないと、私は本当に人間としても、物書きとしても独り立ちできないんじゃないかしらって思って、それでこの『放蕩記』を書いた」と執筆の経緯を説明する村山氏だが、それでも先のｍｓｎ産経ニュースでは、バッシングにあって「『あなた（母）と私の人生は別なのよ』と本当は言いたいのだけれど、あまりにも生理的に近い存在なので決別したくても、なかなかできない」と改めて気づいた、と語る。

ただ、いずれにしても村山氏に母との関係に向き合い、それを書いて自立を遂げさせた大きなきっかけが「母の認知症」であったことは間違いない。村山氏は、「待つ」ことで自然にそのときを迎えることができたのだ。

もちろん、いつまでも「待つ」わけにはいかないし、そのうちに自分の残り時間もどんどん少なくなるわけだが、どうにもできないときにはあえて対決したり「殺すか、逃げるか」といった極端な選択肢から選んだりせずに、ただ「待ってみる」というのもひとつの手かもしれない。

母との問題は人生のすべてではない

さて、ここまで「姉妹で共闘」型、「殺すか逃げるか」型、そして「待ってみる」型というタイプを紹介してきたが、次はそのどれにも属さない「融和」型である。

二〇一四年一月に直木賞を受賞した姫野カオルコ氏の受賞作『昭和の犬』（幻冬舎、二〇一三）は、風変わりな両親に育てられたひとり娘の一代記だ。これもまた自伝的要素が強い小説だとされる。

作品に登場する主人公同様、姫野氏は滋賀県で生まれ育った後、大学進学で上京。一九八九年に父が脳梗塞《のうこうそく》を起こした頃から、両親の世話のために滋賀と東京を往復する生活になった。その後、九四年に父は他界し、一時、実家通いは中断されるが、二〇〇〇年頃から母親も認知症となり、結局、往復生活は母が他界するまで計二十年以上、続くことになった。

朝日新聞の介護問題の特集インタビューにこたえて、姫野氏は言う。

「認知症の人が暮らすグループホームに入ってから、母は別人のようになりました。暗かった人がほがらかになった。家具の一つとして持ち込んだピアノで、入居している人たちが歌いたい曲を弾いてあげて人気者になりました。」(「認知症とわたしたち――私一人だけじゃない　作家・姫野カオルコさん」、朝日新聞、二〇一四年三月二十八日付)

『昭和の犬』にくわしく書かれているのだが、姫野さんの場合、父親があまりに個性的かつ横暴で、母親はそれに耐えるだけで自分の意思を表明したり、娘を守ってくれたりすることはなかった。「しかし、母の死後に紙類の整理をしていて出てきた紙片には、夫への憎悪の叫びが殴り書きしてあった」のを姫野氏は発見した。それでも、「認知症になってからは、父親のいいところばかり」口にしていたという。

そんな母の変化を面白く感じながら、姫野氏は母のベッドサイドで「子どものころに暗唱した教育勅語」を読み上げたり、「百人一首の上の句を詠んで『お母さん、その後なんやった』と聞」いたり、とかなり献身的な介護を続ける。朝日新聞のインタビューには「姫野さんは多いときは週1回、間隔があいても2カ月に1回、自宅のある東京から実家のある滋賀に約4時間かけて新幹線で帰った」とあるから、その苦労はたいへんなものであっただろう。

にもかかわらず、帰省すると地元の人には「なんで帰ってきはらへんの」と言われた、と語る。

「一人娘が東京に居続けるのは親不孝なんですよ。悪気はないのでしょうが、どう答えたらいいのかわからなかった。帽子を目深《まぶか》にかぶってマスクをし、目立たない時間に帰った。近所の人の目につかないように注意していました。」

ついに姫野さんも体調を崩し、回復までにかなりの時間を要することになる。

そんなにつらい思いをしながら、自分に適切な養育環境を与えてもくれなかった母親を、なぜ介護し続けられたのか。インタビュアーの質問に、姫野氏はふたつの種類の回答を返す。

まず、「自分が東京に居続けるのを悪だと思っていたからじゃないですかね。悪だから帰らなければならない」と言うのだ。遠距離介護だからこそ、一抹の罪悪感があり、それが逆に介護のモチベーションになっていた、というのだ。もし、姫野さんが地元に住み続けていたら、どうだったのだろう。きっと「私はお母さんのために仕事も結婚もあきらめた」といった思いがあふれ、それこそ「殺すか、逃げるか」になっていたかもしれない。

また姫野氏は、もうひとつ、とてもシンプルな答えをつけ加える。

「親を見舞うことくらい当然のことだと思います。」

この「当然」の意味はそれ以上、語られていないが、姫野氏がひとりっ子ということもどこかで関係しているのかもしれない。これで誰かきょうだいがいたら、その人と分担して介護したり共闘関係になったりもできたであろうが、逆に「どうして私だけ」「向こうのほうが親に愛されている」といった比べ合いが起きたかもしれない。ひとりしかいないからこそ、「親を見舞えるのは私だけ」とシンプルに思うことができたのだろう。

ただ、姫野氏が「当然」と言えたのは、単にほかに子どもがいなかったからだけとも思えない。『昭和の犬』には、劣悪な環境で成長したにもかかわらず、主人公が「よい時代に生まれた」「親や出会った人たちにも感謝している」と、自分の人生を愛《いと》おしみ、さらにまわりの環境や両親を含む人びとをも愛おしむ箇所がいくつか出てくる。

その理由のひとつは、主人公が乳幼児期に一時期、教会に預けられて育ち、キリスト教的な人道主義を価値観の基本にしていることも関係している。

母との葛藤、あるいは母からの支配は、娘にとって間違いなく「一生の問題」である。

とはいえ、決して人生は「それがすべて」ではないのだ。たとえ、母との問題が未解決でも、生活の中には笑える瞬間、ほっとするひとときもあるのだから、それはそれとして存分におもしろがったり味わったりすればよいのだ。決して「母がいる限り、私は何も楽しむことができない」などと思い込む必要はない。

姫野氏は作品とインタビューを通して、そのことを教えてくれているのではないだろうか。

第六章　あきらめない

――母娘《ははむすめ》ストレスへの対処法

この「怒り」を伝えたい

これまでさんざん自分を支配してきた母親。

「こうしなさい」「ああしちゃダメよ」といちいち指示を出したり、禁止したりしてきた。

「ママにできなかった夢をかなえて」と自分の願望を投影すらした。

「あなたは平坦《へいたん》な顔なのだから、そんな大胆な服は似合わないわよ」とせっかく自分で選んだものにも鋭くケチをつけた。

その指示にすぐに従わないと、「もう知らないからね」と見捨てるような脅しの言葉を口にした。

「あなたには期待してたのに」とちょっとした失敗にも大げさに、失望のため息をついた。

「あー、そうじゃなくて」「違う、違う」と何かにつけて口を出そうとした。

うまくいってても「もっとできるはずでしょ」と言い、ミスを見つけては「どうしてこんなことができないの」ととがめた。

「そのうちダメになるんじゃない？　あなたはそういう人だから」と失敗を予言するようなことも言われた。

「あなたのやっている仕事はむずかしくて、ママにはわからないわ」と無視されたり「それならママだってできるわよ」と嫉《ねた》むような口調になったりすることもあった。

「彼氏のひとりくらい、いないの？」とあわれむような口調できかれ、「いるよ」と答えると、翻《ひるがえ》って「結婚前に妊娠なんて恥ずかしいことだけはやめてよ」と眉《まゆ》をひそめられ、矛盾した言葉を平気でつきつけられた。

「〇〇ちゃんはできるのに」とすぐに友だちと比べた。「あなたのせいでママが恥をかく」とも言われた。

反論しようとすると「赤ちゃんのときからあなたのことは何でも知ってるのよ」と高みに立とうとした。

兄や弟に対しては「あの子は男の子だから」と、何かにつけて自分とは違うという言い方をされた。

耐えて母の助言や指示に従わずにいると、「私はあなたのためだけに生きてきたのに」「すべてあなたによかれと思ってやっているのに」と自分の一生を台無しにされたかのようなことを言った。叫ばれたり泣かれたりしたこともあった。かと思うと、少しでも母の思い通りに動けば、とたんに「やっぱり私の娘ね」と自分が立てた手柄かのように喜び、有頂天になった。

こんな母の姿に接するうち、娘の自信やプライドは傷つけられたり回復したり、ジェットコースターのように激しく上下する。そして、人生の半ばに至って、はっと気づいたときにはもうボロボロになっていた、という娘も少なくない。

――私の人生、なんだか自分のものでない気がするのは、ずっと母親の影から逃れられなかったからなんだ。いつも母親がどう言うかな、どう思うかな、と心のどこかで気になっていたから、心の底から自由になれないんだ。

そのとき、娘の心に広がるのは、どんな感情なのだろう。悲しみ、失望、衝撃などいろいろあるはずだが、もっとも強く感じるのは「怒り」なのではないか。

――どうして私の好きなように生きさせてくれなかったの？

――どうしてもっと私が自分に自信を持てるよう、見守ってくれなかったの？

――私はあなたの人形や道具でもなければ、分身でもない。顔や体型は似ているかもしれないけれど、中身はまったく違う別の人間なのよ！

しかし、その「怒り」は誰かにぶつけられるような性質のものでもない。

診察室には、どうにもできない「母への怒り」を抱えたままやって来る女性たちがあとを絶たない。

彼女たちは、まず母親自身にその「怒り」を伝えたい、と訴える。とはいえ、それは簡単なことではない。娘が四十代になっているとすると、母親はすでに六十代後半から七十代、中には高齢化に伴い体調を崩したり認知症になりかけている人もおり、「怒り」を伝えるどころではない、という場合もある。

また、たとえそれを伝える機会があったとしても、そこで問題が解決することはほとんどない。

あるとき、あまりに「実際に母に言わないと気がすまない」と繰り返す女性がいたので、その母親に連絡を取って診察室に来てもらうことにした。

娘は、「いまこそ」とばかりにこれまで母に言われて傷つけられた言葉などを思い出し、膨大なレポートにまとめて満を持してその日を待った。

リベンジの結末

そしてついにその日がきた。彼女の母親は、どうして自分が呼び出されたかもわからないような表情で診察室にやって来て、こう言った。

「先生、娘がお世話になっているようで。この子、昔からなんだか神経質なところがあったので、またそのあたりでつまずいているのかしら。でも、どうせ半年もすればまた元気になるんですよ。」

娘の顔色がさっと変わった。この「私はあなたのことなら何でもわかってる」という態度こそが、娘の人生を振り回している最大の原因なのだ。

そこから娘は、手にしたレポートを読み上げながら、「小学生のときに好きな色のランドセルを禁じられた」「高校生のときにこう言われて傷ついた」「大学のときに進路に口を出された」などと時系列に沿って、「あのとき本当はママに言いたかったこと」をひといきで母親に伝えた。時間にして二十分くらいも、娘の〝告発〟は続いた。

その間、母親は手にしたハンカチを握りしめ、うなだれたりときどき娘の顔を凝視したりしていた。私は、そのうちこの母親が号泣し始めるのではないか、と気が気でなかった。

娘の長い〝告発〟は、ようやく「今年のお正月、お節《せち》料理はもういらないと言ったのに、デパ地下で勝手に予約したこと」までたどり着いて終わった。すると母親は、「なるほど、いろいろあるのねえ」とため息をついた。そして、次に驚くようなひとことを口にしたのだ。

「ごめんね、ママ、あなたがいま話したこと、ほとんど覚えてないわ。ママ、そんなこと言ったかしら?」

娘は文字通り、ポカンと口を開けて母親の顔を見つめた。

「覚えてない、って……ウソでしょう? 私はこれまでずっとママはどうしてあんなこと言ったんだろう、あのときどう言い返せばよかったんだろう、って考え続けてきたのよ!」

「でも、覚えてないものは覚えてないんだから。ずっとあなたとマサハルの子育てで忙しくて、いちいち子どもに何を言ったかなんて、覚えてられないわよ。」

娘が長い時間をかけて準備したリベンジは、こうして勝敗もつかないままあっという間に、終わってしまったのだ。

しかし、次の診察のとき、娘の表情は思ったより明るかった。あんなに意を決して話したのに肩すかしの結果に終わり、どんなに落ち込んでいるか、と思ったのに、なんだか吹っ切れたような顔をしている。娘は言った。

「もう、あきらめました。何を言っても仕方ないみたいですね。覚えてない、と言われたらそれ以上、こちらも打つ手がないし。ウソ言ってるのかもしれないけど、確かめることもできないですからね。あの人を変えることなんて、私にはとてもできないみたいです。」

診察室で経験する母娘問題のケースのほとんどは、こうやって娘側が「あきらめる」「あきれ果てる」というある種の踏ん切りをつけることで終結を迎えていく。

では、ただあきれてあきらめて、それで問題はすべて解決するのだろうか。もちろん、そうとは言えない。本書でも繰り返し指摘したように、一度変わろうとしない母親に愛想をつかして距離を置こうとしても、もしかするとその後すぐに、母親の介護が必要となって再び呼び寄せられるかもしれない。それまで時間があったとしても、「母へのあきらめ」を抱えたまま、自分の人生を有意義に歩んでいくのは困難なことだ。

「もっといい親」をイメージする

この問題の解決のヒントは、よりひどいトラウマを親から受けたいわゆる被虐待《ひぎゃくたい》経験者への新しいカウンセリング技法、「自我状態療法」のテキストの中に見つかった。

このテクニックの対象となるのは、子どもが親から身体的な暴力を受けたり「産まなきゃよかった」と存在を否定されたりした悲惨なケースだ。そういう場合ですら、子どもはその親の残酷さや理不尽さをそのまま受け入れ、自分の中に取り込む「内在化」と呼ばれる動きをしてしまうそうだ。もちろん、この「内在化」には、良い形を取り本人の心を支える場合と、長く本人を苦しめ続ける場合とがある。

虐待や存在の否定という悪い形を取って内在化され、自分の中にどっかと腰を据えた親は、自分を愛してくれないひどい親ということになる。一見、それは救いようのない話だ。なぜならその親を交換することはできないからだ。

しかし、このテクニックはそういう場合にも希望はあるのだ、と示している。テキストから引用しよう。

「誰かに愛されて育てられた、という感覚の欠落を埋めるには、イメージが強力な手段となります。人間の脳というのは、そのイメージが想像の産物だということはあまり気にしないようにできていて、たとえ心の目に映るだけの慈愛体験であっても、その癒《いや》しの効果には目を見はるものがあります。』(『トラウマと解離症状の治療』、サンドラ・ポールセン、東京書籍、二〇一二)

つまり、「やさしく自分を愛してくれた親」を強くイメージするだけで、脳は「あ、こっちが本当の親だった」と内在化された悪い親とうまく置き換えられる可能性がある、ということだ。だから、患者に「現実の親がこうであったら、自分にとってよりよかっただろう」という親の姿を具体的にイメージしてもらい、カウンセラーはそれに共感を示すという手法をとる。実際には子どもは、内在化した親だけが自分にとっての親だとあまりに強く思い込み、それに忠誠心さえ抱いているため、「もっといい親」をイメージすることさえ許されない、と思っていることが多い。カウンセラーはその罪悪感を取り除き、「もっとイメージしてみましょう。いいんですよ、親がこうだったらよかったのに、と考えても」とそれを促すのだ。

ときには、「想像上の代理母」という存在を用いることもある。たとえば、アニメに出てきたやさしい母親や自分にピアノを教えてくれた穏やかな先生を想像し、「あの人がお母さんだったら」と考えてみる。それがよりうまく行くように、「『心の中のやさしいママ』と書かれたTシャツを着た人」をイメージさせることもあるとこのテキストには記されている。

そうするうち、自分の中にある母親像を〝上書き〟したり、別の人間を「イメージの中の本当の親」と思い込んだりすることもできるのである。そしてさらに重要なことは、目の前にいる親に遠慮することなく、そうやっていいし、そうすることが自分の心を慰め、励ましてくれるということである。

心のストッパーをはずそう

「母親が強力すぎてなんとなくストレス」という状態で、「もし別の誰かがお母さんだったら」とイメージするのは気がひけるかもしれない。

しかし、ときにはそうしてみてもいいのだ。好きな小説、アニメ、あるいはテレビに出てくる理想の母親に見える女性。そういう人が自分の母親であったらどういう会話をするか、どうやって結婚や進路を決めただろうか、と想像すると、「本当は違うのに」と余計にみじめになるかもしれない。ただ、そうとばかりは言えず、そのイメージが脳の中では「ホンモノの記憶」と混同され、心を癒してくれる効果があることは、先ほどのカウンセリング技法により証明されている。

　また、「私の場合、母親の支配や母親への嫌悪感《けんおかん》が強すぎて、とてもそんなイメージ療法では解決にならない」と思う人もいるだろう。もちろん、これまでも繰り返してきたように、現実的な「母親からの卒業」が必要なケースも多い。

　ただ、いくら物理的に距離を置くことができても、心理的に母親との関係が変わらなければあまり意味がないとも言えるのだ。

　たとえば診察室で会ったカオルさんは、何かと自分の生き方に口を出してくる母親と四十歳のときについに生活を別にすることに成功した。カオルさんは結婚していたのだが、それまで実家の広い敷地に建っている離れに研究職の夫と住んでいた。それを夫が大学に専任講師として就職できたのをきっかけに、大学がある町のマンションに引っ越すことにしたのだ。

　それ以前からストレス性の胃腸の機能不全で通院していたカオルさんは、引っ越しの前後は「ついに独立です！」と何度も興奮気味にそのことを語っていた。私も彼女のストレスには母親の過干渉が関係していたことを知っていたので、「よかったですね」と引っ越しの決意を評価していた。

　引っ越し後、しばらくは「夫とふたりで夜更《よふ》かししても、翌日、〝昨日はずいぶん遅くまで明かりがついていてたみたいだけど〟と母から電話がかかってくることもない生活、最高です」などと喜んでいたカオルさんだったが、三ヶ月もすると診察室でソワソワした様子を見せるようになってきた。どういうことかと尋ねると、母親からちょうどその時間帯に電話が来ることがあるのだと言う。「今日の夕食は何にするのかときかれ、こちらが予定を話すと〝そんな献立じゃ栄養バランスが悪い〟などと言うのです。母は料理の達人で、実家にいるときはこちらもおかずを分けてもらったりしていましたから……」。

母からの電話を着信拒否にするような設定にすることも考えたが、両親は高齢なので「急に倒れた」などの連絡が来ないとも限らない。「もう電話してこないで、とはとても言えません。結局、母親の支配からは抜け出せないのです」とカオルさんは再び沈み込むようになった。

こういう場合も、「イメージの書き換え」は有効である。一度、自分の中で「本当のお母さんはこんなじゃない」と自身を尊重してくれる母親を強く、具体的にイメージする。「ほら、母はこうだったじゃない」と自分の記憶を〝だます〟のだ。

そのことにより、実際の母親から電話が来てそれに出ないわけにはいかない、となった場合でも、真に受けずにやりすごしやすくなっていく。別に「この人はニセモら」とまで思わなくても、「まあ、私の心の中のお母さんはこんなんじゃないんだからノ」とそちらをより強く信頼することができるようになるのだ。

もちろん、そうやって想像したことを実際の母親やまわりの誰かに伝える必要はない。「あなたがもし『ちびまる子ちゃん』の母親のようだったら、私はもっとラクに生きられたのに」などと伝えたとしても、母親は怒るか聞かなかったふりをするだけだ。

それよりは自分ひとりでそっと、イメージの中でのびのびと好きなことをしたり十分にほめてもらったり、ときには「すごいわねえ」と尊重してもらったりする。そういう気分を味わってみるだけで、心の中で何かが変わる。

そして、その変化は必ず、実際の母親に対しての態度や言葉、表情にも変化をもたらすであろう。

人と人との関係は有機的なもので、どんな場合もどちらか一方にだけ問題があるわけではない。たとえ母親に問題の多くがあったとしても、それらが娘の言動にもいろいろな影響を与え、結果的にさらに母親の態度を硬化させる、という悪循環を生じさせている可能性がある。

母親を変えるには、まず娘が変わること。そのためには、自分の脳と心を支配し続けるやっかいな「内在化された母親」をイメージの力で変えてみることから始めるというのは、どうだろう。

実際にこの方法で何人かの娘たちがすでに、「母が変わらないなら、せめて私の中にいる母親を変えればいいいんですね。そこに手をつけても許されるんですね」と安堵《あんど》し、良い方向への一歩を踏み出している。

まずは、母親に関しては別のイメージを抱くことさえ許されない、という固定観念を解放することが大切だ。「イメージは自由なんだから」と言い聞かせて、いろいろな素材を使って「もし母親がこうだったら」と考えてみるのは、なかなか愉快なことだ。

その場合、「いや、でもやっぱり現実のママがいちばん」という思いにたどり着くならそれはそれでよいが、もしかすると「他の女性が母だったら、なんて考えることは許されない」とストッパーが働いている可能性もあるということは忘れてはいけない。ストッパーもブレーキもはずし、想像上の母、代理母、いろいろな母親をイメージしてみることを、ぜひ「母娘ストレス」を自覚した娘たちには勧めたい。

突然やってくる老い

さて、ここからは「母娘ストレス」の行き着く先という具体的かつ厄介な問題について、少し考えてみよう。前の章でも触れた「母の老い・娘の老い」という問題だ。

十分に手をかけてもらえなかった、けなされた、ほめてもらえなかったという〝放置・否定型〟から、甘やかされすぎた、一人前の人間として扱ってもらえなかった、おせっかいされ続けたという〝過保護・過干渉型〟まで、母娘ストレスにはさまざまな種類、いろいろな程度があるにせよ、最終的にほとんどの母親たちはひとつの〝舞台〟に集結する。それは、「高齢期」というステージだ。

行政の定める高齢期は六十五歳以上とされ、いまそれをさらに引き上げようという動きもあるようだ。ただ、不幸にして六十五歳以前に世を去った母親であっても、四十代、五十代になった頃には娘の前でこう口にしていたのではないだろうか。

「お母さんも若い頃とは違うんだから、あなたにしっかりしてもらわなくちゃ」

「昔に比べて体力もなくなっちゃったわね。あ、また白髪！　若いあなたにはこのショックはわからないでしょ？」

個人差もあるだろうが、多くの母親は同じ家族でも夫や息子などの異性に対しては、ここまであからさまに自分の〝老い〟や〝老いの兆候〟をアピールすることはないのではないか。またとくに息子の場合、母親の老いから目をそむけたいという気持ちを持つ者も多く、「ほら、もうこんなに年なのよ」と言われても「冗談はやめてよ。お母さんはまだまだ若いよ」などと話をはぐらかす場合も少なくない。

それがこと娘の前となると、事実以上に体力や気力の衰え、白髪、老眼、更年期など年齢特有の変化を強調する母親の話をよく聞く。おそらくここには、「だからあなたが面倒見てよ」という依存の気持ち、そしてもうひとつは「あなたは若くてうらやましい」という羨望《せんぼう》やときには嫉妬《しっと》も混じっているのだろう。

いずれにしても、母親がいま何歳なのかはよくわかっているのに、「もう年だ」「調子が悪い」などと繰り返されると、娘としてはうんざりしてしまう。「それで？　私に何をしてほしいわけ？」「それって遠くで仕事してあまり実家に立ち寄れない私への皮肉？」と感情的に反応してしまう娘がいても無理はない。

しかし、その感情的な対立にはいつか終わりが来る。というより終わらざるをえない。しかもそれは、お互いの和解によってではなくて、「私は若くないから」と言っていた母親のその言葉が現実となること――実際に母親が高齢となって心身ともに老人となること――によって次第にあるいは唐突に訪れるのだ。

曽野《その》綾子《あやこ》氏や瀬戸内寂聴氏、あるいは吉沢《よしざわ》久子氏といった〝立派な大先輩〟による老いの迎え方に関する本が次々にベストセラーになる事実を見ても、実際にはどうやって高齢期を過ごしてよいのかわからない女性が大勢いることがわかる。自然にその時期を迎えているならば、そんな会ったこともない著名人が語る老いのヒント集などを読まなくてもいいはずだからだ。

同時にやれ検査や手術は受けるなとか、やれ進んだ病院はここだといった、医療に関する本もよく売れている。その読者の多くは若者ではなく中年以降の男女であることを見ても、「病気になったらどうしよう」という問題にすら答えが見つからないいま、六十代、七十代になる人が多いということが分かる。同じように、介護の問題、終末期をどこでどう迎えるかという問題、さらには葬儀や墓の問題に関しても、さまざまな提案や要不要論が記された著作が出版され、講演会が開かれている。つまり、広い意味で高度成長期に核家族を築いたような世代は、これまでずっとがんばり続けてきていきなり老いという問題に直面し、「晩年をどう過ごしどう世を去るか」についてこれといった答えを見つけられずにいるのだろう。

介護を引き受けねばならない時

いまの七十代は昔に比べて考えられないほど若々しいとは言っても、寿命がいきなり二倍に延びたわけではない。中には百歳を超えてもまだまだ元気というスーパーマンのような人もいるが、多くはやはり八十代を迎えた頃にはからだが弱ったり認知症の症状が出てきたりして、自分だけでは自らを支えきれなくなる。その時期がもっと早く訪れる場合もあるかもしれない。

そうなると当然のことながら、誰かの助け、いわゆる介護が必要になる。

離れていれば、「よい母親」をイメージして、記憶の中の母親を置き換えたりすることで「母娘ストレス」を軽減することもできる。しかし、「助けてちょうだい」と請《こ》われ、もしくは請われなくても現実的に誰も世話をする人がいないという状況になり、これまでときには大波ときにはさざ波のように自分にストレスを与え続けた母親の介護をしなければならなくなり、母は再び現実の人間として自分の前に現れる。

もちろん、母親が「老いを迎えて人格的にも成長した」というのであれば、その介護も充実したものになろう。実際にこれまで何かにつけて口うるさく注意するだけだった母親が、「ママもあなたのお世話を受けるようになって、これまでのことをいろいろ振り返ってみたの」と思わぬ深い話を始め、これまでの軋轢《あつれき》がウソのように消えてなくなったという母娘の話を聞いたこともある。しかし、先ほども述べたように、いまの老いは少しずつやって来るのではなくて、たいていの場合、ある日、突然やって来る。昨日までネットを駆使して韓流スターの情報を集めていた八十代のおしゃれな母親が、今日からトイレにさえひとりで行けずパジャマのまま終日過ごさなくてはならなくなることだってある。かつて作家の五木寛之《いつきひろゆき》氏は、エッセイの中で、古代インドの思想を借りて、五十歳から七十四歳までの「林住期」こそ人生のピーク、と精神的成熟の大切さを説いたが、最近の高齢者はそんなチャンスもないまま、ある日、壮年期から要介護期へ移行するのだ。

しかし、中には精神的に成熟していない母親の介護を引き受けなければならなくなって、「これまで自分を支配してきた母親を、今度は自分が支配できるようになった」とやや屈折した征服感や満足を覚える娘もいる。診察室でこんな話をしてくれた人がいた。

「これまでこうしなさい、あれはしちゃダメ、とさんざん私をコントロールしてきた母親ですが、脳の疾患で倒れて以来、からだの自由もきかず言葉が出づらくなったのです。いまでは水いっぱい飲むのでも、私に申し訳なさそうに目で訴えないと自分ではできません。『ほら、わかった? 私がいないと何もできないのよ?』と言うと、目に涙をためてうなずきます。ちょっと意地悪かもしれないけれど、母に復讐《ふくしゅう》できた気がします。」

これもまた、介護の時期を迎えてから実現した「母娘ストレス」のひとつの解決策かもしれないが、支配された屈辱を支配することで晴らすというのは、「目には目を」的な感じがしてどこか引っかかる。もう少し違う形で、この時期ならではの建設的な解決を図れないものか。

〝前向きな振り返り〟のチャンス

では、自分にストレスを与え続けた母親の介護を、娘はどんな気持ちでこなせばよいのだろう。何度も繰り返すが、ここで介護を投げ出せるだけ投げ出してもよいのだ。使える社会的サービスはみな使い、頼れる親族はみな頼ればよい。ただ、そうはできない、という人もいるだろう。

そんな〝母を捨てられない心やさしき娘たち〟にひとつ提案したいのは、「母親の介護」は、自分のこれからの人生のプランを練り直すためのまたとないケーススタディになる、と自分に強く言い聞かせることだ。

いまの社会は全体に、「自分も老いる」「いつかは病気になったり介護を受けたりする」ということに気づきにくい仕組みになっている。三世代、四世代同居のスタイルが減り、高齢者を身近で見る機会が少ないこともあるが、そういった外的な要因だけではない。

たとえば、五十代半ばの私がファッションビルに洋服を買いに行くときのことを考えよう。ほとんどのブティックは、「若者向け」かせいぜい「若者からビジネスウーマン、子育てママ向け」だ。いかにも五十代、六十代向けの専門ショップなどというのはまず見ない。仕方なく、私はそれらのブティックの中から比較的、落ち着いたデザインや色合いの服が多そうな店、客の年齢層があまりに若すぎない店を探して足を踏み入れる。それでもそのほとんどは三十代からアラフォーの人が着そうなデザインや色合いで、どうしたものかと途方に暮れていると店員さんが近づいてきて、「お客さまでしたらこのカーディガンなんていかがですか」と商品を勧める。「いや、私の年代でイエローはちょっと」と首を横に振っても「だいじょうぶですよ！　全然イケます」などと強く押され、結局、購入してしまうこともある。

つまり、モノを売るためにも、女性たちが年齢相応に老《ふ》け込まれては困るのだ。五十代、六十代でも新しいスカートやスニーカー、パソコンやスマホを買ってもらうためには、社会をあげて「まだまだお若い」「気持ちは三十代でOKじゃないですか」と言い続け、その気にさせる必要がある。消費し続けるために老いることができない、老いさせてもらえない、というのがいまのライフスタイルなのである。

そうなると、娘側も自分の六十代、七十代をイメージすることもできないまま、いつまでもファッション雑誌を参考に流行を追い続けたり、スマホでダウンロードしたゲームに興じ続けたりしながら年を重ねることになる。しかし、「いつまでも若い」というのはあくまでも錯覚でしかなく、確実に病に伏す日、老いる日はやって来るのだ。しかも、それまでの準備期間はどんどん短くなりつつある。

そんな中、好むと好まざるとにかかわらず引き受けざるをえなくなった母親の介護は、「私もまた必ず老いるのだ」という現実を突きつける。それは厳しくはあるが、目を背けてはいけないことだ。また、母親が準備期間もほとんどないまま、「昨日まで若いママだったのに今日からは介護を受ける老人」となったような場合は、娘はそこからこう学ぶだろう。

「私は、〝あなたはまだまだ若い〟という世の中のメッセージに踊らされずに、ちゃんと老いの準備をしておかなければ。」

二〇一三年に出版されてテレビや雑誌で大きな反響を呼んだ本に、『親の家を片づける』（『ゆうゆう』編集部編、主婦の友社）がある。これはまさに高度成長期に家庭を築き、大量消費時代にモノをため込んだ親世代が老いたり亡《な》くなったりしたときにどうやってその大量の遺品や家屋を整理、処分するか、というきわめて現実的かつ深刻な問題を扱った本だ。同書にはたくさんの事例が取り上げられており、「すべてのモノを処分するのに三年かかった」「激ヤセした」といった子ども（ほとんどが娘である）の体験談にはため息が出るばかりであるが、そこには必ずこんなひとことがつけ加えられている。

「親の家の片づけを機に、私もいまから自分の家を片づけ、すっきり暮らしたいと思うようになった」「自分の子どもをこんな目にあわせたくない。いらないモノはすべて捨てようと決意した」。

片づけはたいへんだったが、親を反面教師とすることで、自分の人生を悔いなきもの、意味あるもの、本当の意味で自立したもの、自分自身のものにするきっかけを手に入れられた、と娘たちは〝前向きな振り返り〟ができているのである。

母親にストレスを与え続けられた。その介護を自分がしなくてはならない。それは本当に重くしんどいことかもしれないが、「苦しい」「しんどい」とマイナスに感じるばかりではなく、「だから私はこう生きたい」「私と子どもはこれとは違う関係を築きたい」とそこから前向きに生きなおすための一歩にできるはずだ。逆に言えば、幸せの中からは、意外に多くを学ぶことはできない。まして、「これ以上のものは望めない」と満足しきっているうちは、「これからは違う生き方をしよう」などと立ち上がるモチベーションを抱くことなど、できるはずもない。

ストレスを感じるからこそ、「私はこうならないようにしたい」とハンドルを切って別の道に進む決意もできるのだ。いちばん身近な存在だからこそ、ケーススタディとしての説得力もほかの人とはケタ違いのものがある。教師としても反面教師としても、これ以上、人生の参考になる人はいない。母親との関係をただただ「うっとうしい」「面倒くさい」と避け続け、人生の舵《かじ》を有意義な方向に切るそのチャンスを、みすみす手放すことはないではないか。

ストレスを与え続けた母親の介護経験を、これからの人生をハッピーで自立したものにするためのきっかけとして、おおいに利用させてもらう。これくらいの気持ちでいたとしても、その娘をとがめる人はいないはずだ。

――お母さん。あなたに支配され、苦しめられたおかげで私の人生、棒に振りそうになったけど、今はそのおかげで本当の自分の人生を手に入れることができた、と思ってます。まだ感謝まではできないけど、これでよかった、とは思えるかな。

そう思えるようになったら、「母からの卒業」は成功と言えるのではないだろうか。

おわりに──母娘ストレスは乗り越えられる

母親への怒りをずっと胸にためてきた人。

最近になって新たにそれに気づいたという人。

いずれにしても、彼女たちがそのとき思うのは、「なんとかしたい！」ということだろう。

自分の人生、あと四十年なのか三十年なのか、もしかするとあと二十年くらいしか残されていないのか、誰にもわからない。

しかし、内なる怒りに気がついたからには、一日も早くそれをしずめ、自分らしい人生を送りたい。

そう思うのはごく自然なことだろう。しかし、母との関係は長い時間をかけて築き上げられてきたものなので、簡単にそれを変えるのはむずかしい。

とくに、母親側に変わってほしい、という望みはあきらめた方がよい、と私は考えている。これまで診察室には、「母親が変わらなければ同じです」と、あの手この手で母親に自分の気持ちを伝えることで、気づかせ、反省させ、なんとか変わってもらおうと試みる人たちに出会ってきたが、はっきり言って「母もごめんなさい、と言ってくれました」と〝気づき〟まで持っていけたのが一例、「母もだいぶ変わりました」とその態度に変化が見受けられたのが一例。

ほかの何十例かは、みな「話したけど、ふーん、って言うだけでそれ以上の答えはなかった」とか「一笑に付された」とか「話し始めたところでキレられて続けられなくなった」とか、とにかく「何も変わらない」まま終わってしまった。

なぜ、母親は変わらないのか。

それは、これまでも繰り返し触れてきたように、「私はあなたが生まれたときからを全部知ってるの」という絶対的な自信を持っているからだ。娘のほうがいくら頭が良くても社会的地位が高くても、それはそれ。母親たちは「私がこの子の母親なの」ということだけで自信を持ち、自分のほうがずっと上にいると思い込んでいる。その絶対的な自信の前には、娘のちょっとやそっとの説得や感情表現はまったく歯が立たない。

では、母親が変わるのがむずかしいとなれば、どうすればいいのか。

娘側が変わるのだ。答えはそこにしかない。

「変わる」と言っても、態度を改めるとか口調を変えてみる、といった具体的・現実的なことばかりではない。「考え方を変える」「イメージを変える」だけでも、これまでとはずいぶん状況が変化することがある。いくつかあげてみよう。

①母親に怒りを持つ、好意を持てないことを「悪い」と思わない

母親の圏内から離れるにあたり、いちばんのネックは「罪悪感」である。どんなに圏外に逃れようとしても、やさしい娘はブツブツ言いながらも季節ごとに母親のもとを訪ねたり、たまに仕方なく買い物や旅行につき合ってしまったりする。それはそれで、とがめられることでもないし、絶対してはいけないことでもない。

ただ、「私はお母さんの影響をもう受けない。あまり好きでもない」ときちんと自分の気持ちを受け入れ、心に決める。そして、そのことを「悪い」と思わない。これが基本だ。

②母の呪文《じゅもん》におびえない

「私がいないと何もできないくせに」「ママの言うことをきいていれば間違いないのよ」「ママを捨てたらたいへんなことになるわ」など、支配するためにときどき娘が震え上がるような呪文の言葉を投げかける。だいじょうぶ、それはすべて根拠のないおどしなのである。そこでおびえて、「ごめんなさい。やっぱりママのそばにいる」と引力圏内に引き戻されないでほしい。

③少しくらい揺れ動くのは仕方ない

「もう母親の支配から抜け出る」と心を決めても、なんとなく母のことを思い出してまた会いたくなったり、かかってきた電話に出てつい楽しくおしゃべりしてしまったりすることもある。そう、母娘の関係は揺れ動くもの。そこで一気に「お母さん、あなたの言うことを何でもききます」と昔の状態に戻らずに、ひと通りのつき合いが終わったら、ドライに「またね」とすっぱり忘れる。この切り替えさえ忘れなければ、多少の揺れ動きは悪いことではない。

④それでもつらければイメージの書き換え

それでも繰り返し、支配する母親のトラウマに悩まされる娘もいるだろう。その場合は、頭の中に「よき母親」のイメージを作り上げて、「本当のママはこっちなのだ」と自分に言い聞かせてみてもよい。「それってウソじゃない」と悩む必要はない。イメージの中の「よき母親」はあなたの一部分。自分の助けを借りて困難を乗り切るのだから、何の問題もない。

「ウソついても仕方ない」などと思わずに、「私に必要だったのはこんな母親」とどんどんイメージを膨らませて、「よき母親」と対話してみよう。

⑤介護のときは割りきって

強かった母親も高齢になって、介護や援助が必要になることがある。そこで「これまで放置して悪かった」などの後悔は不要。誰だって年を取れば弱くなるし、おとろえも出てくる。それは自分だって同じなのだ。

昔と変わってしまった母親を見ても、胸を痛めて自分を責めたりしないで、割り切れるところは割り切り、ほかの人の助けを借りられるときは借りて、ドライに乗り切るのがいちばん大切なことだ。

⑥とにかくいちばん大切なのは自分

私は母親のために生きているのではない。私は自分のために生きている。どんなときでもこう唱えることを忘れないで。

グチや文句を言う前に、「ママ、ごめんなさい。今日はムリ」「だいじょうぶ、ひとりでできるから口を出さないで」と母親にはっきり「ノー」を突きつけて、自分がやりたいことを、やりたいようにやる。自分の足で地面にしっかり立つ気持ちよさを一度味わえば、「なんだ、ひとりでもできるじゃない」と自信がわいてくるはずだ。

私の人生は、私のもの。気づいたときからが、自分だけのすばらしい人生の始まり。「もう四十五歳になっちゃった」「五十歳だから気づいてもムリ」なんて言わないで、何歳からだって人生をスタートさせることはできるのだ。

文庫版あとがき

本書の単行本が世に出たのは、二〇一四年のことだ。その後、何人かの〝とっくに怒っている娘たち〟から、「この本、甘いです」「毒のような母親に同情的すぎる」といった厳しい意見が寄せられた。「母による娘の支配は壮絶で、とても〝理解しよう〟〝イメージを書き換えよう〟ではすまない」と言う人もいた。

たしかにそうだろう。診察室でも、「母がもし死んでも絶対に許さない」と泣きながら語る人は少なくない。

ただその一方で、「どうしてもその母から離れることができない」「かわいそうだから介護だけはなんとかしてあげたい」と語る娘たちがいるのも事実。私はその人たちにまで、「そんな甘い顔するからつけ込まれるんですよ！　とにかく完全に離れてください」とまではどうしても言えない。「もう許せない、絶縁します」と宣言していたのに、次に来たときには「実はいっしょに温泉に行ってしまった」と打ち明ける娘もいるが、その揺れ動きもわかるのだ。

本書は、そんな「母からのちょっとハンパな自立の本」だ。母に怒っている、でも完全には捨てられない、という〝心やさしき娘たち〟に贈る一冊、ともいえる。実はそんな娘もたくさんいるのではないか、と私は考えている。

これでもの足りないと感じた方は、母の支配からの完全自立を促す良書もたくさん出ているから、ぜひそれらを参考にしてほしい。

こんなややパンチのきいてない本だから、単行本が書店の店頭から消えれば忘れ去られていくんだろうな、と思っていたら、新潮社の担当編集者・秋山礼子さんが「文庫にしませんか」と声をかけてくださった。私は躍り上がり、単行本には載せきれなかった具体的な対処法なども加えさせてもらうことにした。こうして本書を再び世に送り出してもらえて、本当にありがたく思っている。文庫編集部の鶴我百子さんにも心からお礼を申し上げたい。

母親に悩む娘、母親に怒る娘は多い。でも一方で、母親を許したい、母親にまた甘えたい、と思う娘も少なくない。また、ひとりの娘の中に、その矛盾したふたつの衝動や感情が潜んでいることも決して不思議ではない。

そんな娘たちが、「私、これでいいんだ」と自分を認め、胸を張って自分の人生を歩んでいく手助けになれば、こんなに幸いなことはない。

香山リカ

二〇一六年一〇月

この作品は平成二十六年八月新潮社より刊行された
『怒り始めた娘たち』を改題したものである。

酒井順子著　**枕草子REMIX**

率直で、好奇心強く、時には自慢しい。読めば読むほど惹かれる、そのお人柄——。「清少納言」へのファン心が炸裂する名エッセイ。

酒井順子著　**都《みやこ》と京《みやこ》**

東京vs.京都。ふたつの「みやこ」とそこに生きる人間のキャラはどうしてこんなに違うのか。東女《あずまおんな》が鋭く斬り込む、比較文化エッセイ。

酒井順子著　**地震と独身**

あの震災は独身をどう変えた？　自由の身ゆえの不安、行動力、そして可能性。被災地を訪れ、対話を重ね見えてきた彼らの姿。

酒井順子著　**徒然草REMIX**

「人間、やっぱり容姿」「長生きなんてするもんじゃない」兼好の自意識と毒がにじみだす。教科書で習った名作を大胆にお色直し《リミックス》。

梨木香歩著　**ぐるりのこと**

日常を丁寧に生きて、今いる場所から、一歩一歩確かめながら考えていく。世界《ぐるり》と心通わせて、物語へと向かう強い想いを綴る。

梨木香歩著　**エストニア紀行**
―森の苔・庭の木漏れ日・海の葦―

郷愁を誘う豊かな自然、昔のままの生活。被支配の歴史残る都市と、祖国への静かな熱情。北欧の小国を真摯に見つめた端正な紀行文。

さくらももこ著
そういうふうにできている
ちびまる子ちゃん妊娠!? お腹の中には宇宙生命体＝コジコジが!?期待に違わぬスッタモンダの産前産後を完全実況、大笑い保証付！

さくらももこ著
またたび
世界中のいろんなところに行って、いろんな目にあってきたよ！ 伝説の面白雑誌『富士山』（全5号）からよりすぐった抱腹珍道中！

さくらももこ著
さくらえび
父ヒロシに幼い息子、ももこのすっとこどっこいな日常のオールスターが勢揃い！ 奇跡の爆笑雑誌「富士山」からの粒よりエッセイ。

向田邦子著
寺内貫太郎一家
著者・向田邦子の父親をモデルに、口下手で怒りっぽいくせに涙もろい愛すべき日本の〈お父さん〉とその家族を描く処女長編小説。

向田邦子著
思い出トランプ
日常生活の中で、誰もがもっている狡さや弱さ、うしろめたさを人間を愛しむ眼で巧みに捉えた、直木賞受賞作など連作13編を収録。

向田邦子著
男どき女どき
どんな平凡な人生にも、心さわぐ時がある。その一瞬の輝きを描く最後の小説四編に、珠玉のエッセイを加えたラスト・メッセージ集。

芥川龍之介著
侏儒《しゆじゆ》の言葉《ことば》・西方《さいほう》の人
著者の厭世的な精神と懐疑の表情を鮮やかに伝える「侏儒の言葉」、芥川文学の総決算ともいえる「西方の人」「続西方の人」など4編。

山田詠美著
ひざまずいて足をお舐め
ストリップ小屋、SMクラブ……夜の世界をあっけらかんと遊泳しながら作家となった主人公ちかの世界を、本音で綴った虚構的自伝。

山田詠美著
色彩の息子
妄想、孤独、嫉妬、倒錯、再生……。金赤青紫白緑橙黄灰茶黒銀に偏光しながら、心のカンヴァスを妖しく彩る12色の短編タペストリー。

山田詠美著
ラビット病
ふわふわ柔らかいうさぎのように、いつもくっついているふたり。キュートなゆりちゃんといたいけなロバちゃんの熱き恋の行方は？

山田詠美著
放課後の音符《キイノート》
大人でも子供でもないもどかしい時間。まだ、恋の匂いにも揺れる17歳の日々——。放課後にはじまる、甘くせつない8編の恋愛物語。

山田詠美著
ぼくは勉強ができない
勉強よりも、もっと素敵で大切なことがあると思うんだ。退屈な大人になんてなりたくない。17歳の秀美くんが元気溌剌な高校生小説。

江國香織著
きらきらひかる
二人は全てを許し合って結婚した、筈だった……。妻はアル中、夫はホモ。セックスレスの奇妙な新婚夫婦を軸に描く、素敵な愛の物語。

江國香織著
こうばしい日々
坪田譲治文学賞受賞
恋に遊びに、ぼくはけっこう忙しい。11歳の男の子の日常を綴った表題作など、ピュアで素敵なボーイズ&ガールズを描く中編二編。

江國香織著
つめたいよるに
愛犬の死の翌日、一人の少年と巡り合った女の子の不思議な一日を描く「デューク」、デビュー作「桃子」など、21編を収録した短編集。

江國香織著
ホリー・ガーデン
果歩と静枝は幼なじみ。二人はいつも一緒だった。30歳を目前にしたいまでも……。対照的な女性二人が織りなす、心洗われる長編小説。

江國香織著
流しのしたの骨
夜の散歩が習慣の19歳の私と、タイプの違う二人の姉、小さな弟、家族想いの両親。少し奇妙な家族の半年を描く、静かで心地よい物語。

江國香織著
すいかの匂い
バニラアイスの木べらの味、おはじきの音、すいかの匂い。無防備に心に織りこまれてしまった事ども。11人の少女の、夏の記憶の物語。

JASRAC 出1613995-601

さよなら、母娘《ははむすめ》ストレス

新潮文庫　か－78－1

平成二十九年二月一日発行

著者　香《か》山《やま》リカ

発行者　佐藤隆信

発行所　株式会社新潮社

郵便番号　一六二―八七一一
東京都新宿区矢来町七一
電話　編集部(〇三)三二六六―五四四〇
　　　読者係(〇三)三二六六―五一一一
http://www.shinchosha.co.jp

価格はカバーに表示してあります。

乱丁・落丁本は、ご面倒ですが小社読者係宛ご送付ください。送料小社負担にてお取替えいたします。

印刷・錦明印刷株式会社　製本・錦明印刷株式会社

ISBN978-4-10-120671-4 C0195